Karambolage billard: Einige Rätsel und Puzzles

Probleme und Situationen, die Ihre taktischen Analyse- und Spielfähigkeiten verbessern

Allan P. Sand
PBIA/ACS Zertifizierter Billardlehrer
Mit Google Translate übersetzte Sprache.

Billiard Gods Productions
Santa Clara, CA

ISBN 978-1-62505-304-6
(PRINT)

First edition

Copyright © 2019 Allan P. Sand

All rights reserved under International and Pan-American Copyright Conventions.

Published by Billiard Gods Productions.
Santa Clara, CA 95051
U.S.A.

Feedback can be forwarded to: **billiardgods@gmail.com**
For the latest information, go to: http://www.billiardgods.com

Acknowledgements

Wei Chao created the software that generated the table graphics in this book.

I want to specifically thank the following for help in making this book work:
Raye Raskin
Bob Beaulieu
Darrell Paul Martineau

Inhaltsverzeichnis

EINFÜHRUNG 1
Tischeinrichtung 1
Spielregeln 1
Erklärung der Billardkugeln 2
Tischptionen 2
Wie man studiert 2
Herausforderungen für Spaß & Gewinn 3
BEISPIELE FÜR SCHIEßÜBUNGEN 4
   Gruppe 1, Satz 1 (diagram 1) 4
   Gruppe 6, Satz 1 (diagram 3) 5
GRUPPE 1 6
Gruppe 1, Satz 1 6
Gruppe 1, Satz 2 8
Gruppe 1, Satz 3 10
Gruppe 1, Satz 4 12
Gruppe 1, Satz 5 14
Gruppe 1, Satz 6 16
Gruppe 1, Satz 7 18
Gruppe 1, Satz 8 20
Gruppe 1, Satz 9 22
Gruppe 1, Satz 10 24
Gruppe 1, Satz 11 26
GRUPPE 2 28
Gruppe 2, Satz 1 28
Gruppe 2, Satz 2 30
Gruppe 2, Satz 3 32
Gruppe 2, Satz 4 34
Gruppe 2, Satz 5 36
Gruppe 2, Satz 6 38
Gruppe 2, Satz 7 40
Gruppe 2, Satz 8 42
Gruppe 2, Satz 9 44
Gruppe 2, Satz 10 46
Gruppe 2, Satz 11 48
GRUPPE 3 50
Gruppe 3, Satz 1 50
Gruppe 3, Satz 2 52
Gruppe 3, Satz 3 54
Gruppe 3, Satz 4 56
Gruppe 3, Satz 5 58
Gruppe 3, Satz 6 60
Gruppe 3, Satz 7 62
Gruppe 3, Satz 8 64
Gruppe 3, Satz 9 66

Gruppe 3, Satz 10 68
Gruppe 3, Satz 11 70
GRUPPE 4 .... **72**
Gruppe 4, Satz 1 72
Gruppe 4, Satz 2 74
Gruppe 4, Satz 3 76
Gruppe 4, Satz 4 78
Gruppe 4, Satz 5 80
Gruppe 4, Satz 6 82
Gruppe 4, Satz 7 84
Gruppe 4, Satz 8 86
Gruppe 4, Satz 9 88
Gruppe 4, Satz 10 90
Gruppe 4, Satz 11 92
GRUPPE 5 .... **94**
Gruppe 5, Satz 1 94
Gruppe 5, Satz 2 96
Gruppe 5, Satz 3 98
Gruppe 5, Satz 4 100
Gruppe 5, Satz 5 102
Gruppe 5, Satz 6 104
Gruppe 5, Satz 7 106
Gruppe 5, Satz 8 108
Gruppe 5, Satz 9 110
Gruppe 5, Satz 10 112
Gruppe 5, Satz 11 114
GRUPPE 6 .... **116**
Gruppe 6, Satz 1 116
Gruppe 6, Satz 2 118
Gruppe 6, Satz 3 120
Gruppe 6, Satz 4 122
Gruppe 6, Satz 5 124
Gruppe 6, Satz 6 126
Gruppe 6, Satz 7 128
Gruppe 6, Satz 8 130
Gruppe 6, Satz 9 132
Gruppe 6, Satz 10 134
Gruppe 6, Satz 11 136
BLANK TABLES **138**

Einführung

Sie haben mehr Möglichkeiten, Ihre Fähigkeiten zu erweitern. Lernen Sie, mit einer Vielzahl von Ballpositionen umzugehen, die sich in jedem Spiel wiederfinden. Diese Layouts bieten Ihnen die Möglichkeit, umfangreiche Experimente durchzuführen. Diese persönlichen Testsituationen bieten erhebliche persönliche Wettbewerbsvorteile:

- Intellektuelles Training - Bewerten Sie die Layouts und überlegen Sie, wie viele Optionen verfügbar sind. Mache Skizzen von Wegen und (CB) Geschwindigkeiten und Drehungen für den Übungstisch. Dies erhöht Ihre analytischen und taktischen Fähigkeiten.

- Bestätigung der Fähigkeiten - Wenn Sie jedes Konzept ausprobieren, hilft Ihr Experiment, festzustellen, ob es (innerhalb Ihrer Fähigkeiten) oder nutzlos (zu schwierig oder fantastisch) ist. Dieser Vergleich zwischen mentalen Bildern und physischen Versuchen hilft, die Breite und Breite deiner Fähigkeiten zu bestimmen.

- Verbesserung der Fähigkeiten - Wenn ein Pfad vielversprechend aussieht, aber die Ausführung fehlschlägt, arbeiten Sie mit verschiedenen Geschwindigkeiten / Drehungen, um herauszufinden, was funktioniert. Mehrere aufeinanderfolgende Erfolge werden dies Ihrer persönlichen Bibliothek an Kompetenzen hinzufügen.

Tischeinrichtung

Die Papierverstärkungsringe zeigen die Standorte für jeden Ball. Platziere sie entsprechend der Trainingsübung, die du üben möchtest.

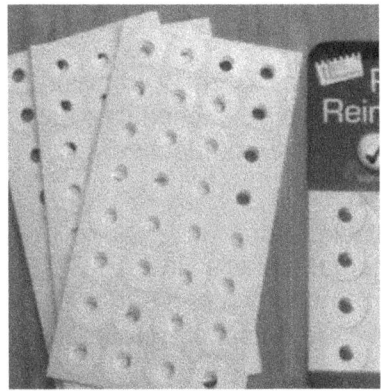

Spielregeln

Übe das mit jedem Billardspiel:

- Dreiband

- Einband
- Cadre

Erklärung der Billardkugeln

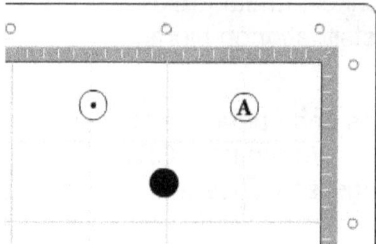

(A) (CB1) (erste Billardkugel)

(•) (CB2) (zweite Billardkugel)

● (RB) (rote Billardkugel)

Tischptionen

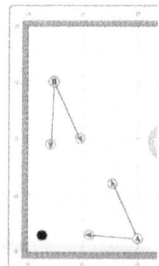

Jede Tischkonfiguration bietet vier (4) verschiedene Möglichkeiten, Punkte zu sammeln.

- CB1 > RB > CB2
- CB1 > CB2 > RB
- CB2 > RB > CB1
- CB2 > CB1 > RB

Wie man studiert

Beginnen Sie mit einer Sesselanalyse. Sehen Sie sich jedes Tischlayout an und prüfen Sie mögliche Spieloptionen. Stellen Sie sich vor, Sie versuchen Ihre Ideen. Bewerten Sie die entsprechende Geschwindigkeit und den Spin. Mache Skizzen und Notizen nach Bedarf.

Alternativ nehmen Sie dieses Buch zu Ihrem Billardtisch. Legen Sie die Papierverstärkungsringe in Position. Ermitteln Sie mental, auf wie viele verschiedene Arten Sie das Layout spielen können. Dann versuchen Sie Ihre Ideen und sehen Sie, ob Ihre Phantasie Ihren Fähigkeiten entspricht. Notieren Sie sich Ihre Ideen.

Am Billardtisch, wenden Sie Ihre Ideen an. Bei einem verpassten Schuss nehmen Sie Anpassungen an Ihren Geschwindigkeiten / Drehungen und Winkeln vor. So werden Sie ein härterer und gefährlicherer Billardspieler.

Herausforderungen für Spaß & Gewinn

Erwäge, einen freundschaftlichen Wettbewerb unter deinen Freunden zu beginnen. Wählen Sie mehrere dieser Layouts und genießen Sie die Herausforderung.

Verwenden Sie ein Round-Robin-Format. Jeder versucht (1, 2 oder 3) Versuche. Der Gewinner erhält das Geld und eine weitere Runde beginnt.

Beispiele für Schießübungen

Gruppe 1, Satz 1 (diagram 1)

Kann deine Fantasie mit deiner Realität übereinstimmen?

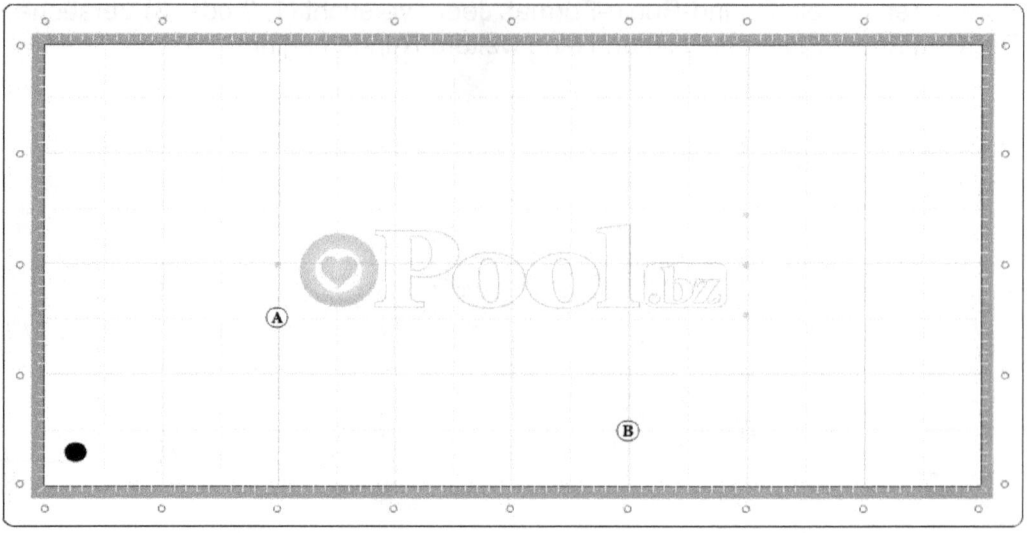

Angesichts des Layouts haben Sie 4 mögliche Übungsoptionen, mit denen Sie experimentieren und verschiedene Lösungen ausprobieren können.

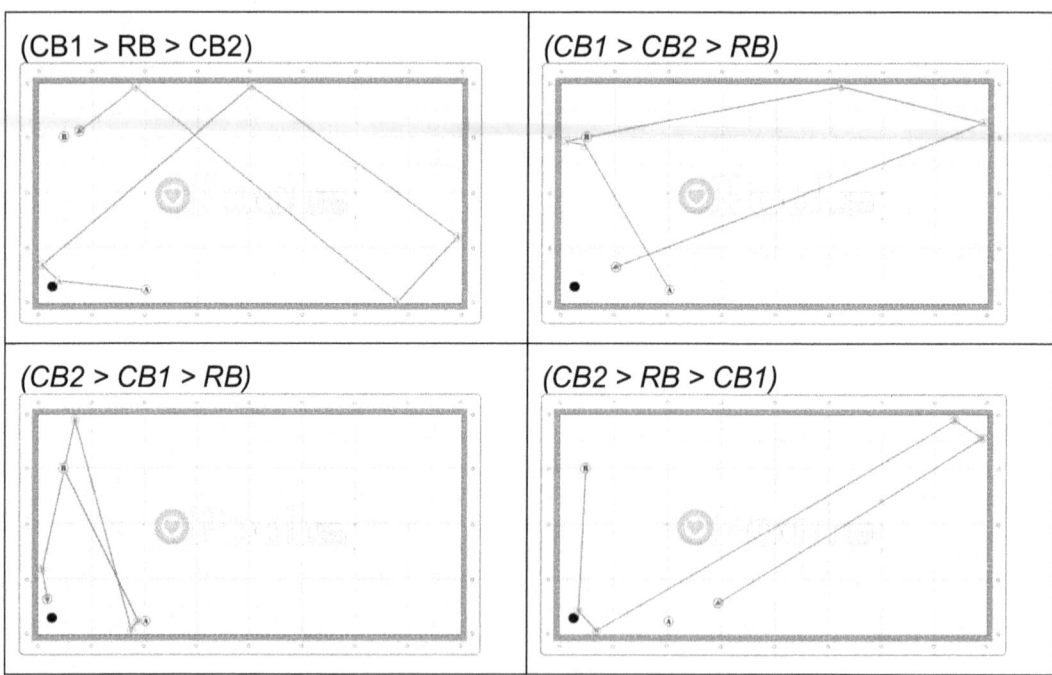

Gruppe 6, Satz 1 (diagram 3)

Jedes Diagramm ist eine Gelegenheit, zu experimentieren und Ihre Phantasie und Ihre Schießkünste zu testen.

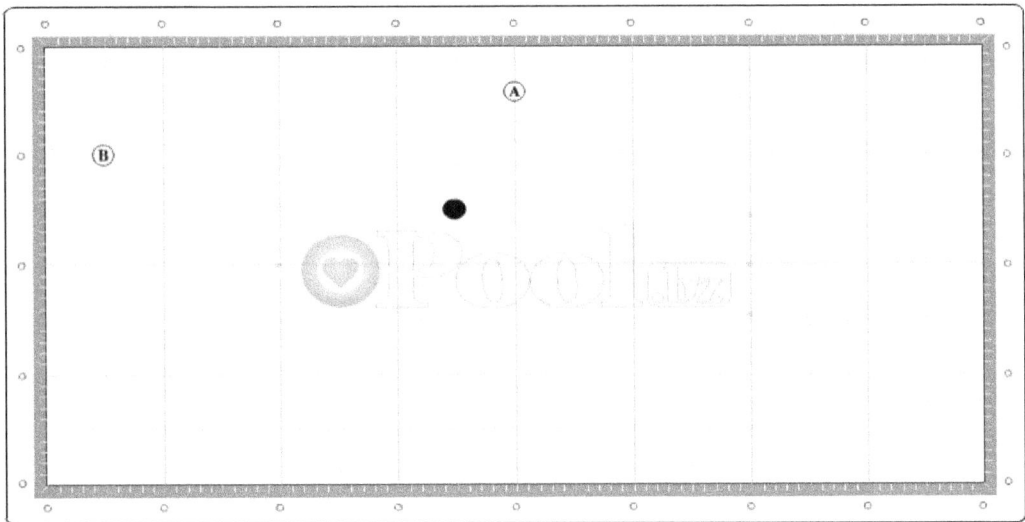

Angesichts des Layouts haben Sie 4 mögliche Übungsoptionen, mit denen Sie experimentieren und verschiedene Lösungen ausprobieren können.

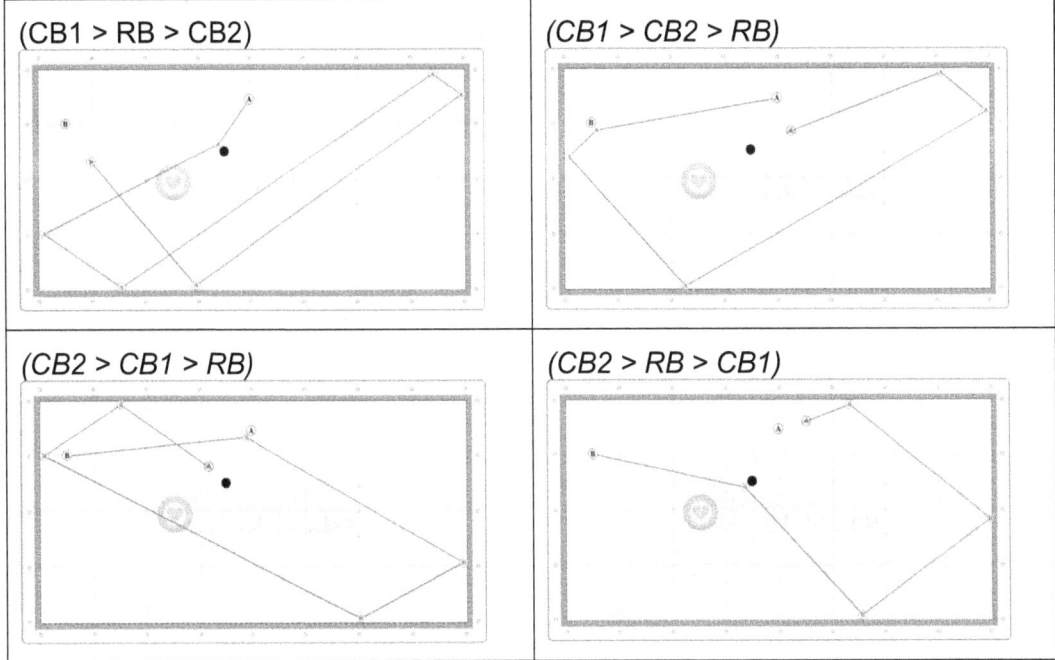

GRUPPE 1
Gruppe 1, Satz 1

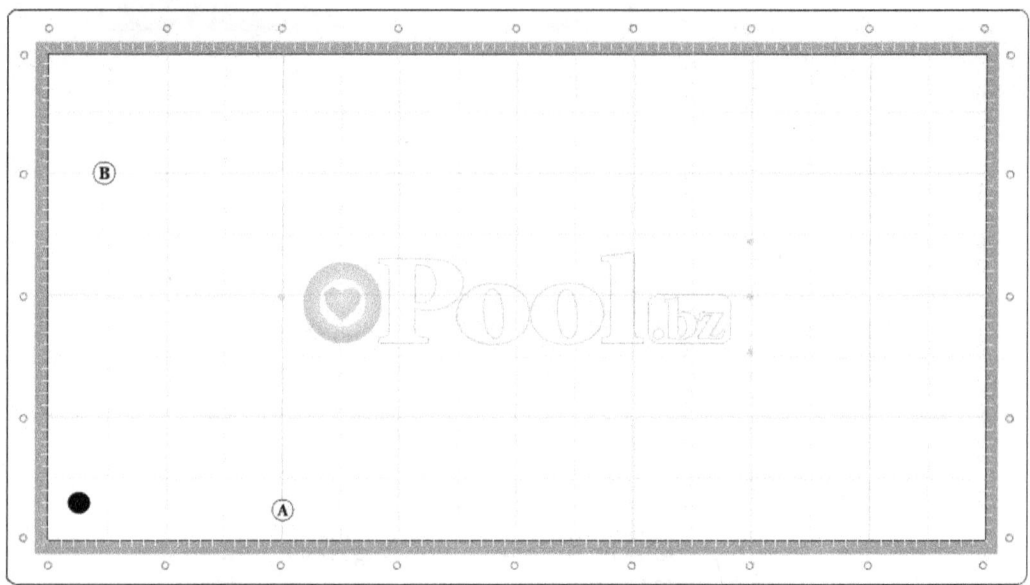

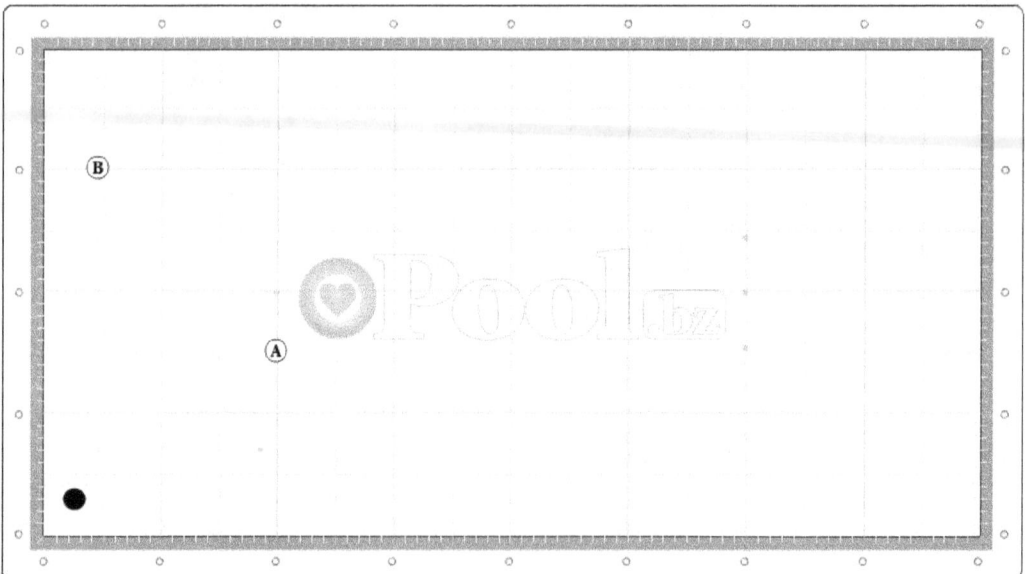

NOTIZEN UND IDEEN:

Karambolage billard: Einige Rätsel und Puzzles

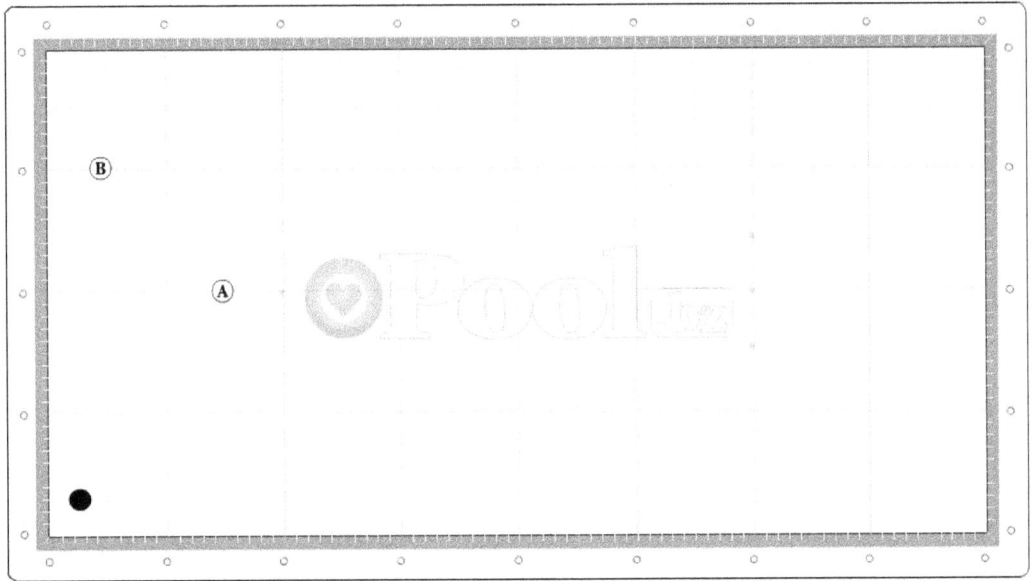

NOTIZEN UND IDEEN:

Gruppe 1, Satz 2

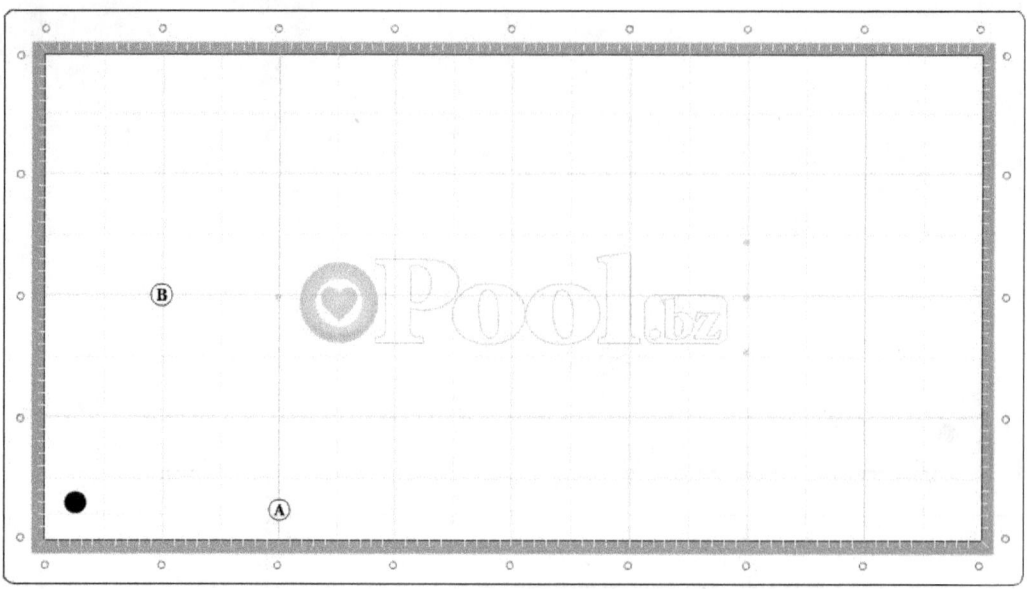

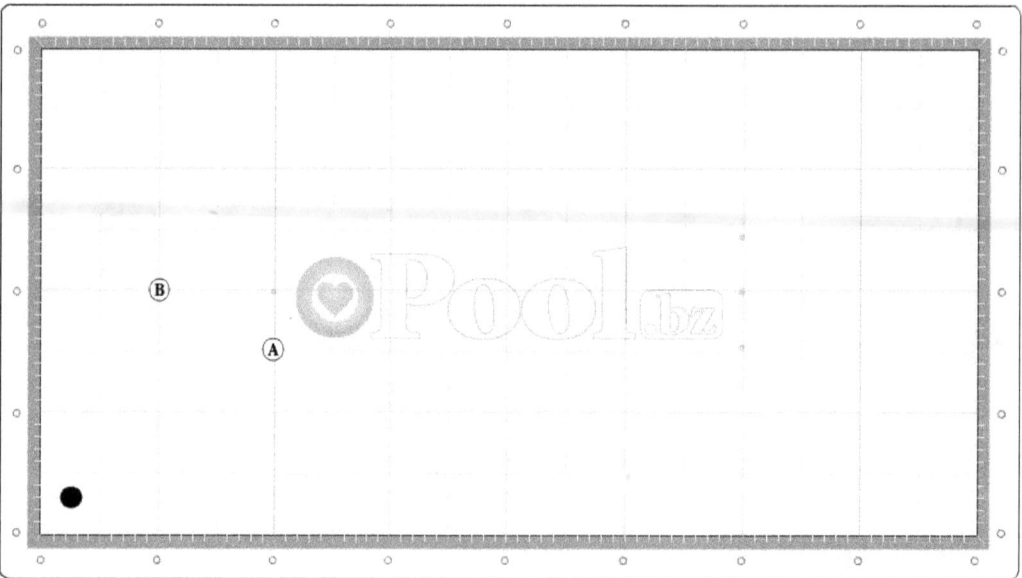

NOTIZEN UND IDEEN:

Karambolage billard: Einige Rätsel und Puzzles

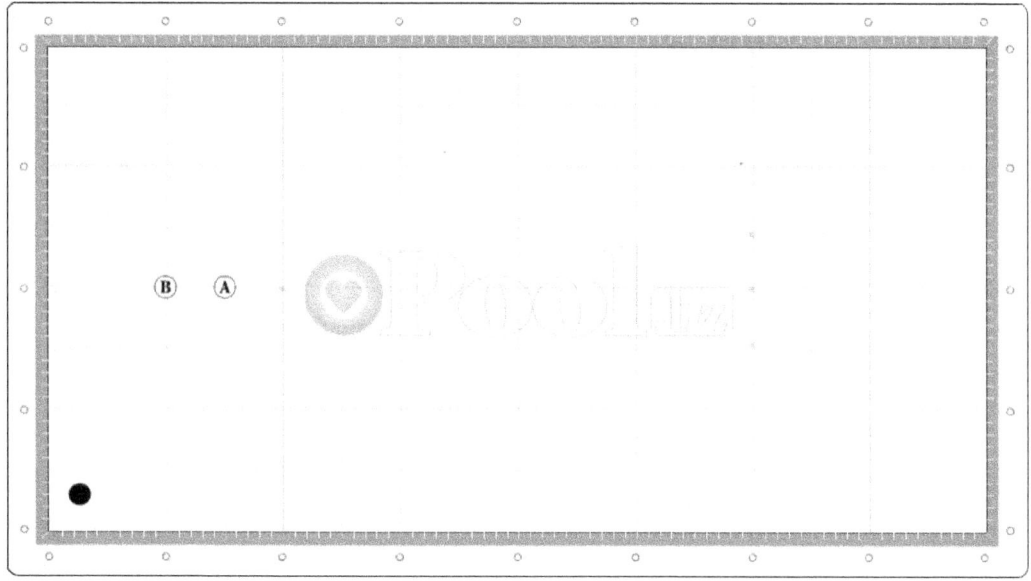

NOTIZEN UND IDEEN:

Gruppe 1, Satz 3

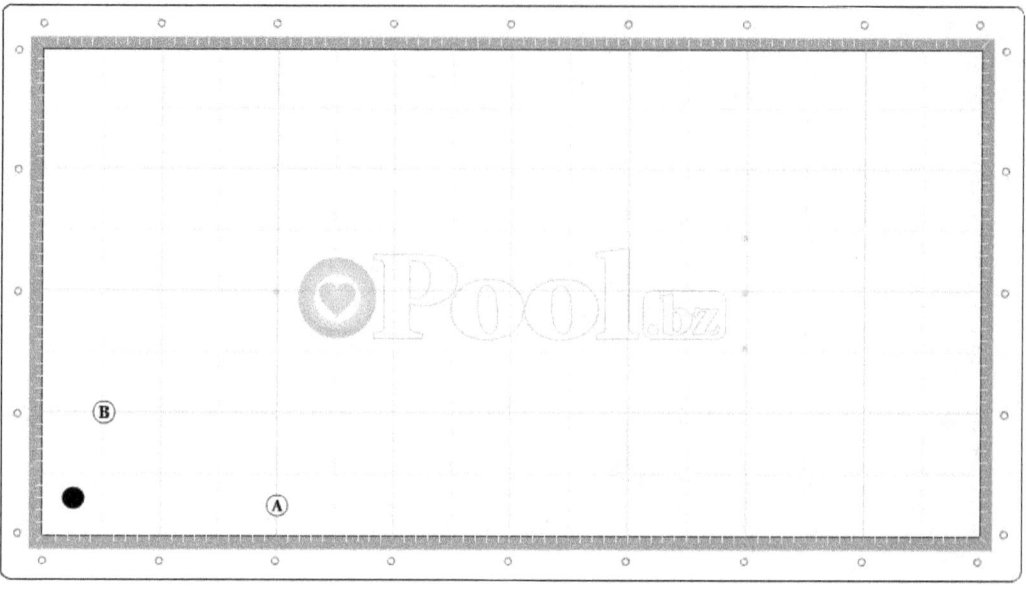

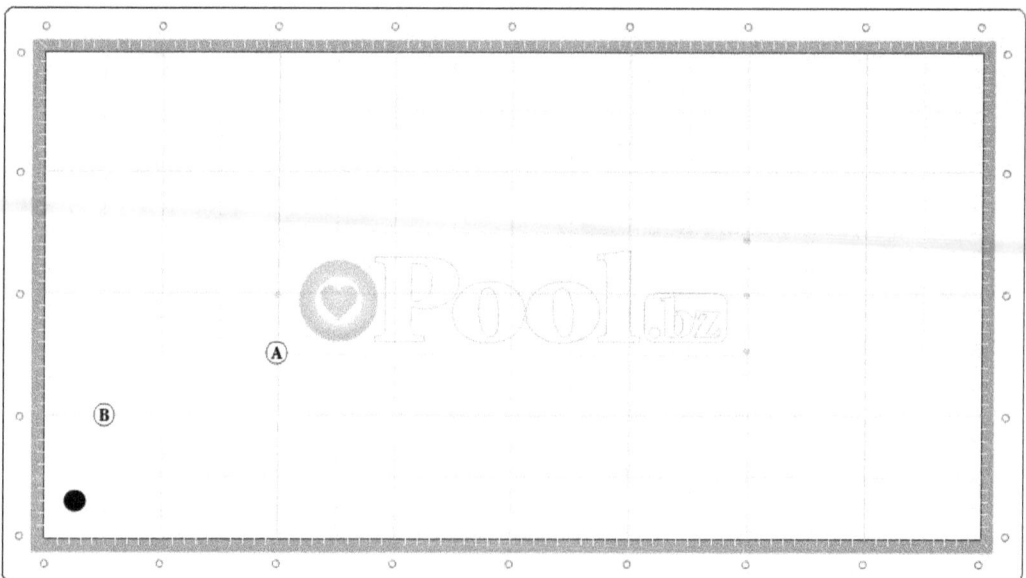

NOTIZEN UND IDEEN:

Karambolage billard: Einige Rätsel und Puzzles

NOTIZEN UND IDEEN:

Gruppe 1, Satz 4

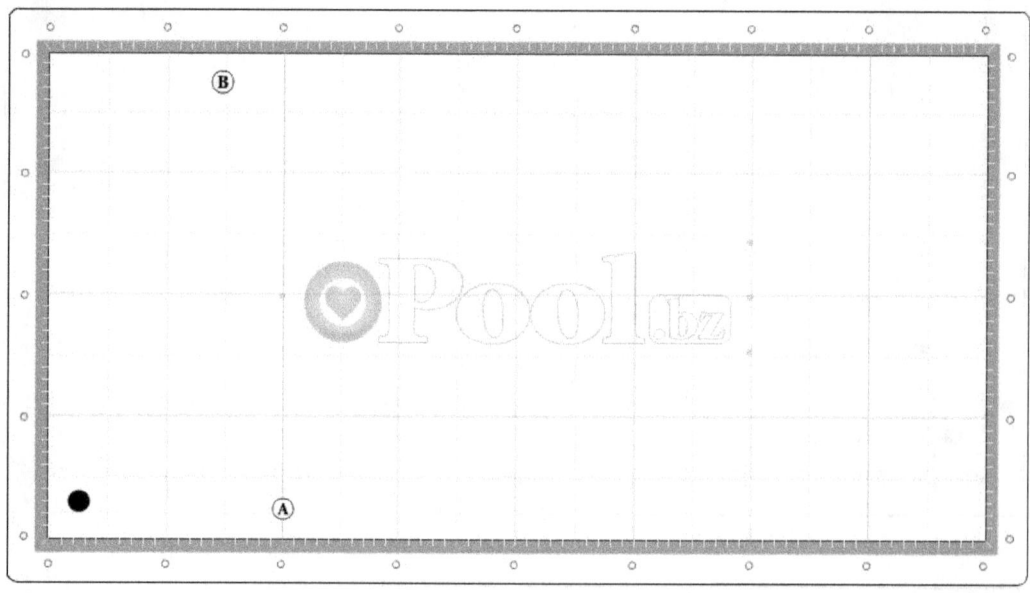

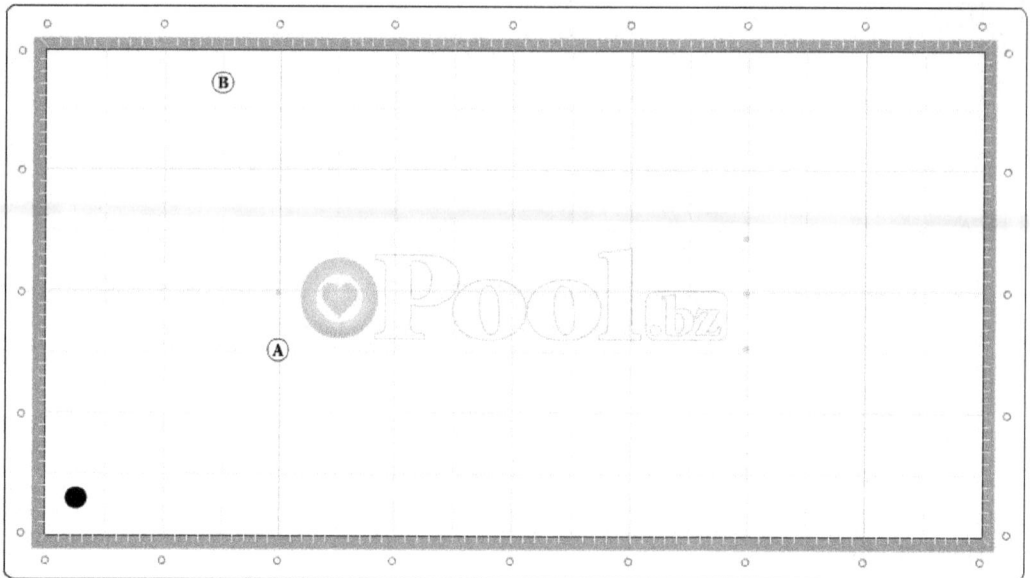

NOTIZEN UND IDEEN:

Karambolage billard: Einige Rätsel und Puzzles

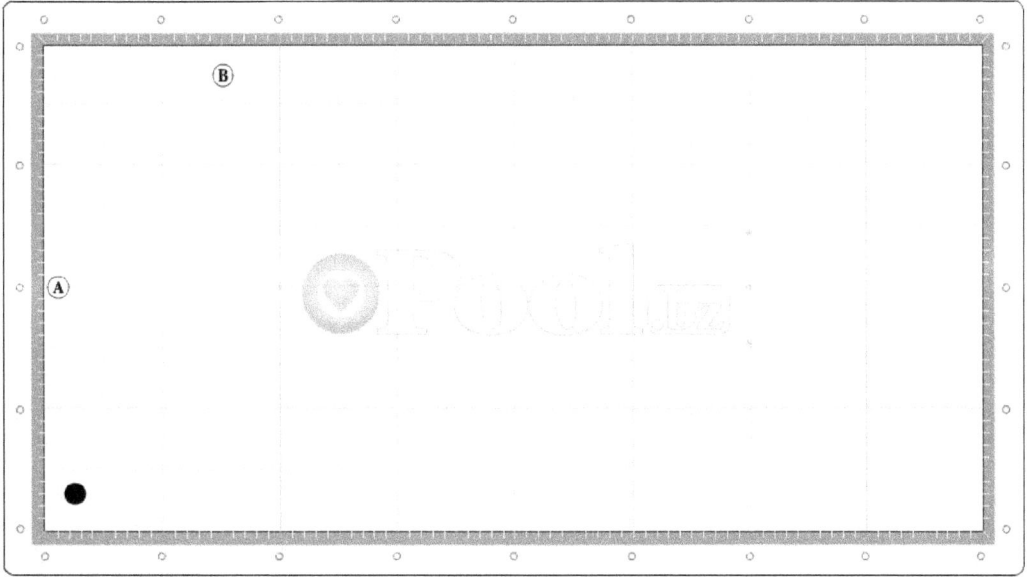

NOTIZEN UND IDEEN:

Gruppe 1, Satz 5

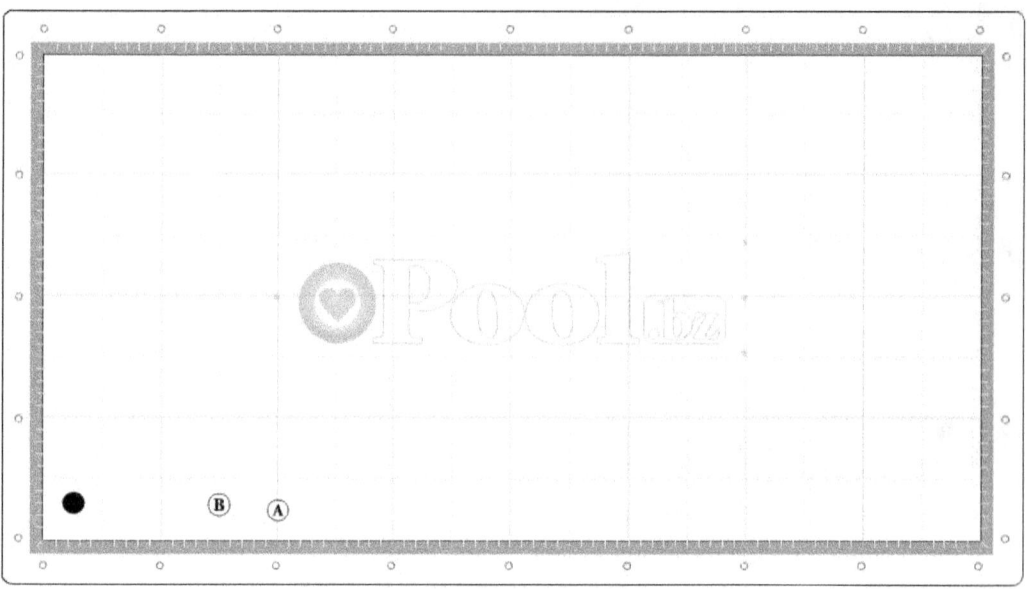

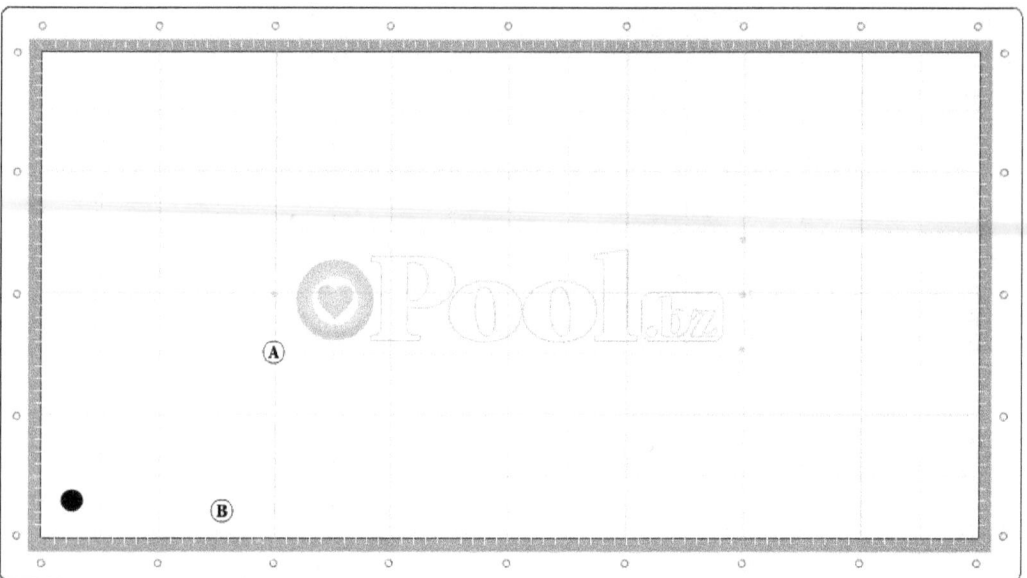

NOTIZEN UND IDEEN:

Karambolage billard: Einige Rätsel und Puzzles

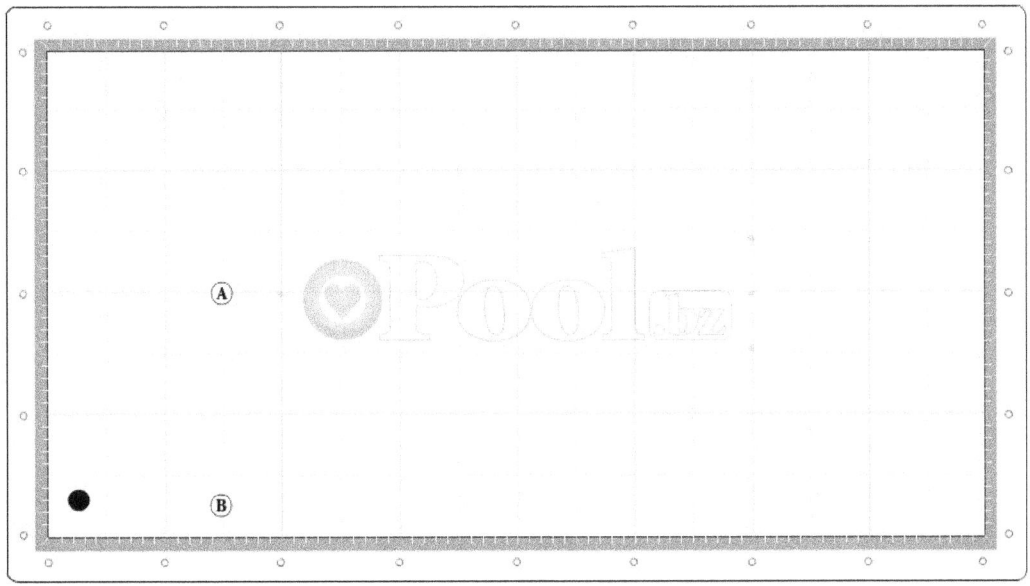

NOTIZEN UND IDEEN:

Gruppe 1, Satz 6

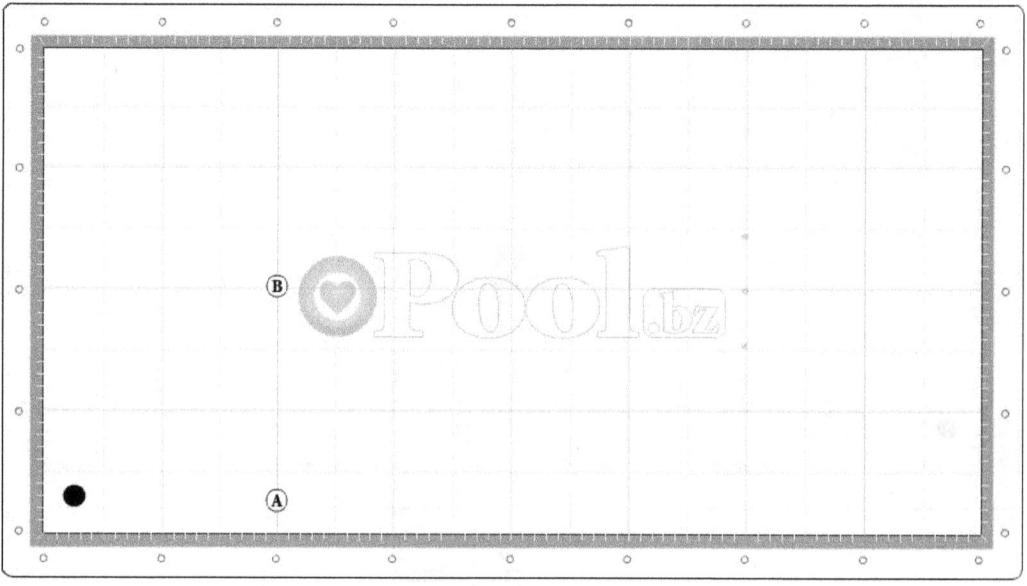

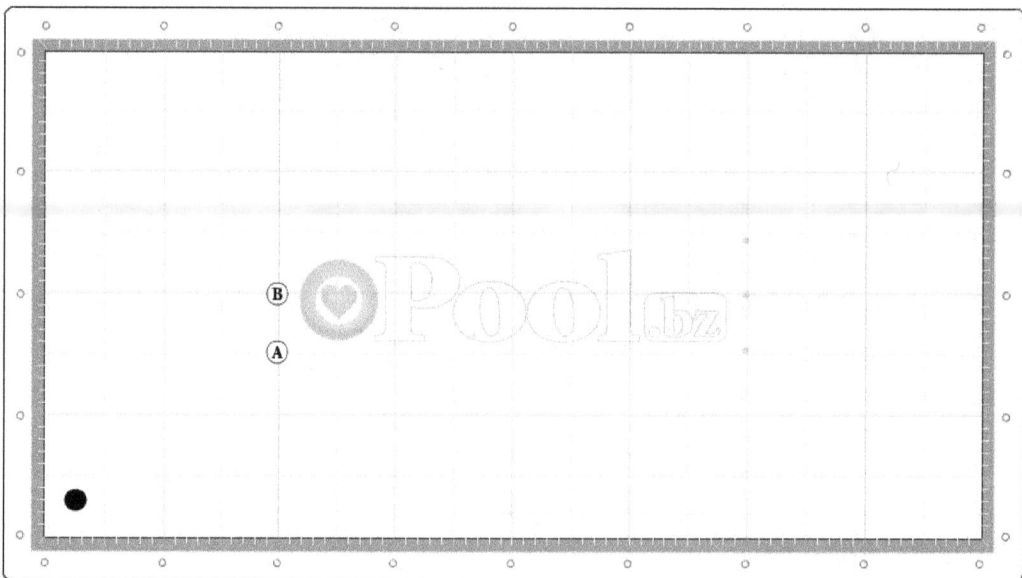

NOTIZEN UND IDEEN:

Karambolage billard: Einige Rätsel und Puzzles

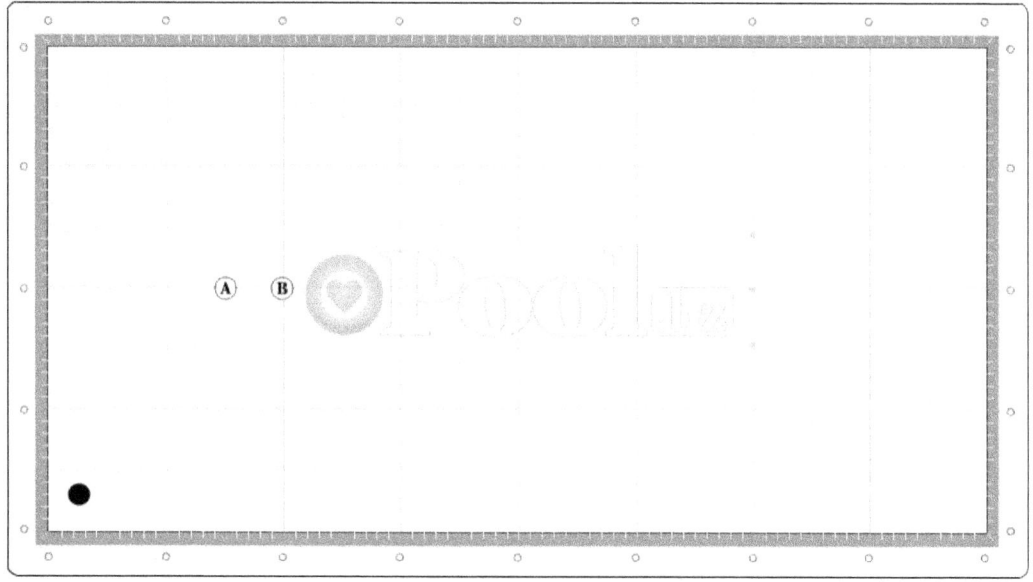

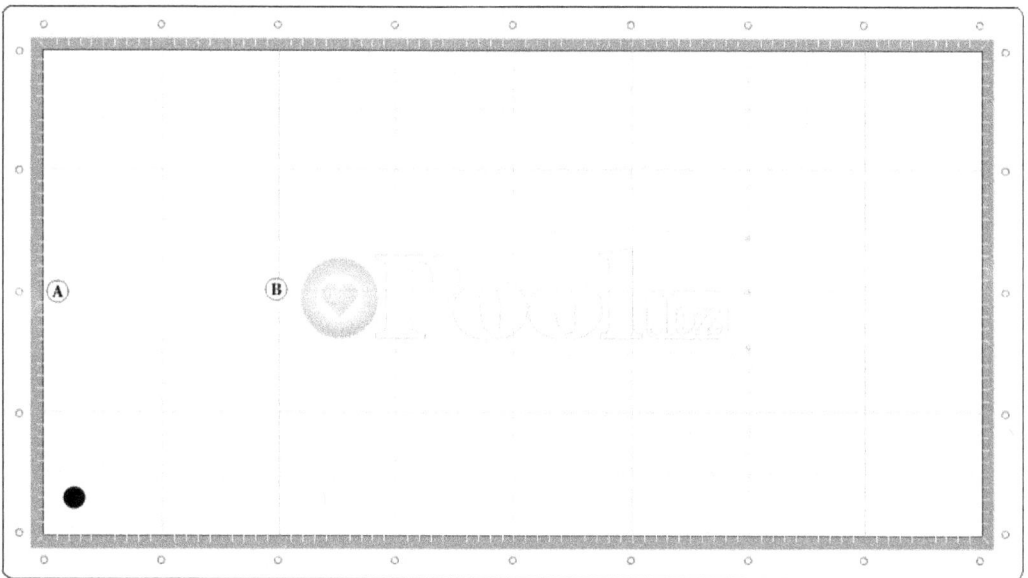

NOTIZEN UND IDEEN:

Gruppe 1, Satz 7

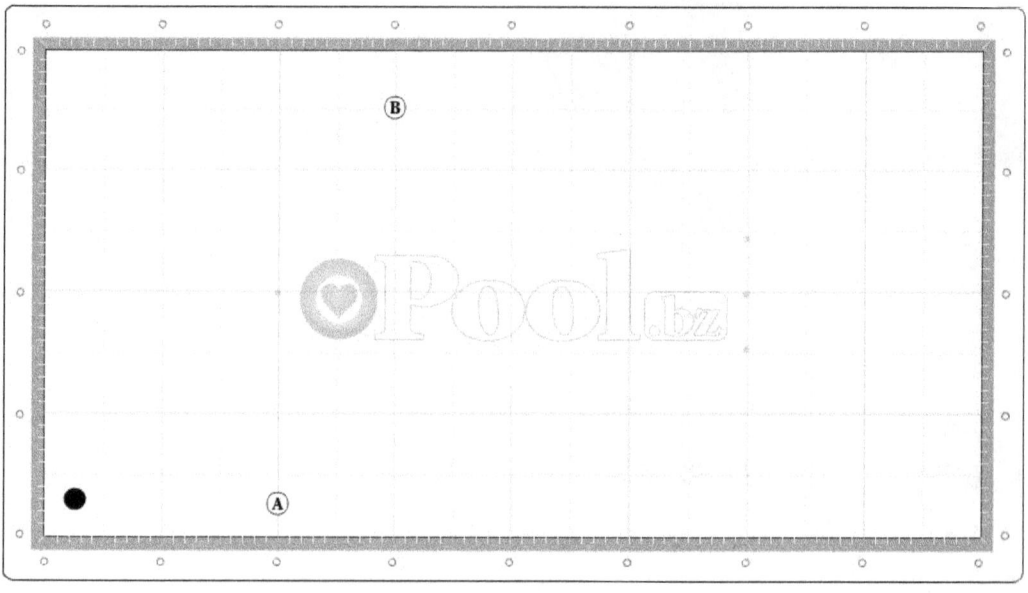

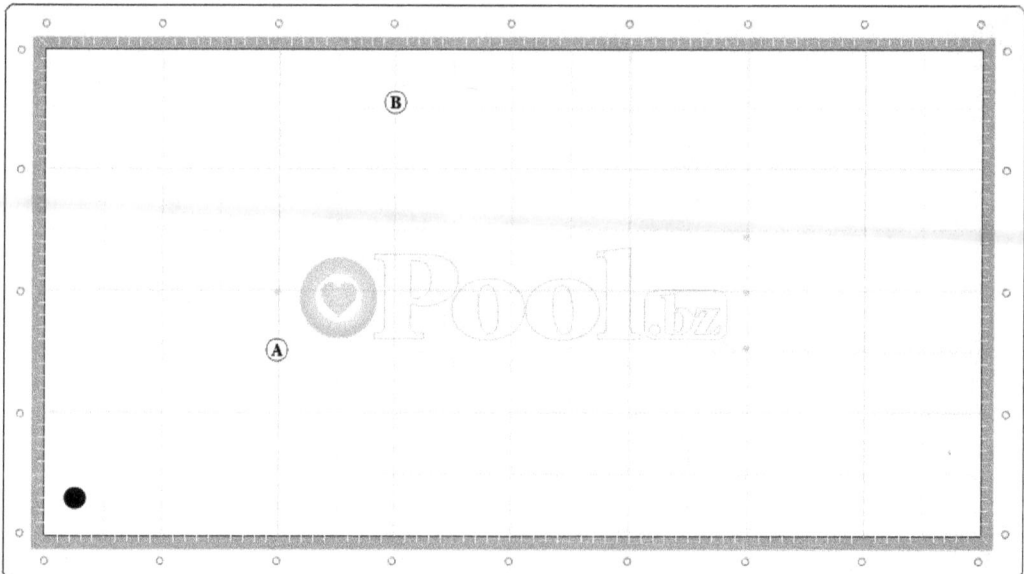

NOTIZEN UND IDEEN:

Karambolage billard: Einige Rätsel und Puzzles

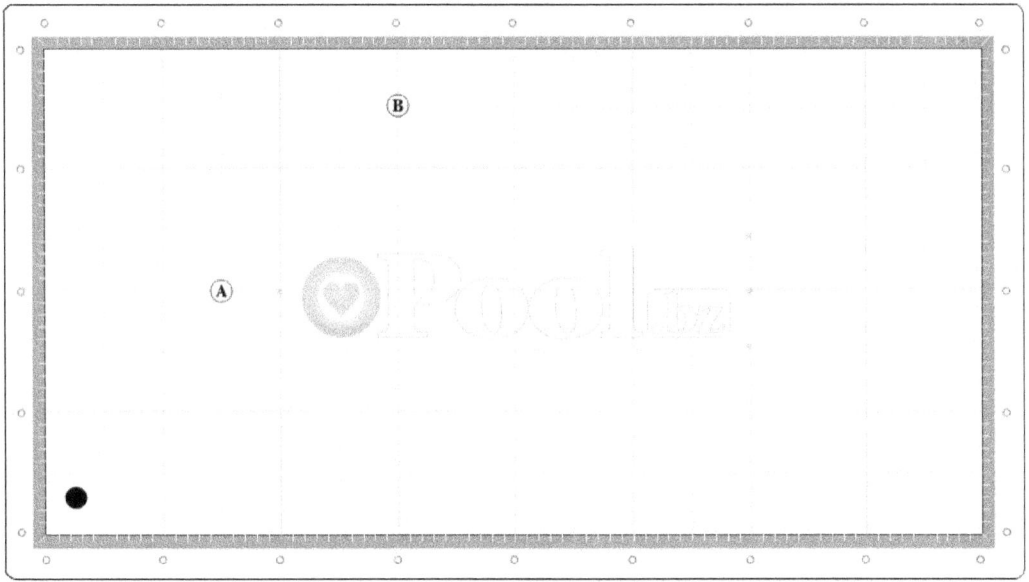

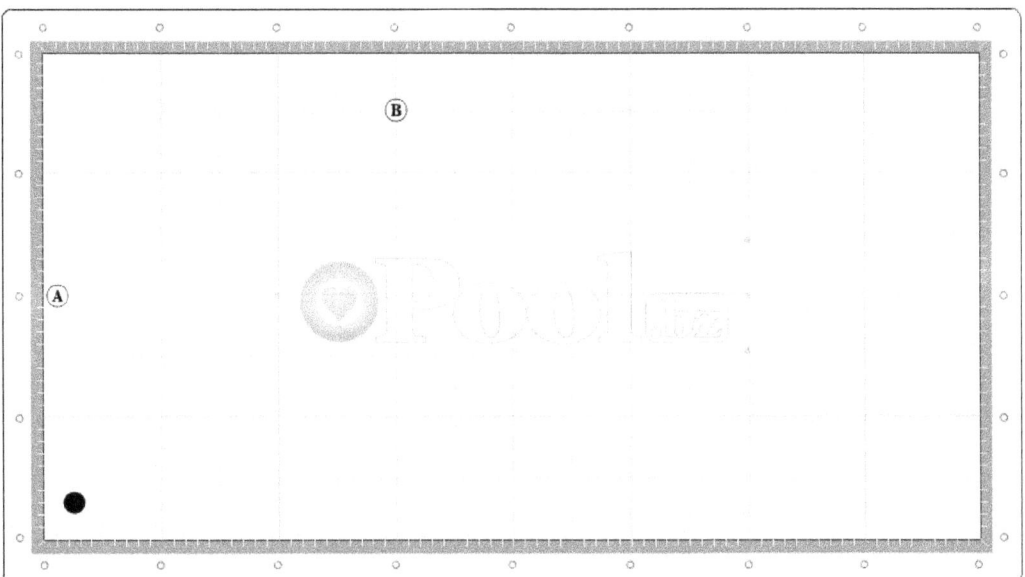

NOTIZEN UND IDEEN:

Gruppe 1, Satz 8

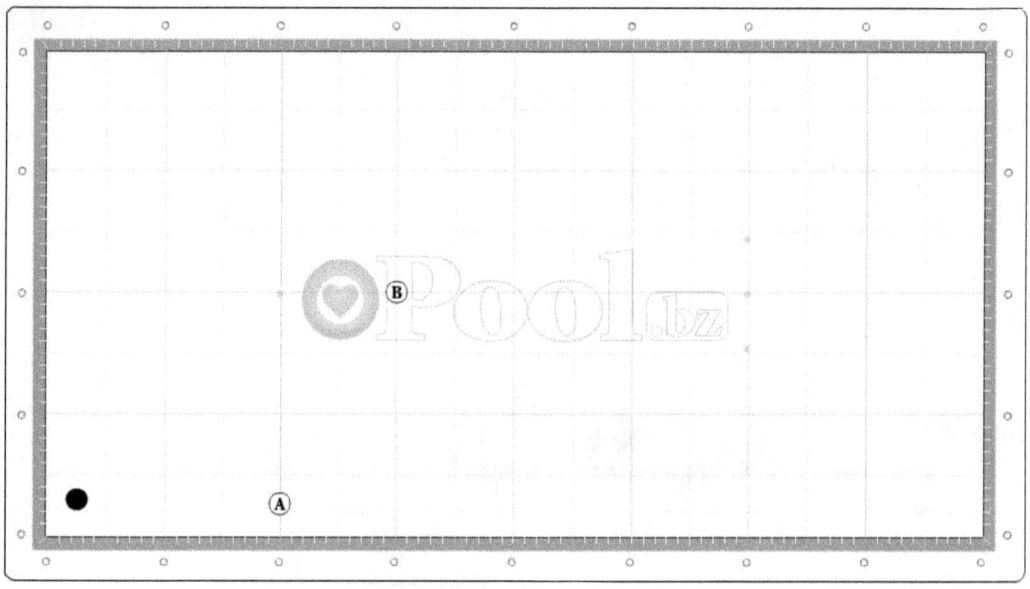

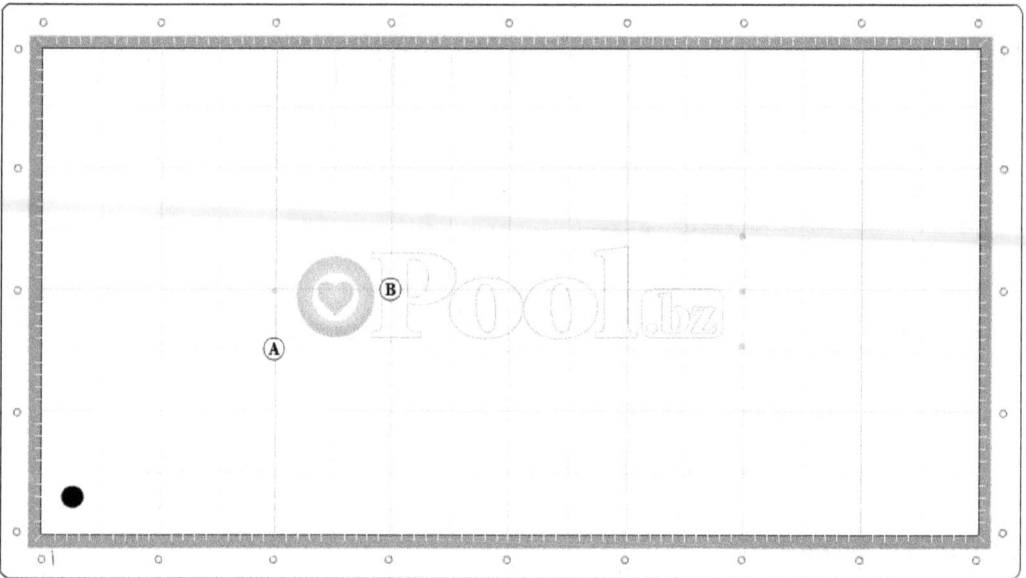

NOTIZEN UND IDEEN:

Karambolage billard: Einige Rätsel und Puzzles

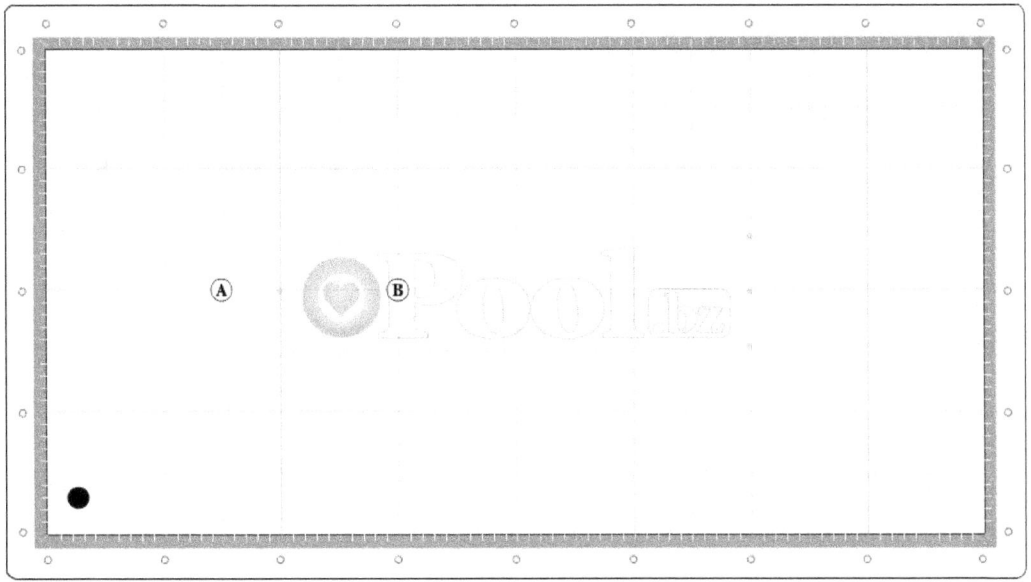

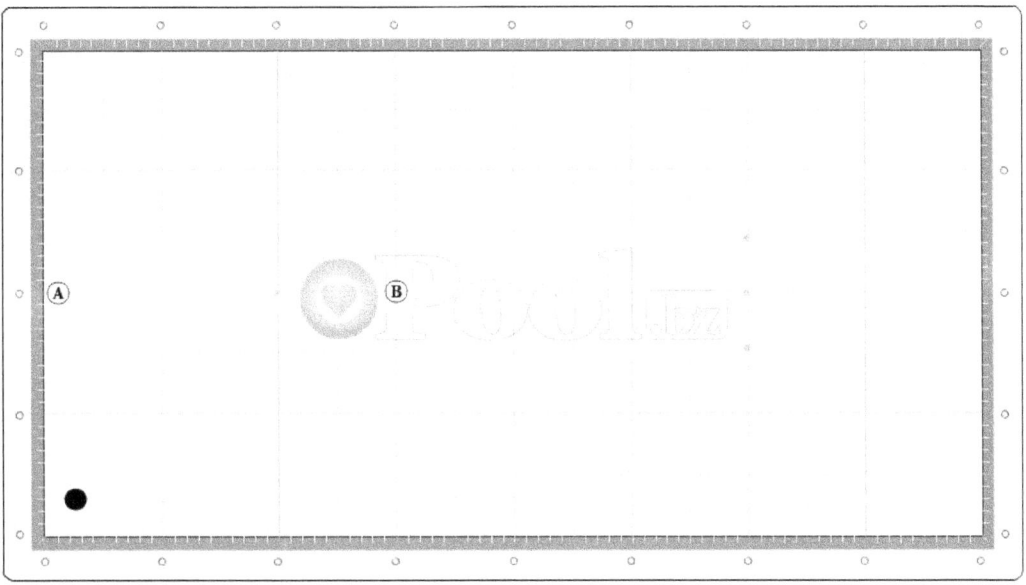

NOTIZEN UND IDEEN:

Gruppe 1, Satz 9

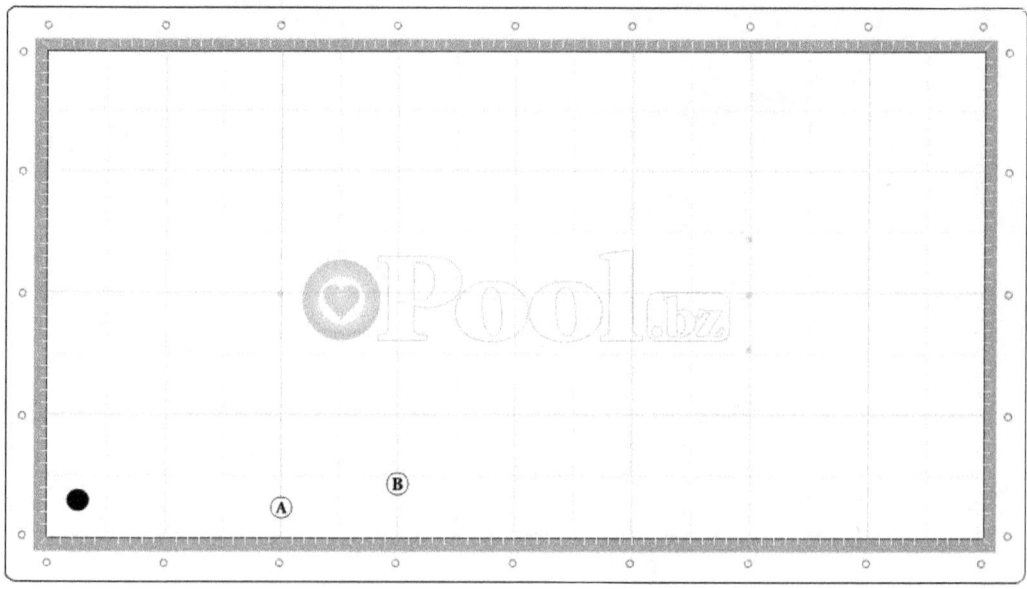

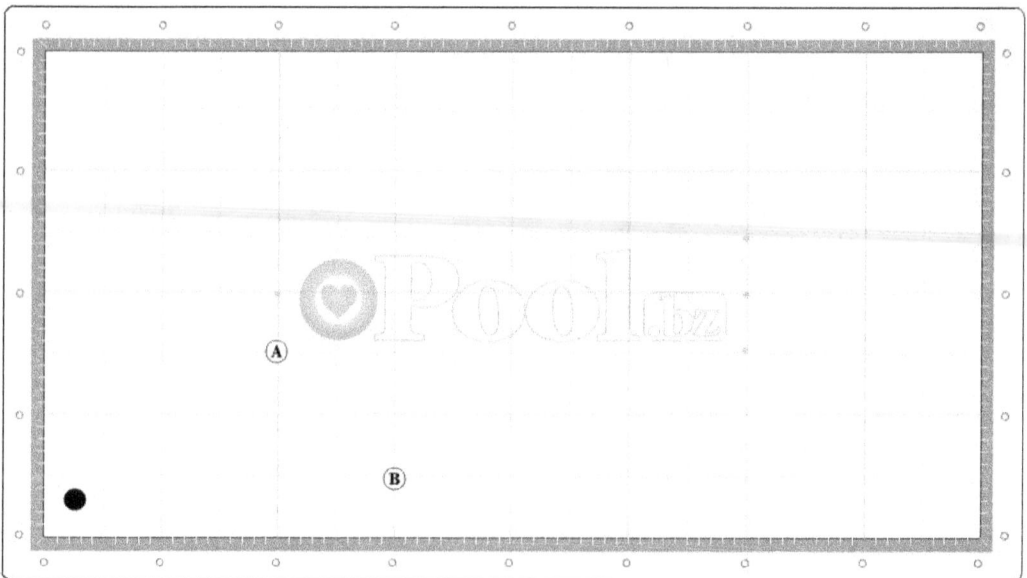

NOTIZEN UND IDEEN:

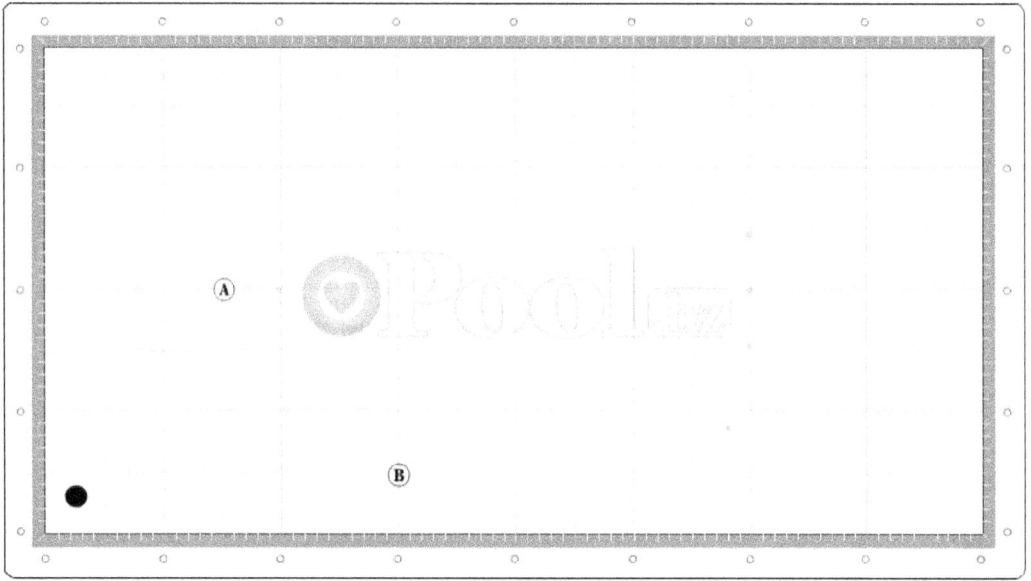

NOTIZEN UND IDEEN:

Gruppe 1, Satz 10

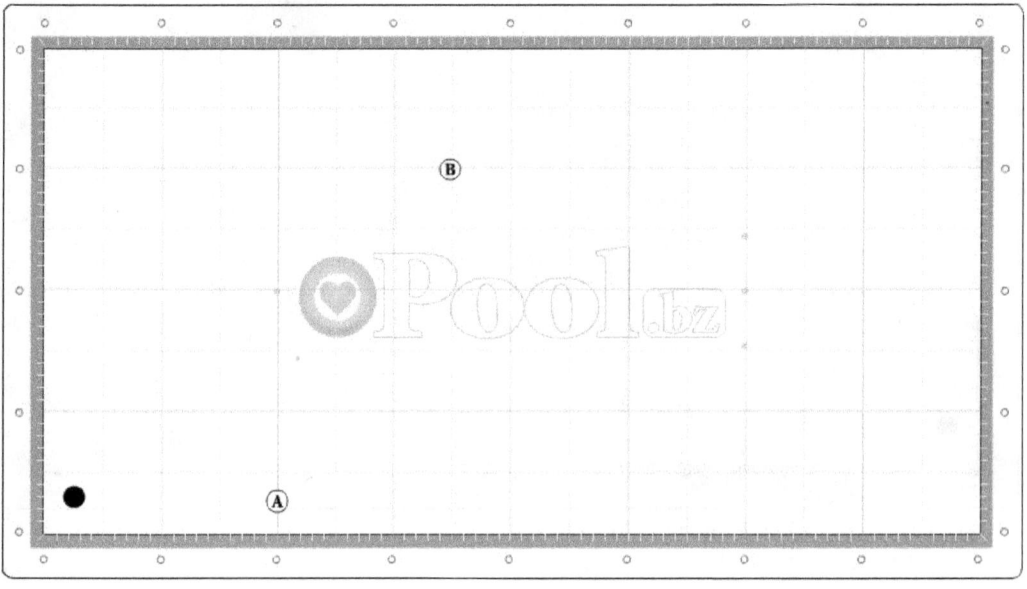

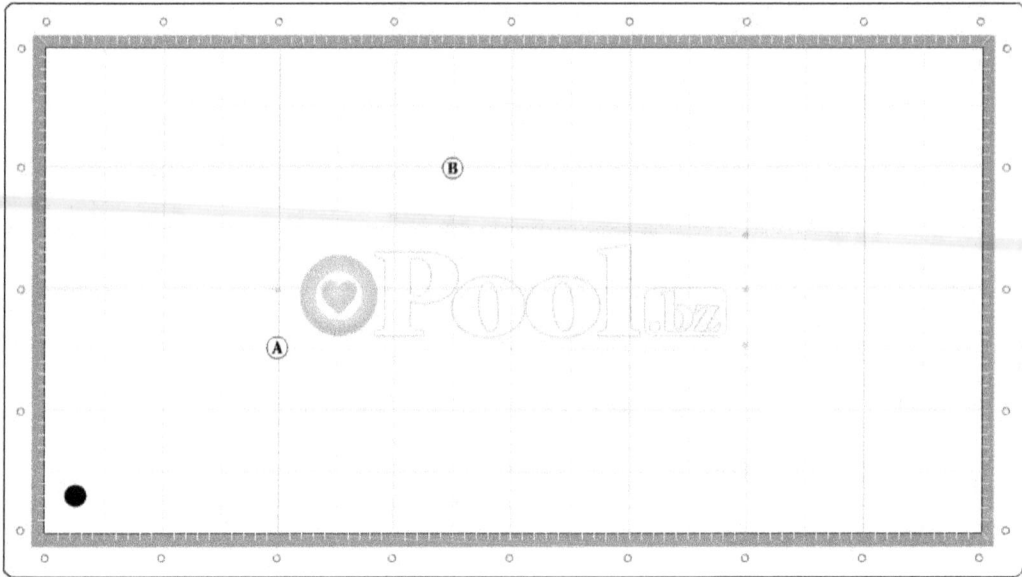

NOTIZEN UND IDEEN:

Karambolage billard: Einige Rätsel und Puzzles

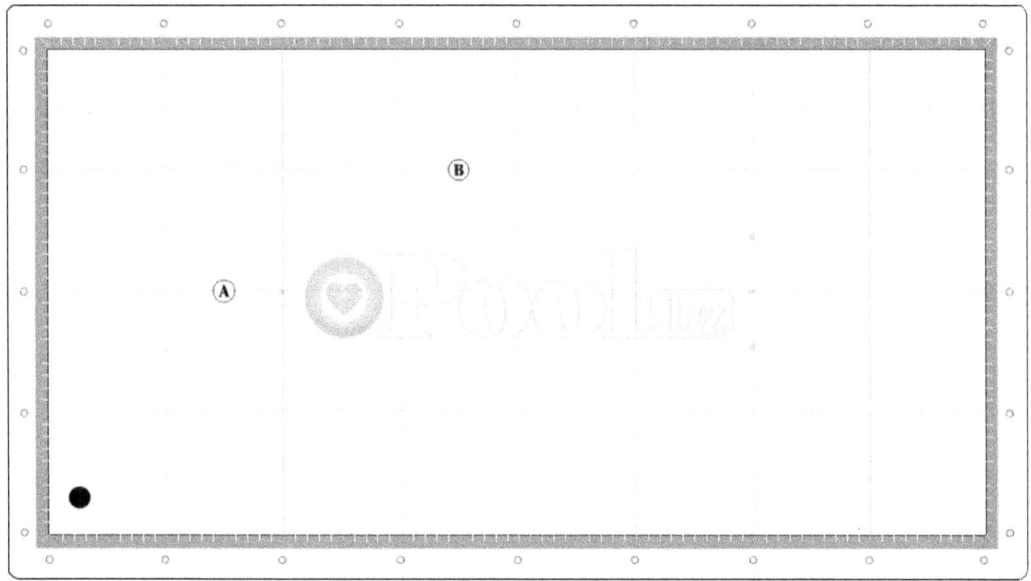

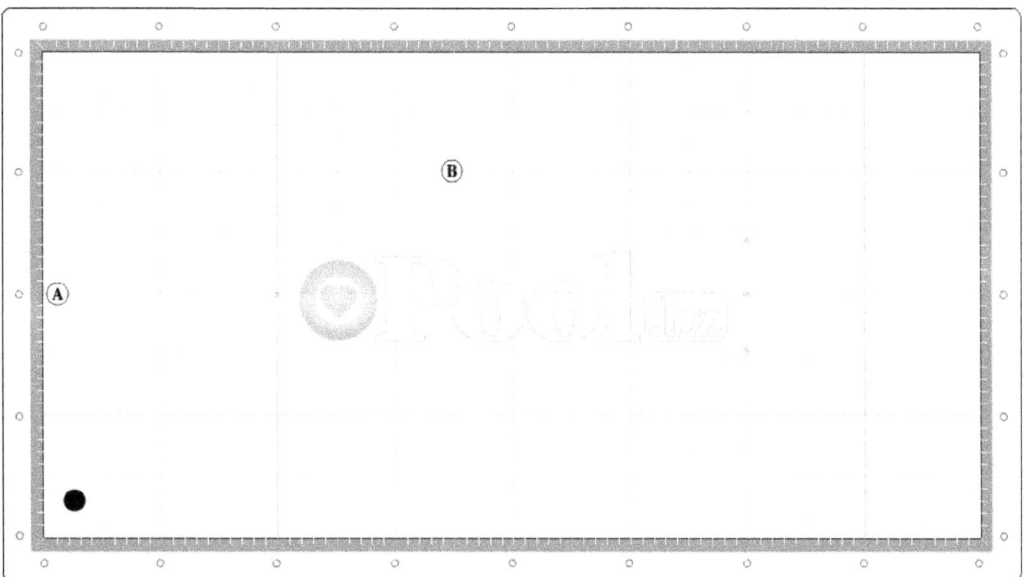

NOTIZEN UND IDEEN:

Gruppe 1, Satz 11

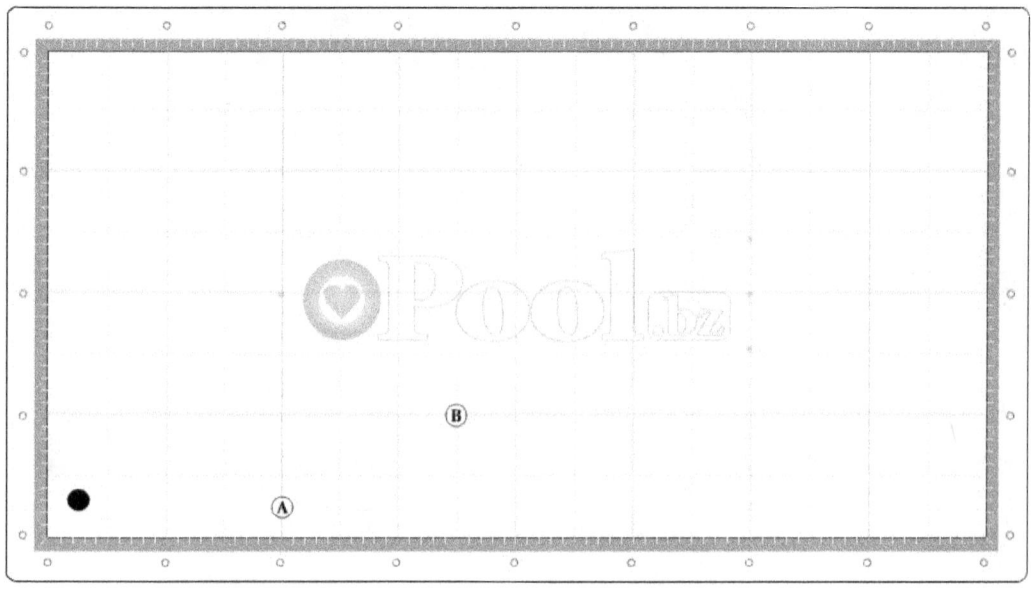

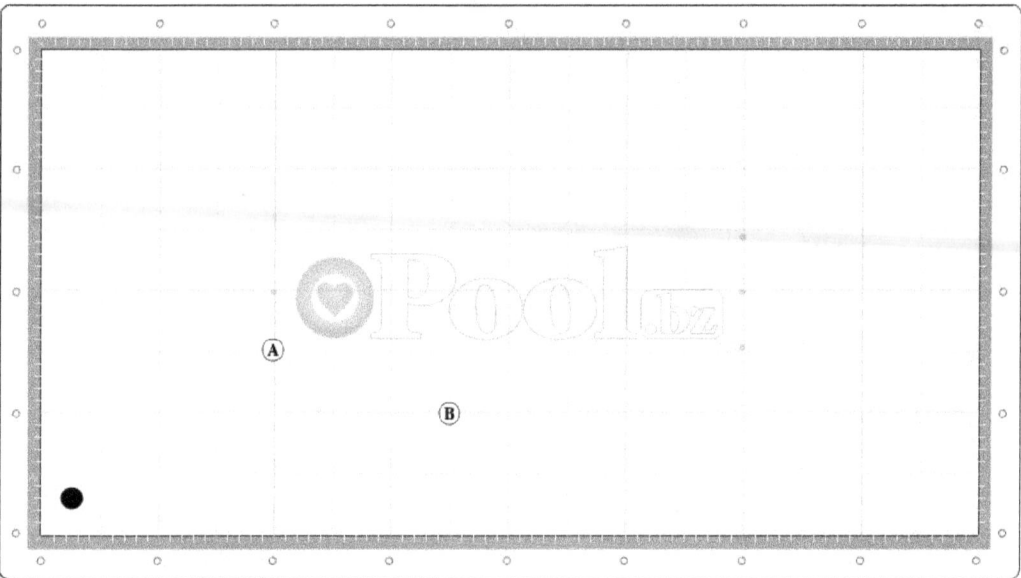

NOTIZEN UND IDEEN:

Karambolage billard: Einige Rätsel und Puzzles

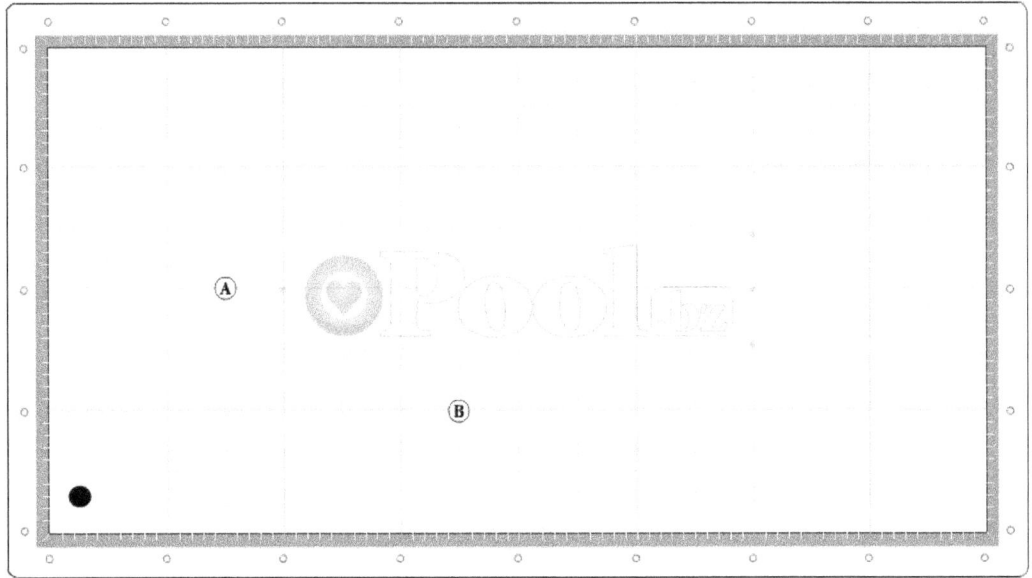

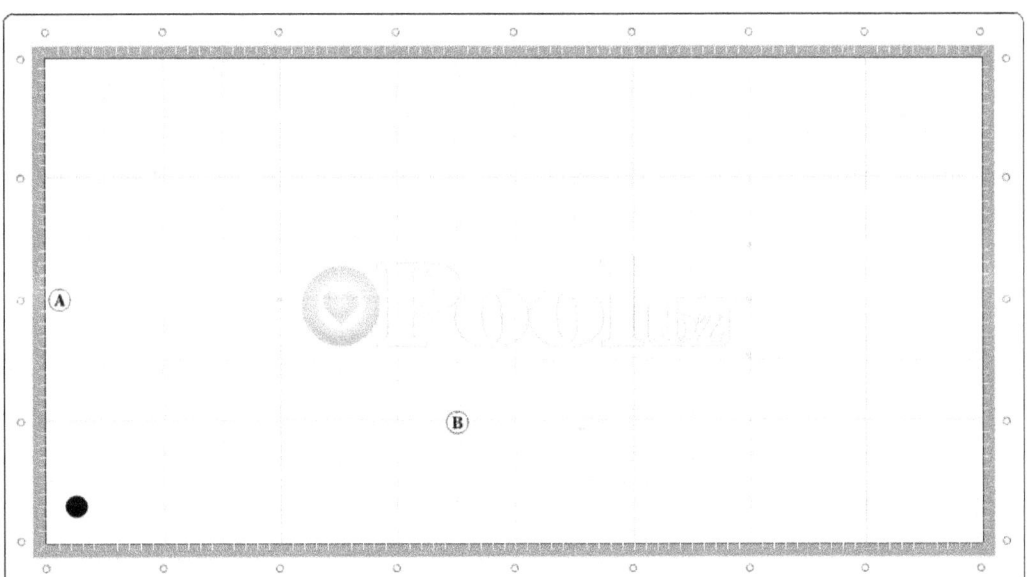

NOTIZEN UND IDEEN:

GRUPPE 2
Gruppe 2, Satz 1

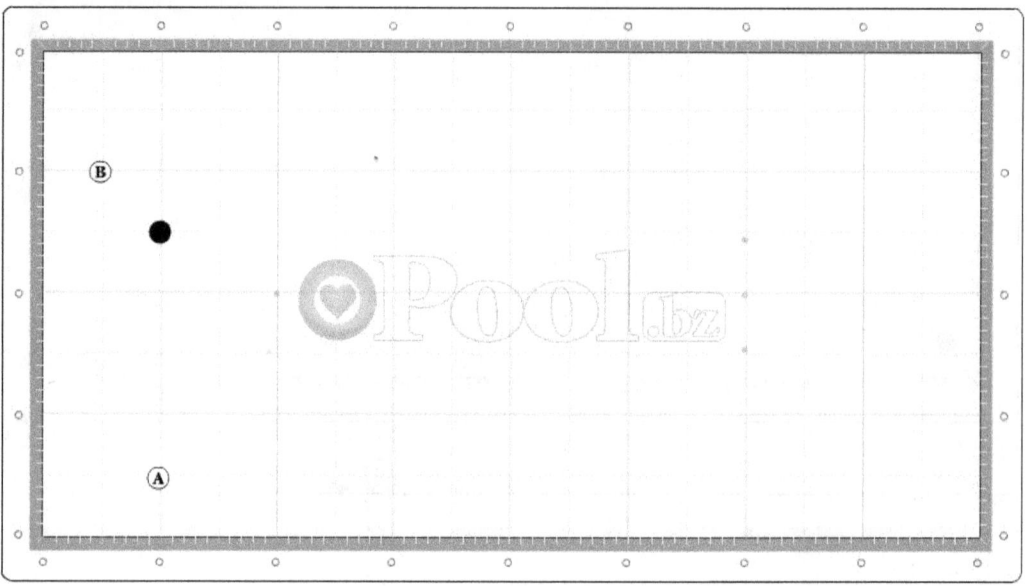

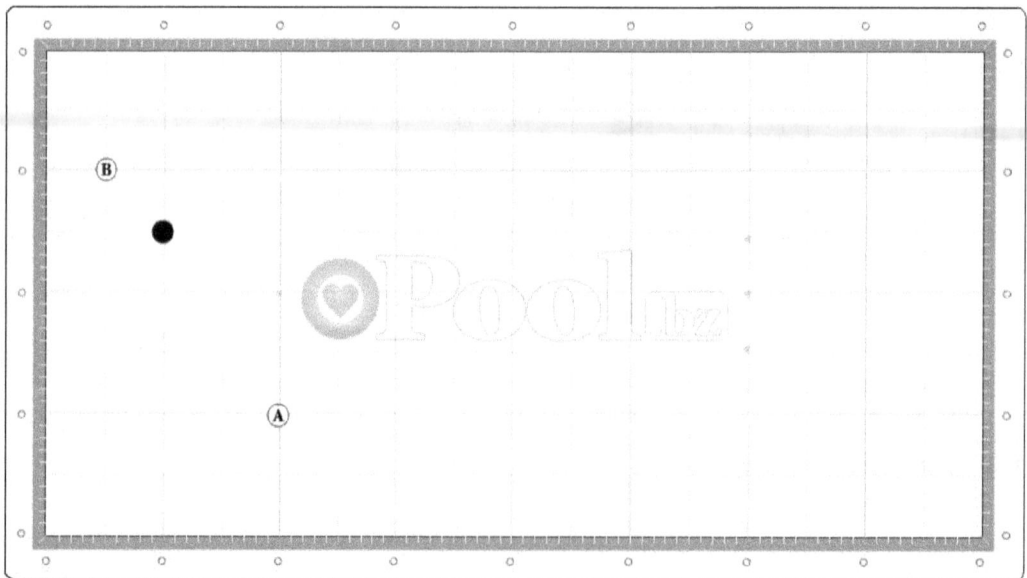

NOTIZEN UND IDEEN:

Karambolage billard: Einige Rätsel und Puzzles

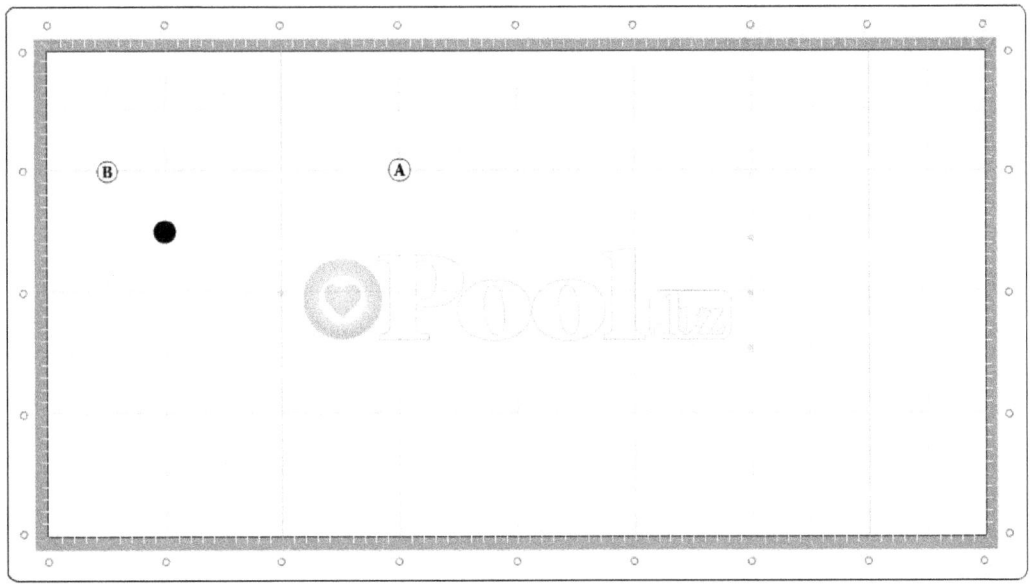

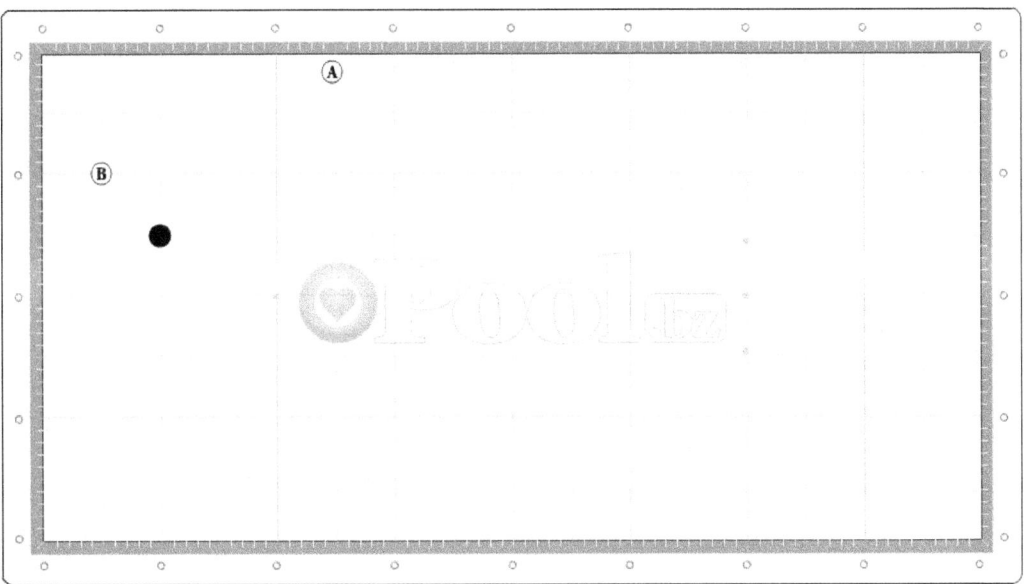

NOTIZEN UND IDEEN:

Gruppe 2, Satz 2

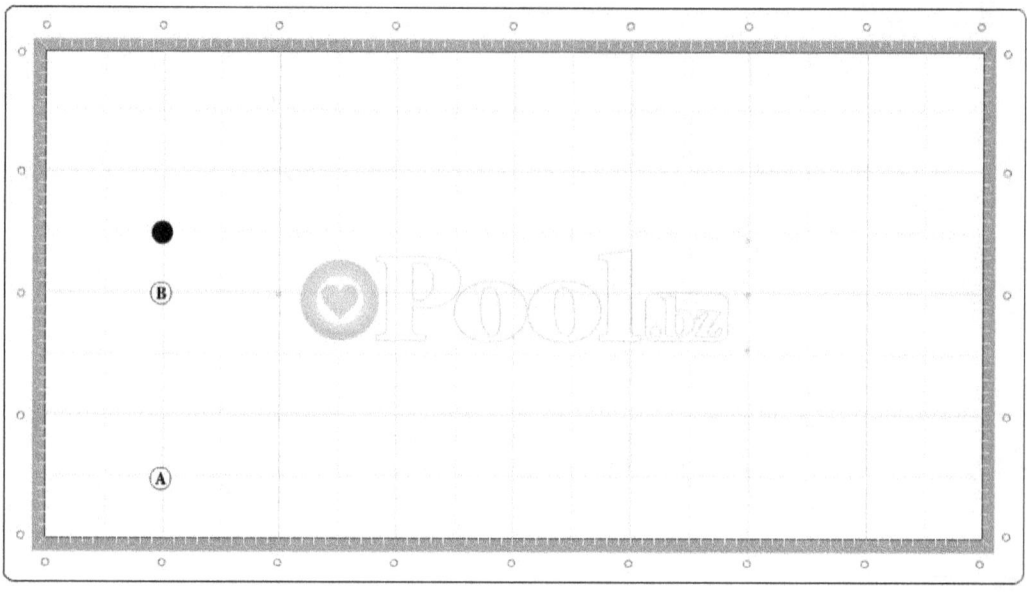

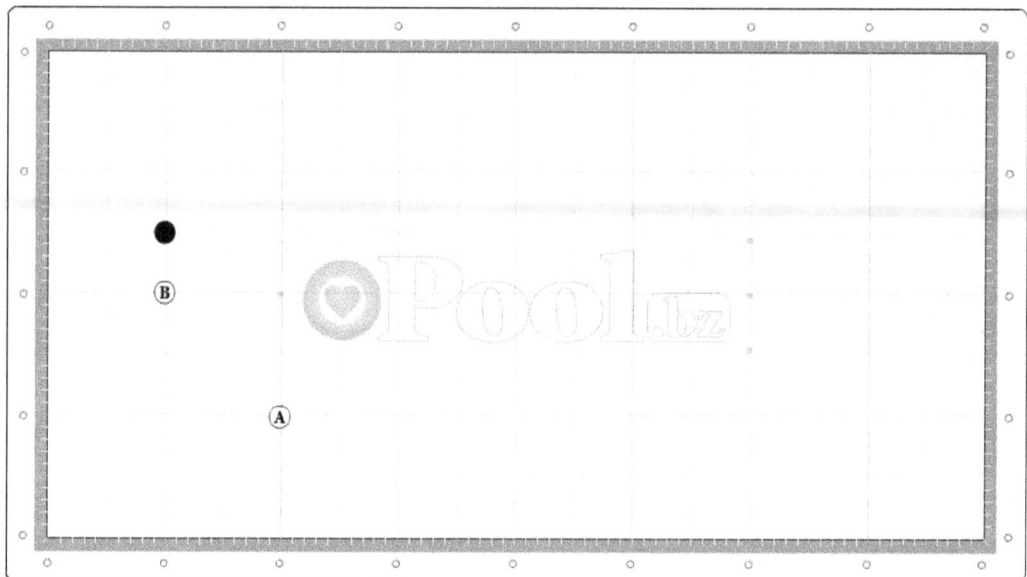

NOTIZEN UND IDEEN:

Karambolage billard: Einige Rätsel und Puzzles

NOTIZEN UND IDEEN:

Gruppe 2, Satz 3

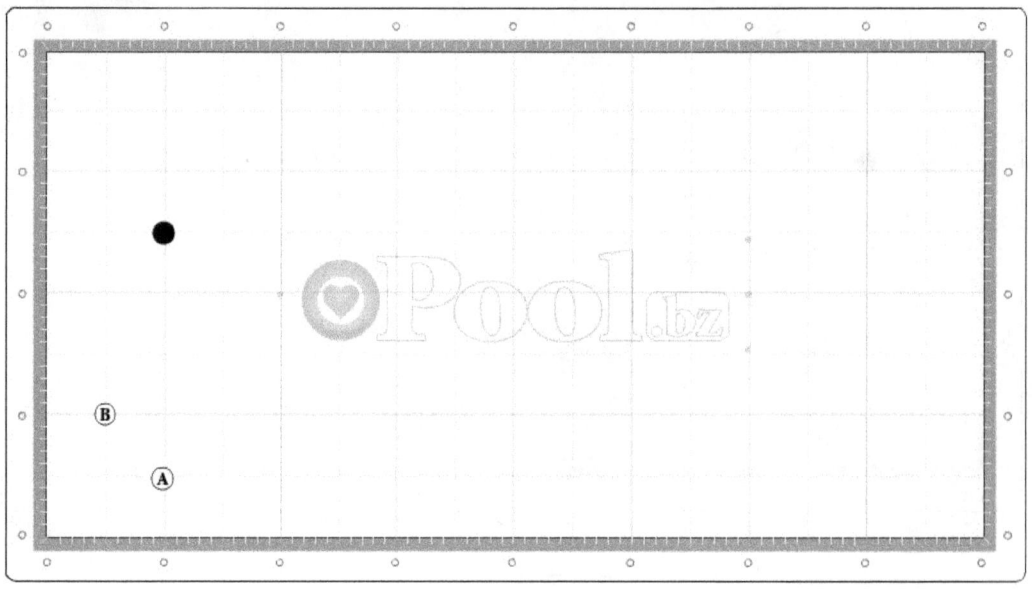

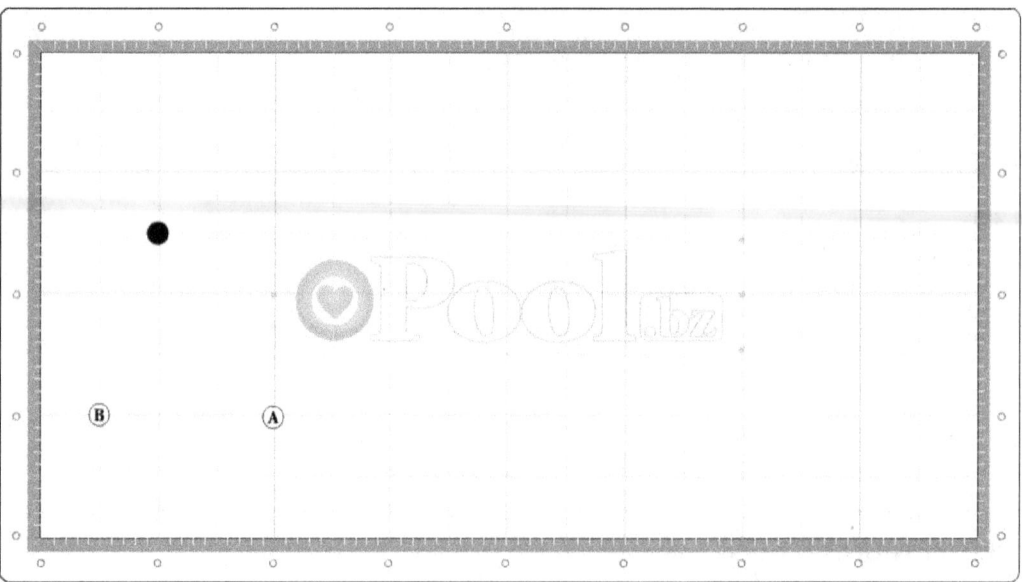

NOTIZEN UND IDEEN:

Karambolage billard: Einige Rätsel und Puzzles

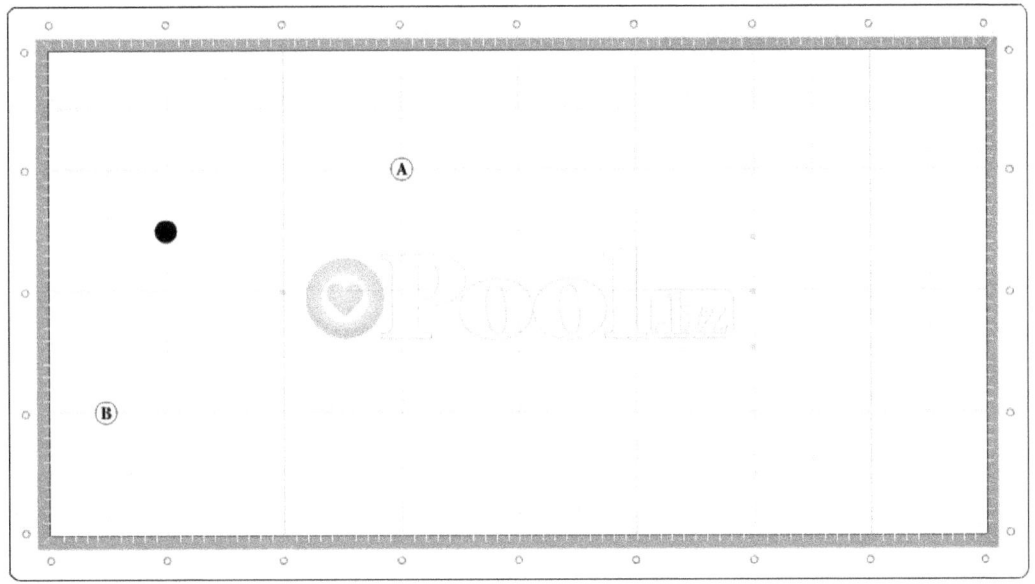

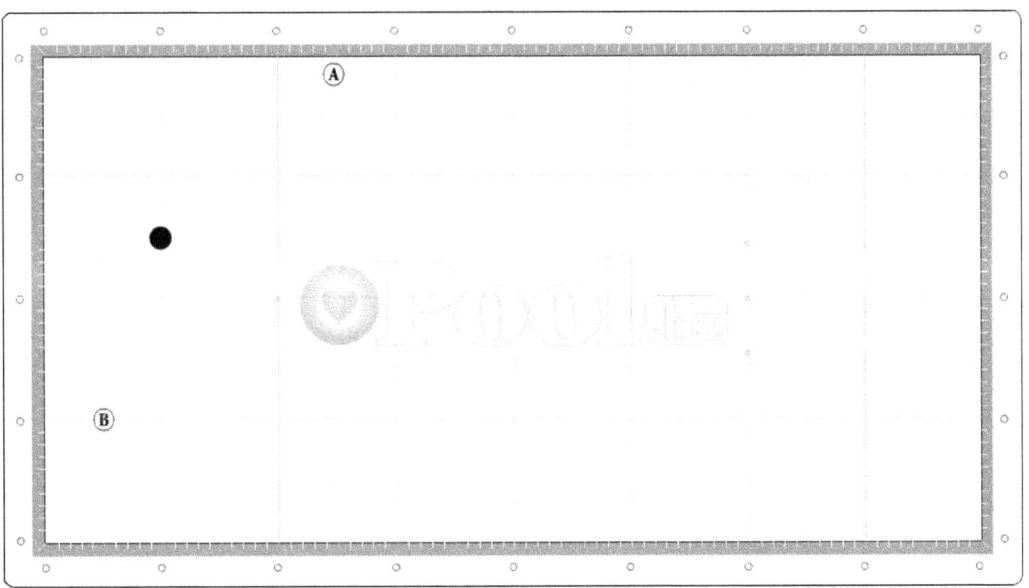

NOTIZEN UND IDEEN:

Gruppe 2, Satz 4

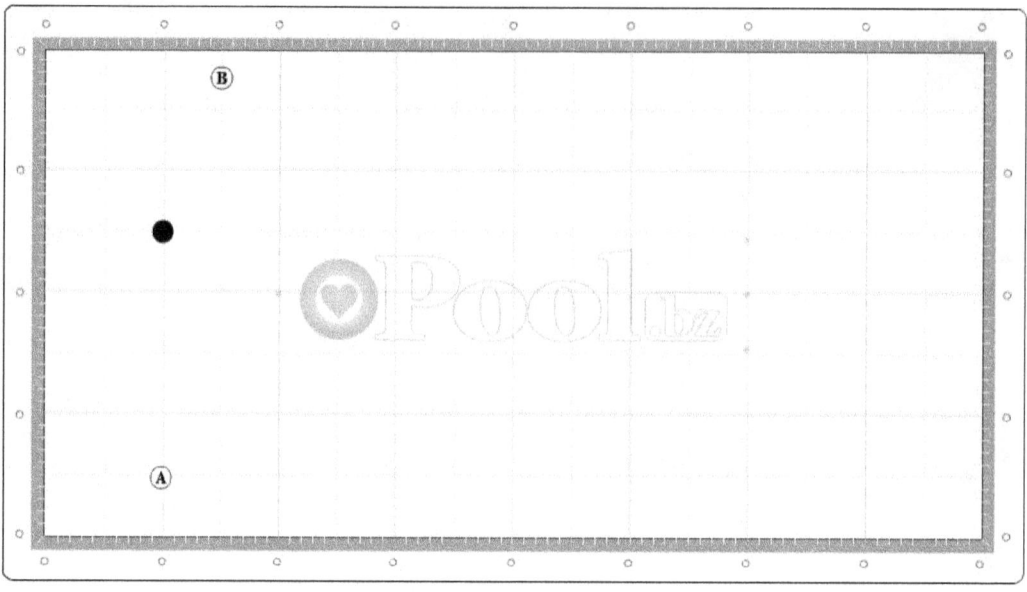

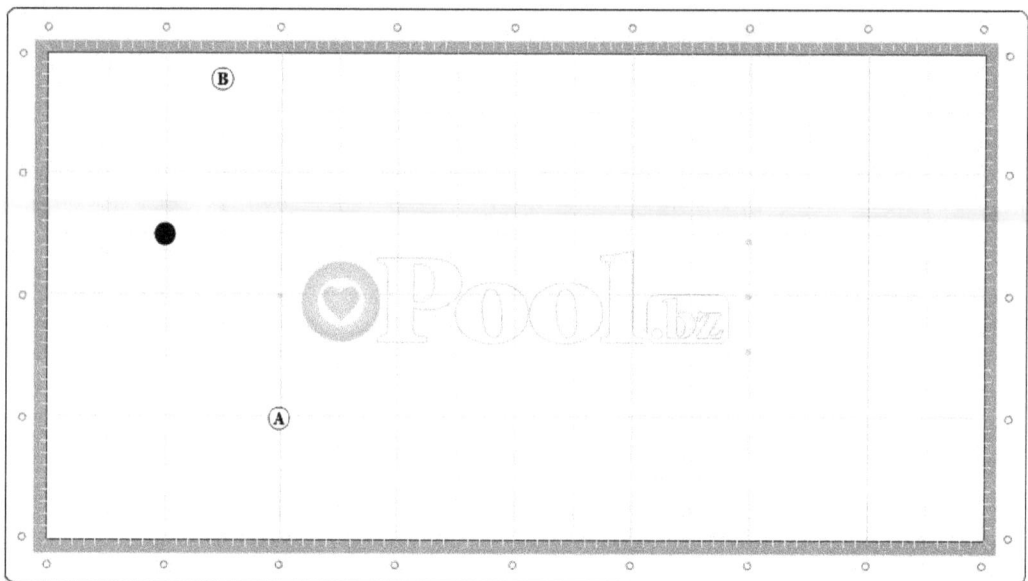

NOTIZEN UND IDEEN:

Karambolage billard: Einige Rätsel und Puzzles

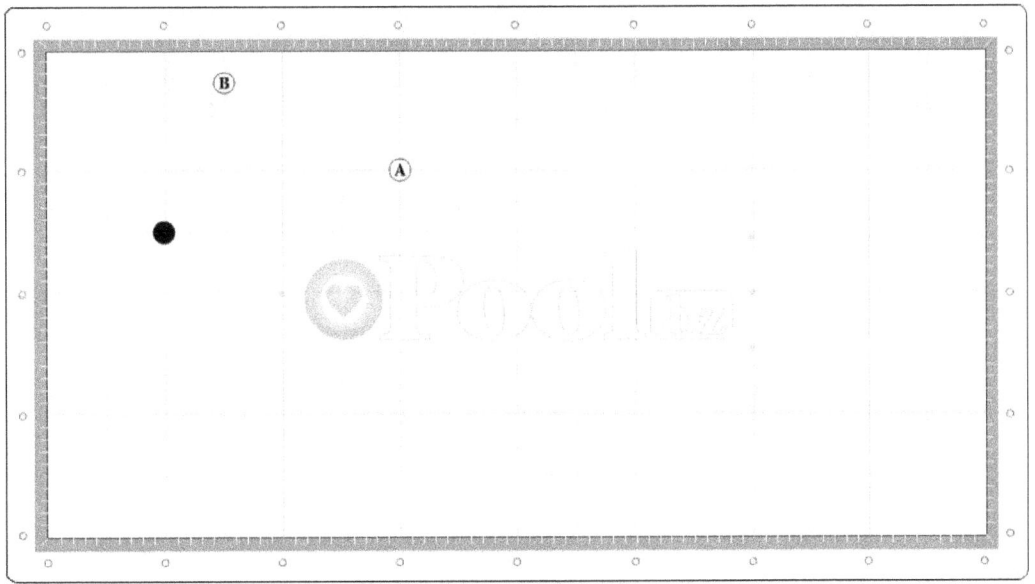

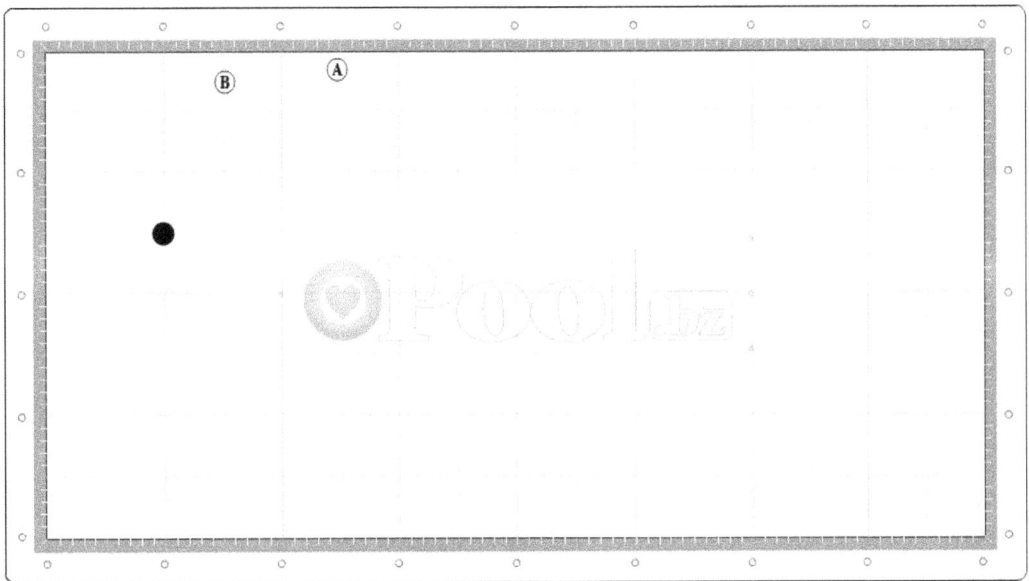

NOTIZEN UND IDEEN:

Gruppe 2, Satz 5

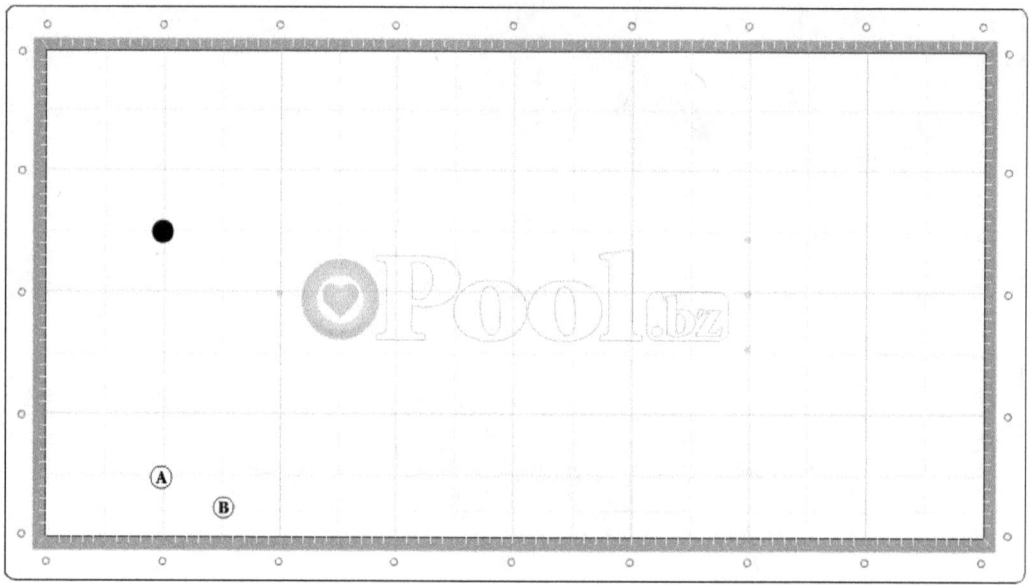

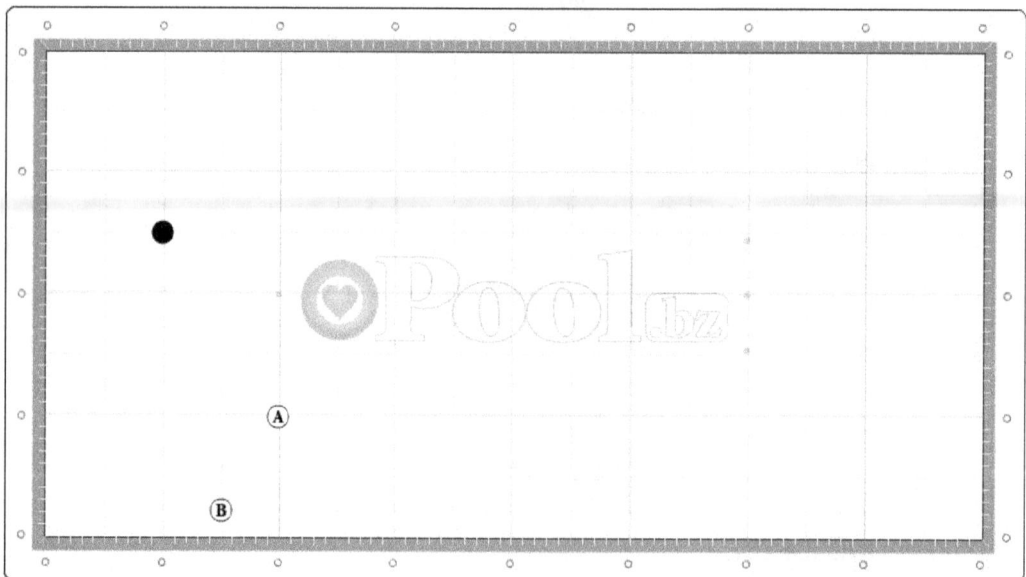

NOTIZEN UND IDEEN:

Karambolage billard: Einige Rätsel und Puzzles

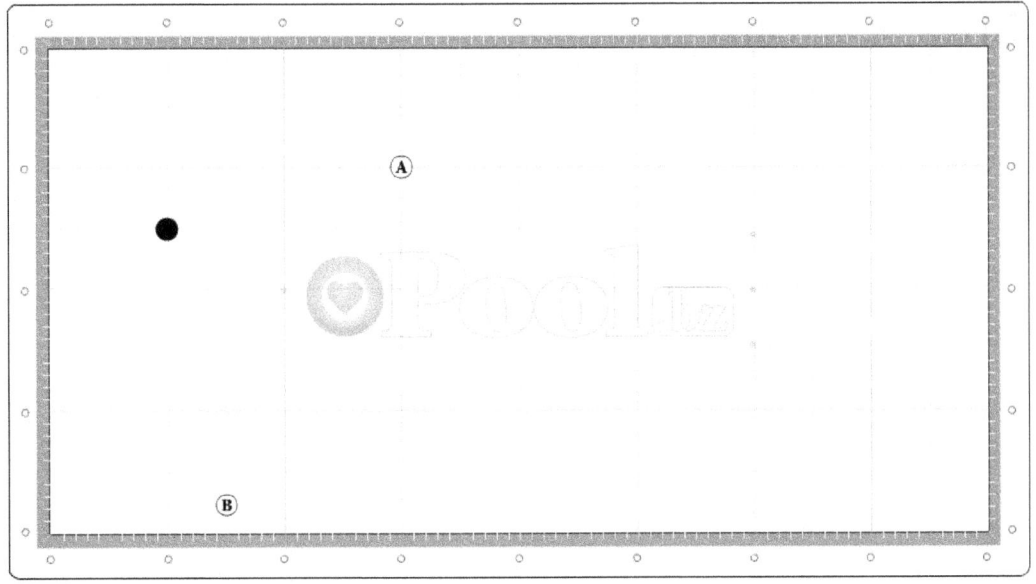

NOTIZEN UND IDEEN:

Gruppe 2, Satz 6

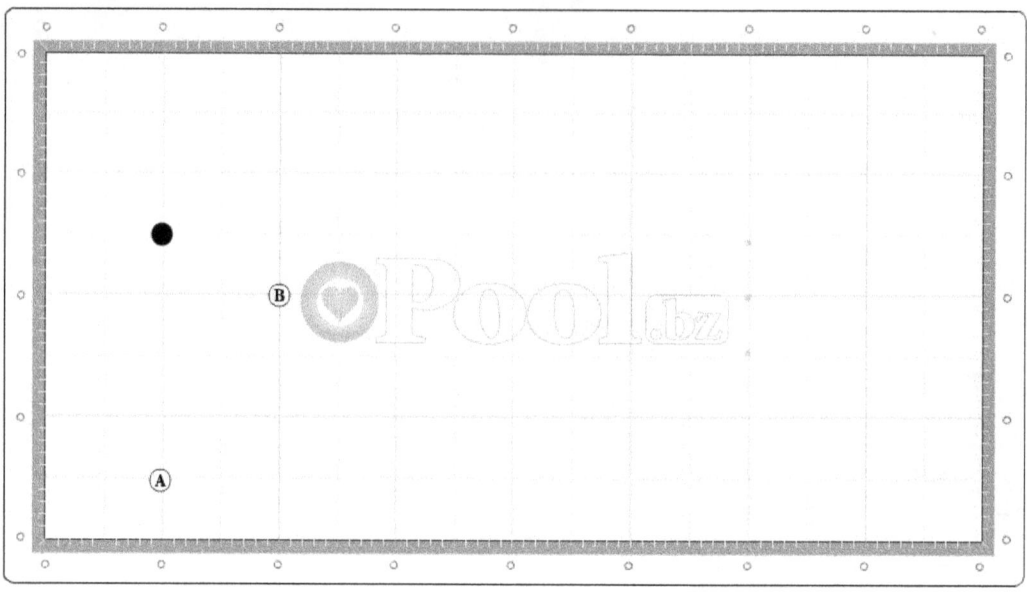

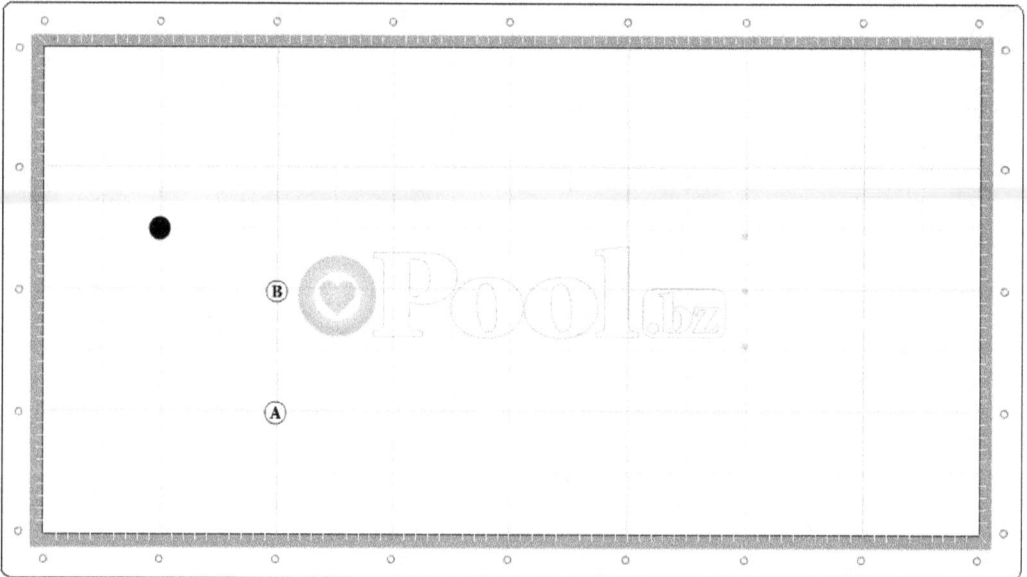

NOTIZEN UND IDEEN:

Karambolage billard: Einige Rätsel und Puzzles

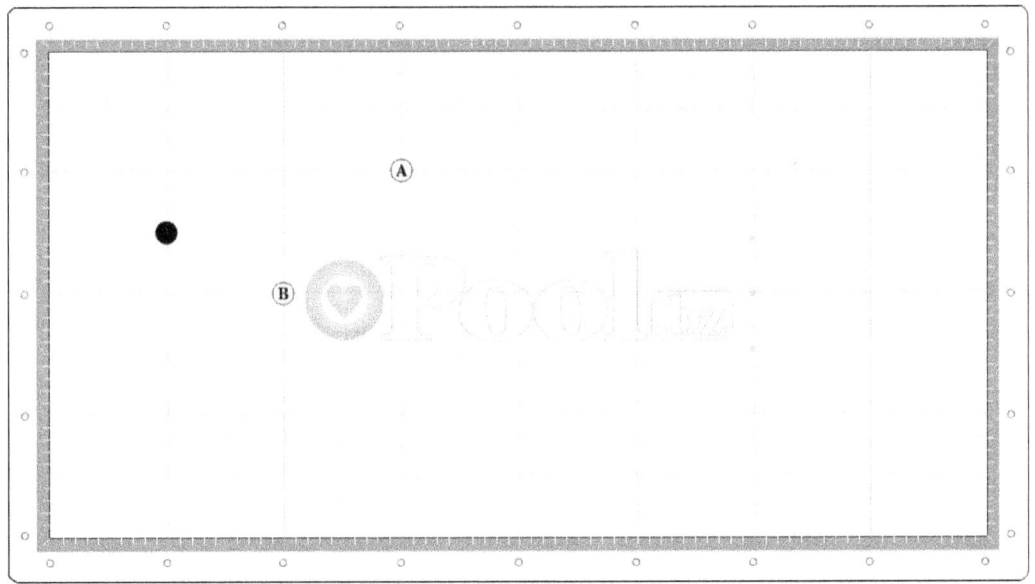

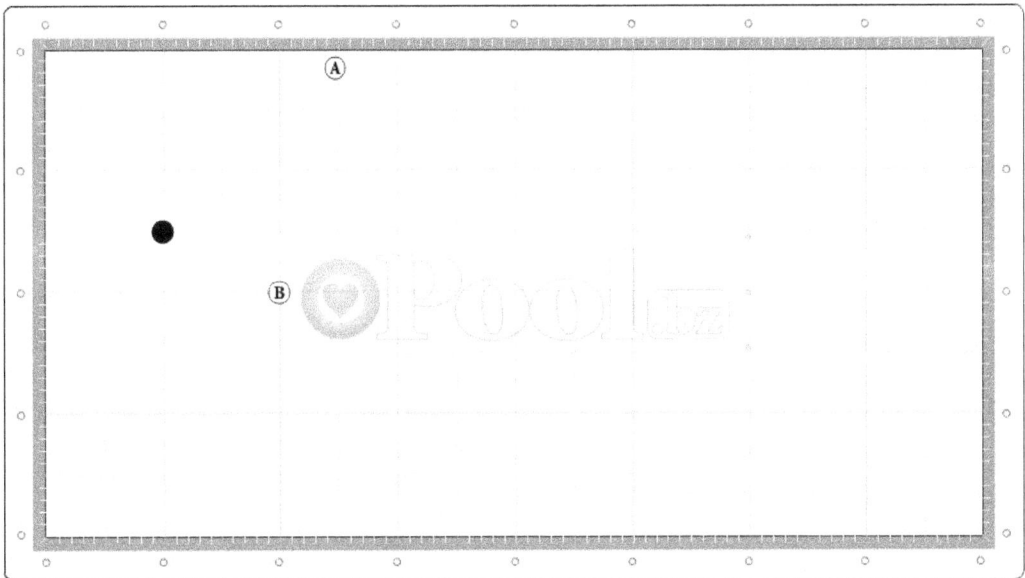

NOTIZEN UND IDEEN:

Gruppe 2, Satz 7

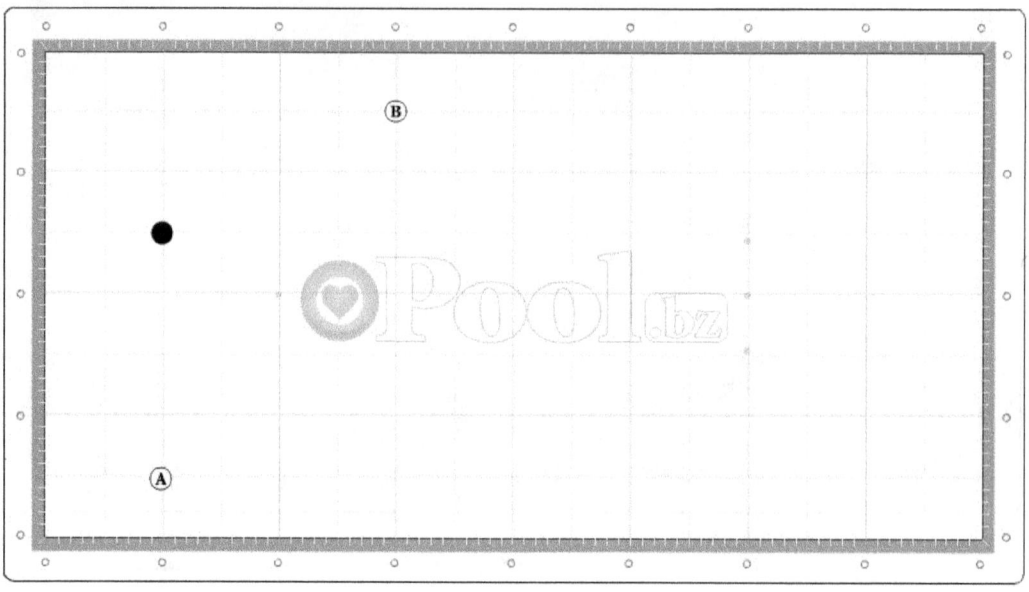

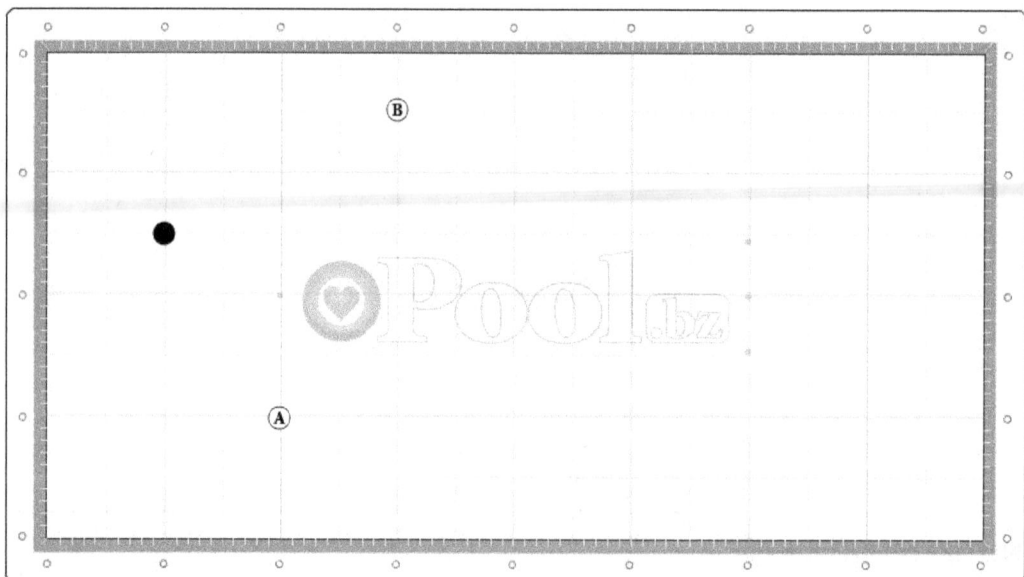

NOTIZEN UND IDEEN:

Karambolage billard: Einige Rätsel und Puzzles

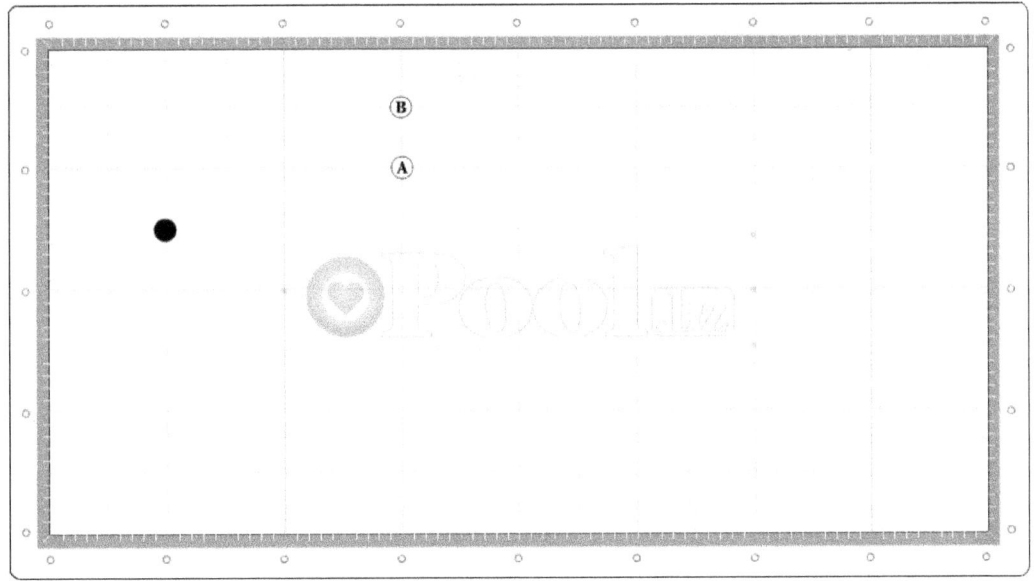

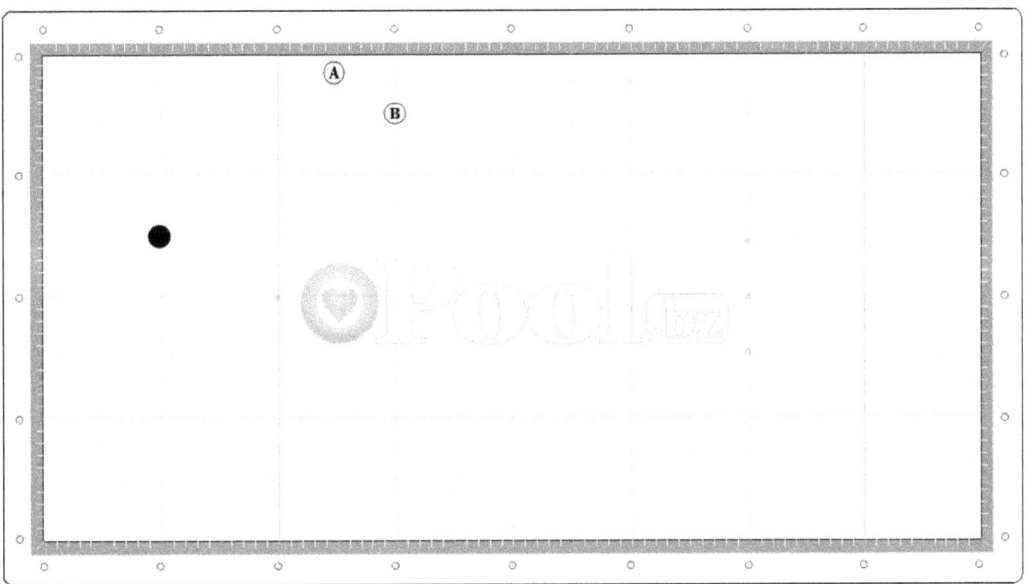

NOTIZEN UND IDEEN:

Gruppe 2, Satz 8

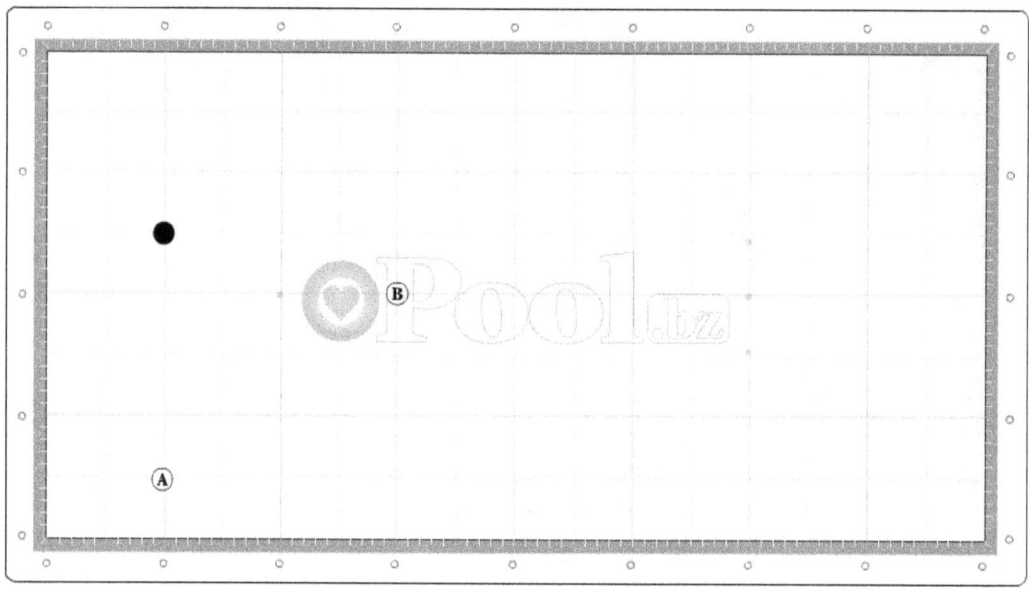

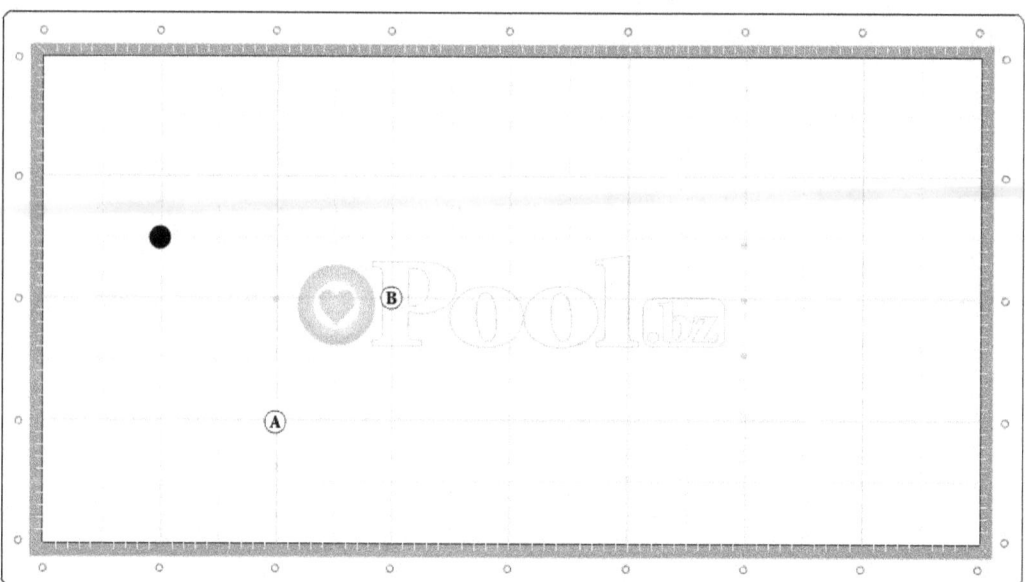

NOTIZEN UND IDEEN:

Karambolage billard: Einige Rätsel und Puzzles

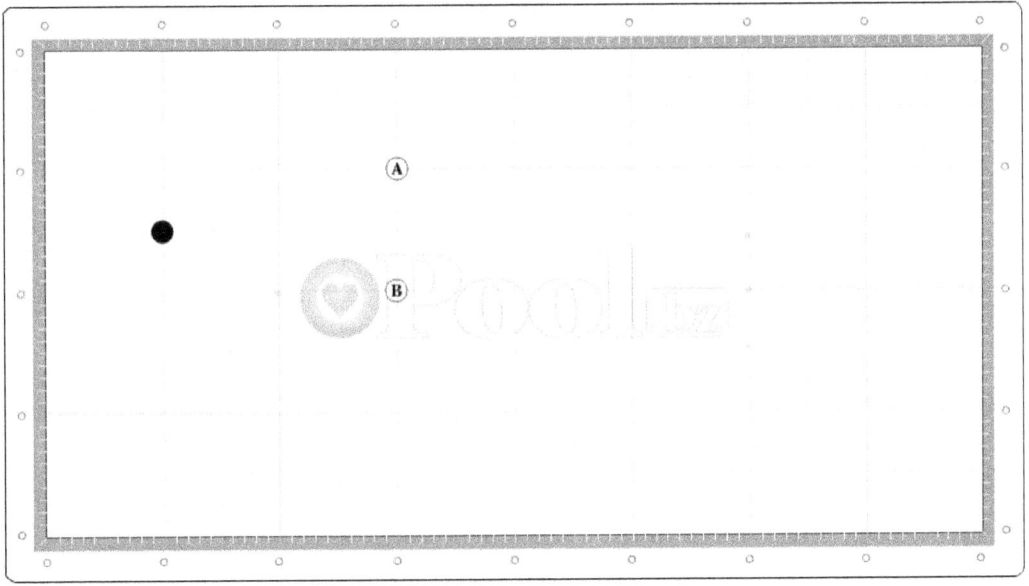

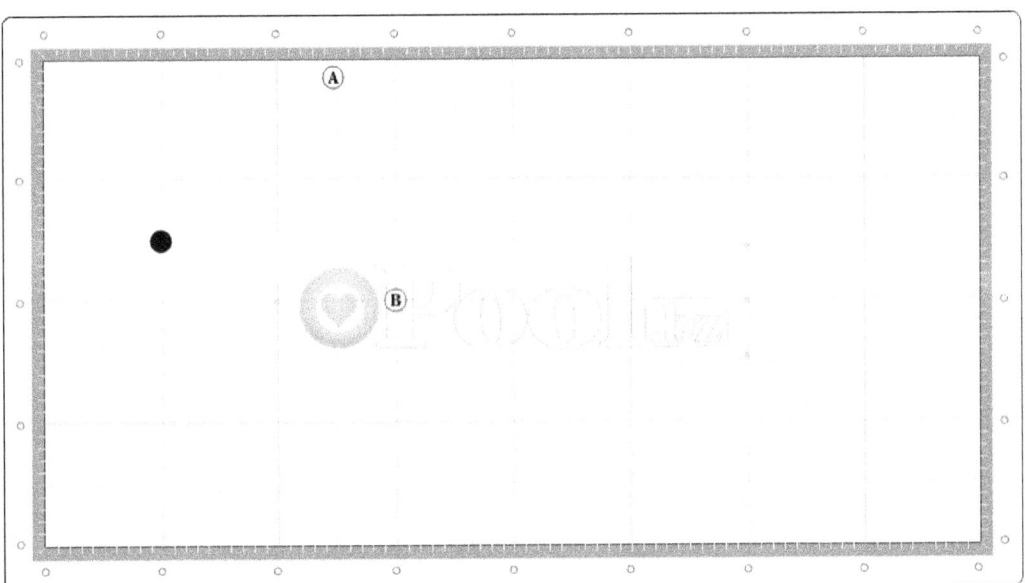

NOTIZEN UND IDEEN:

Gruppe 2, Satz 9

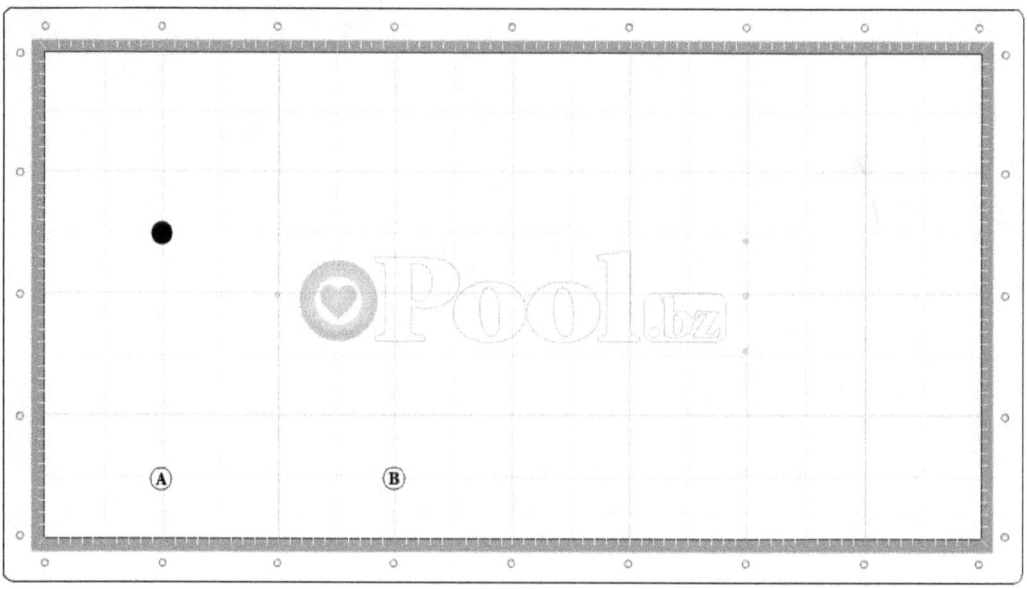

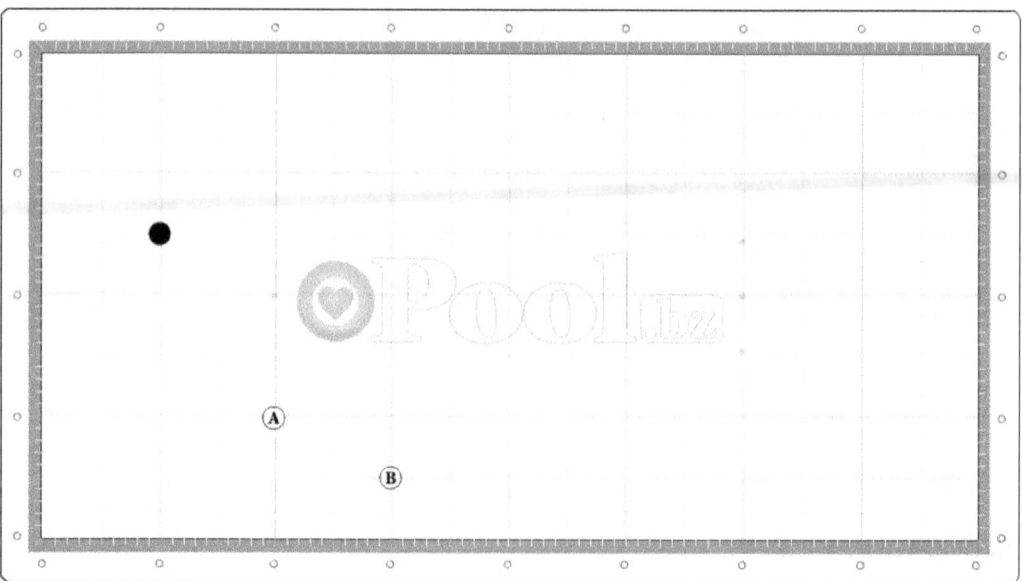

NOTIZEN UND IDEEN:

Karambolage billard: Einige Rätsel und Puzzles

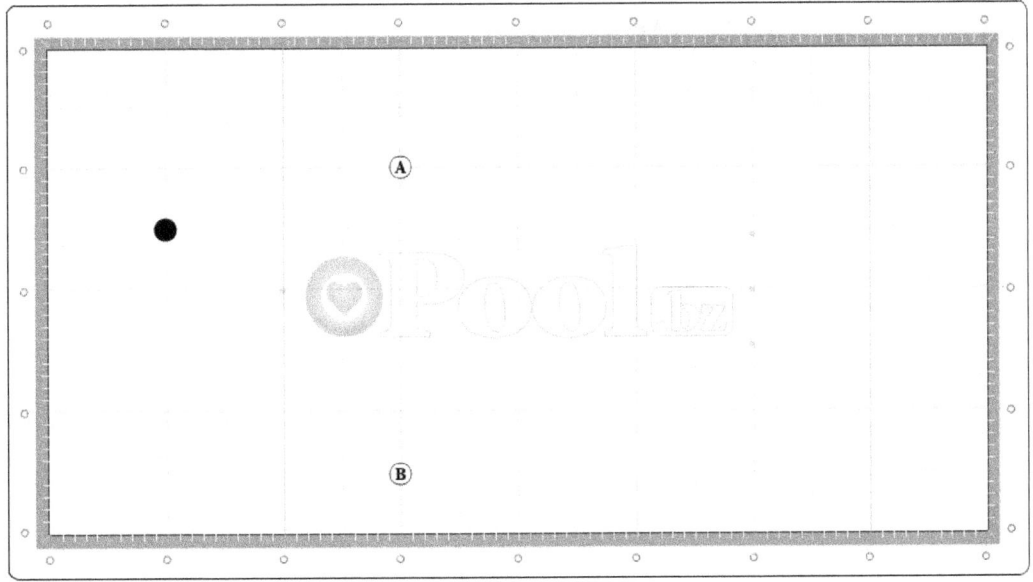

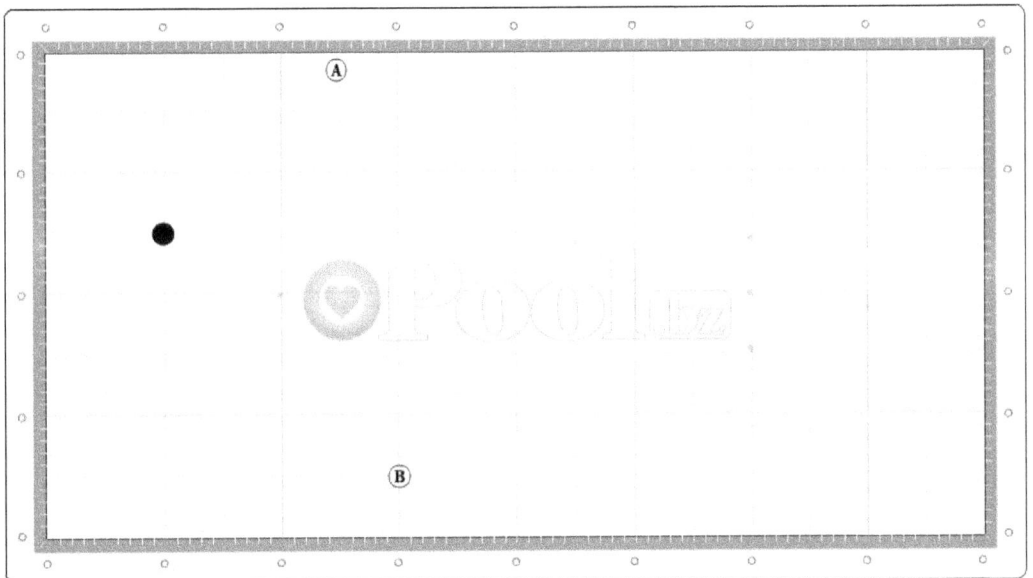

NOTIZEN UND IDEEN:

Gruppe 2, Satz 10

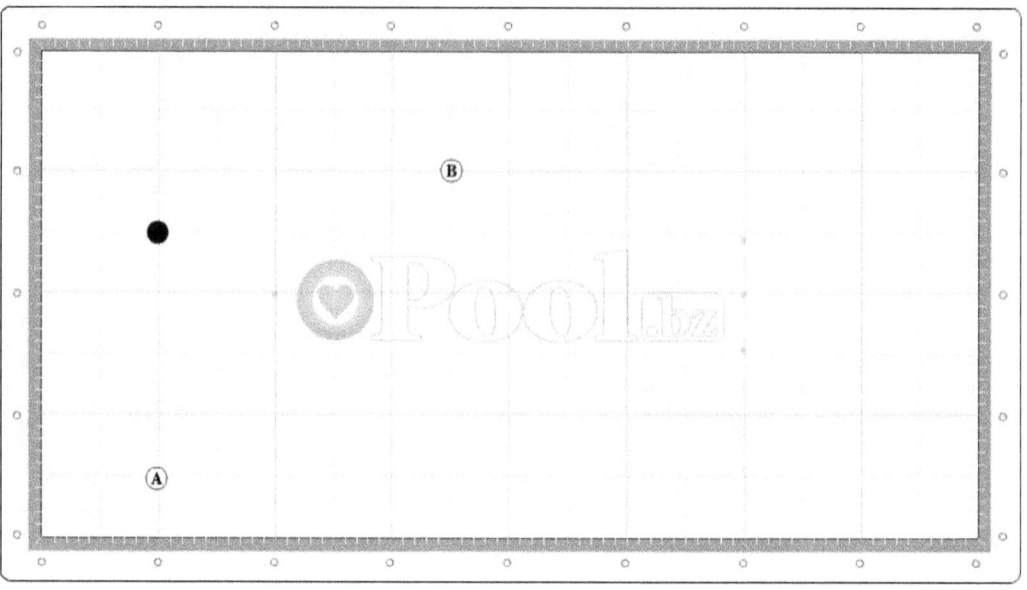

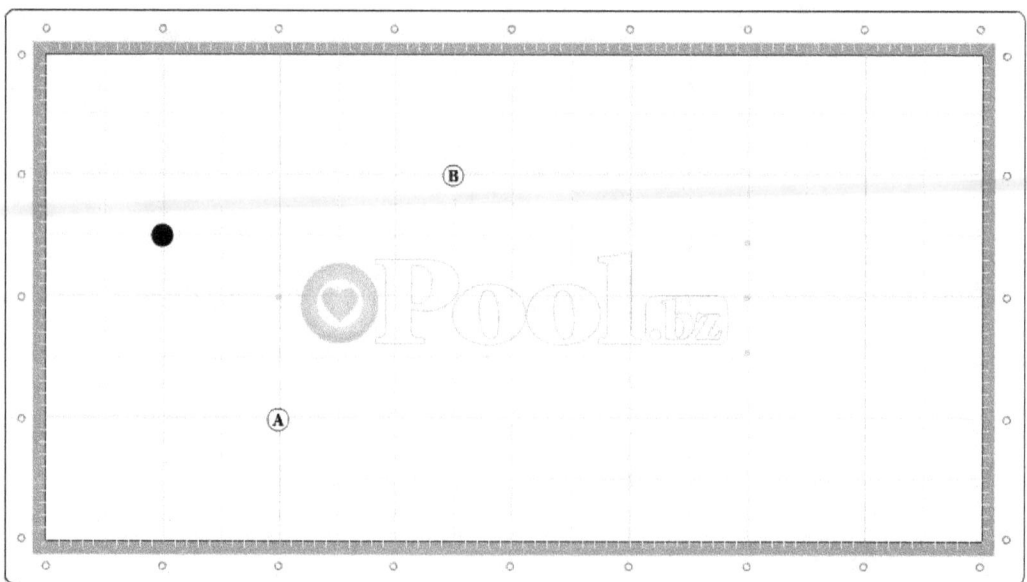

NOTIZEN UND IDEEN:

Karambolage billard: Einige Rätsel und Puzzles

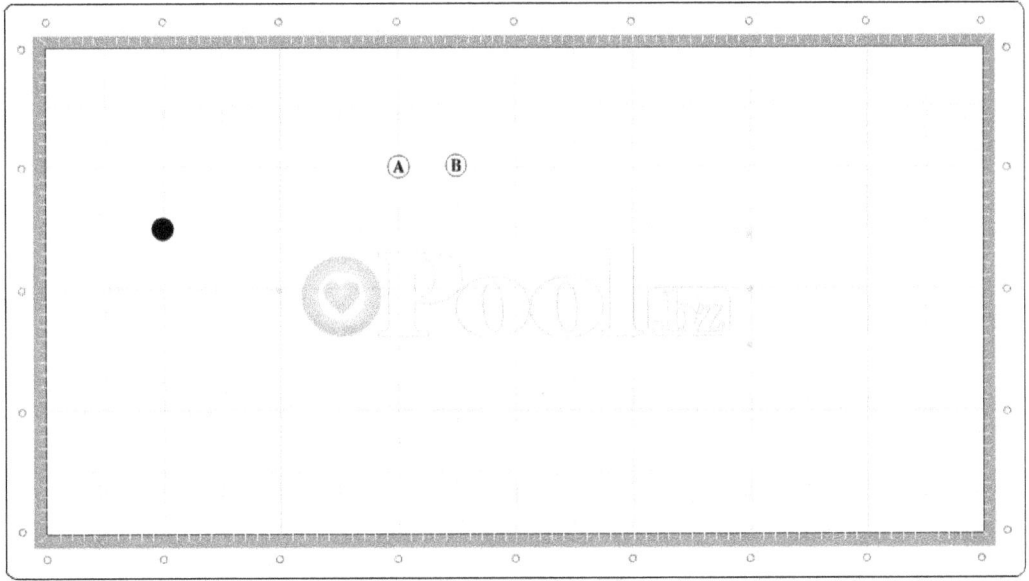

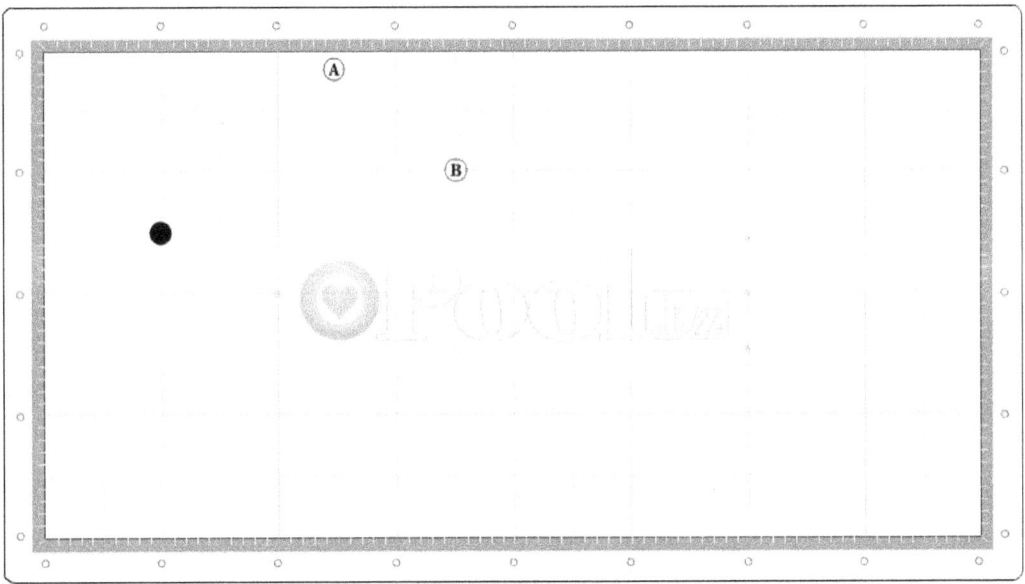

NOTIZEN UND IDEEN:

Gruppe 2, Satz 11

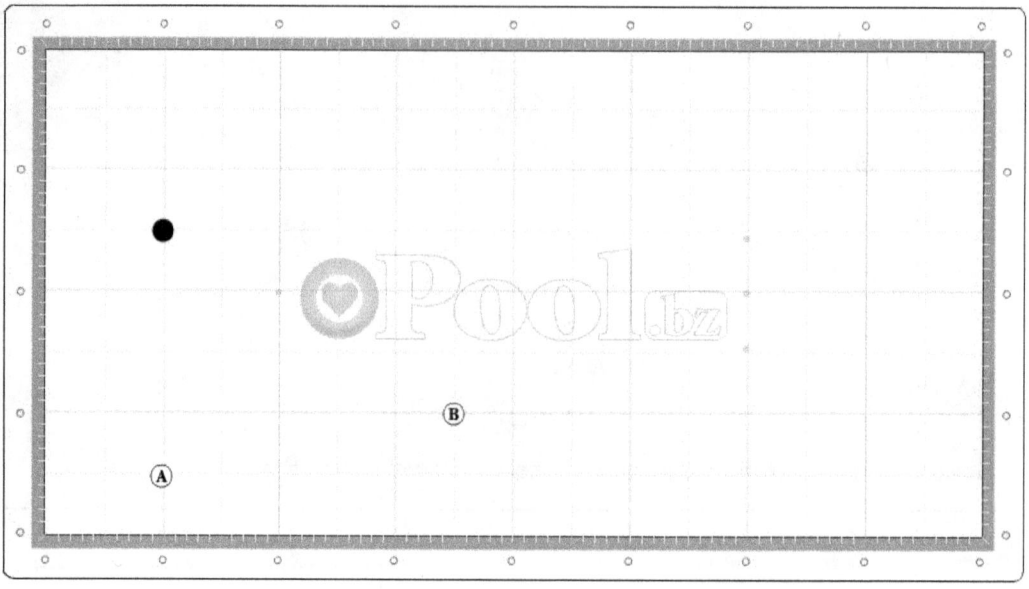

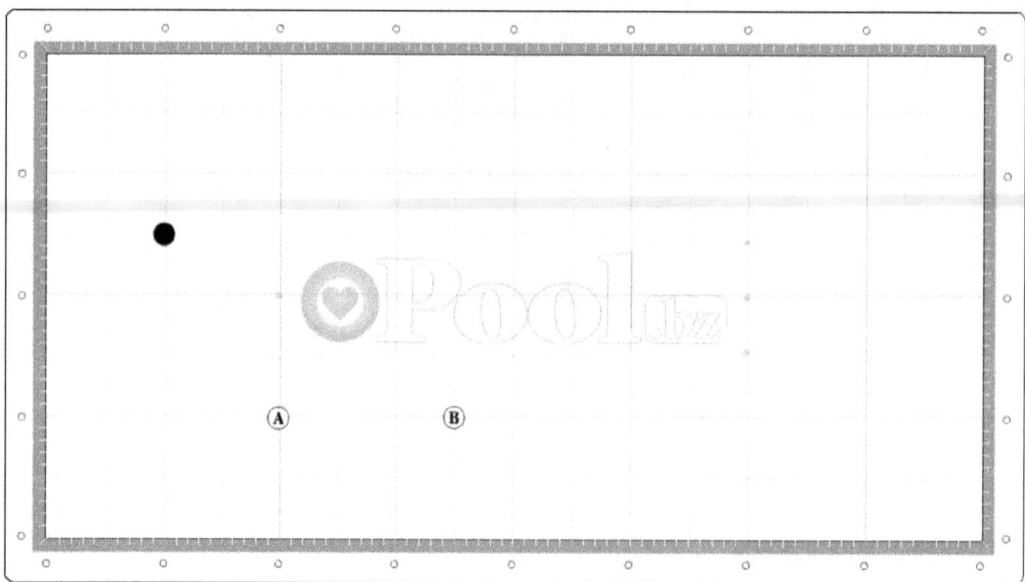

NOTIZEN UND IDEEN:

Karambolage billard: Einige Rätsel und Puzzles

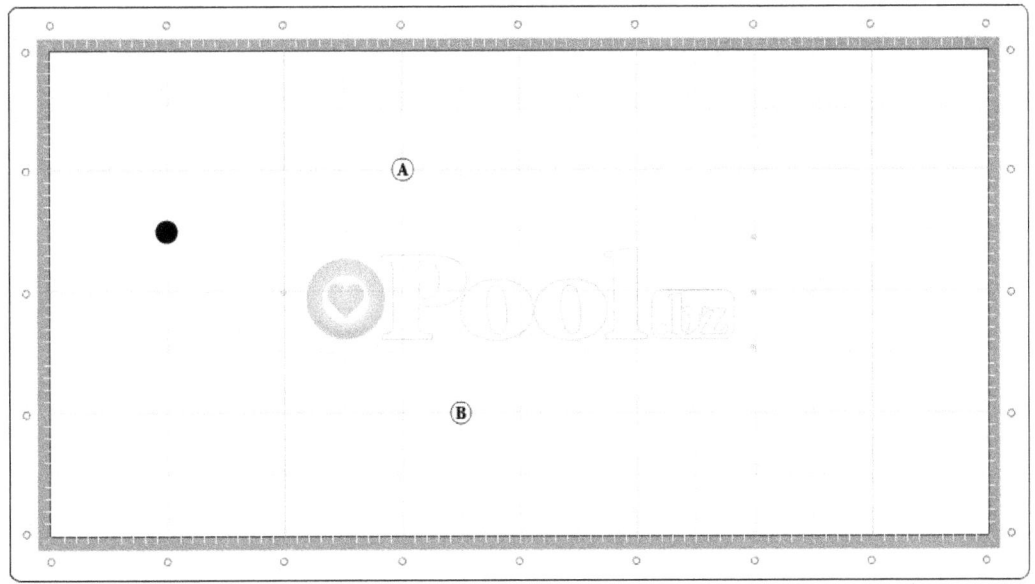

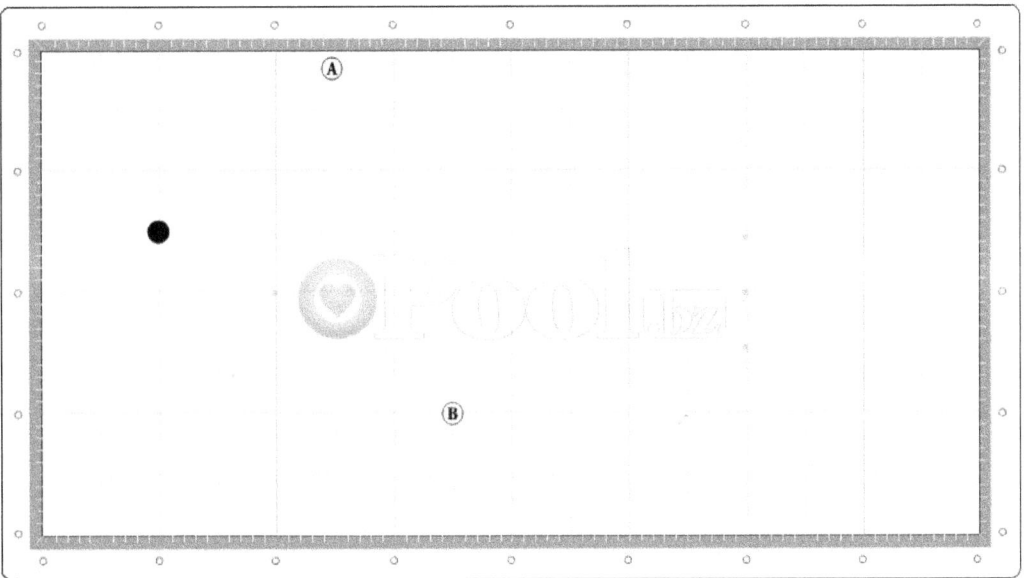

NOTIZEN UND IDEEN:

GRUPPE 3

Gruppe 3, Satz 1

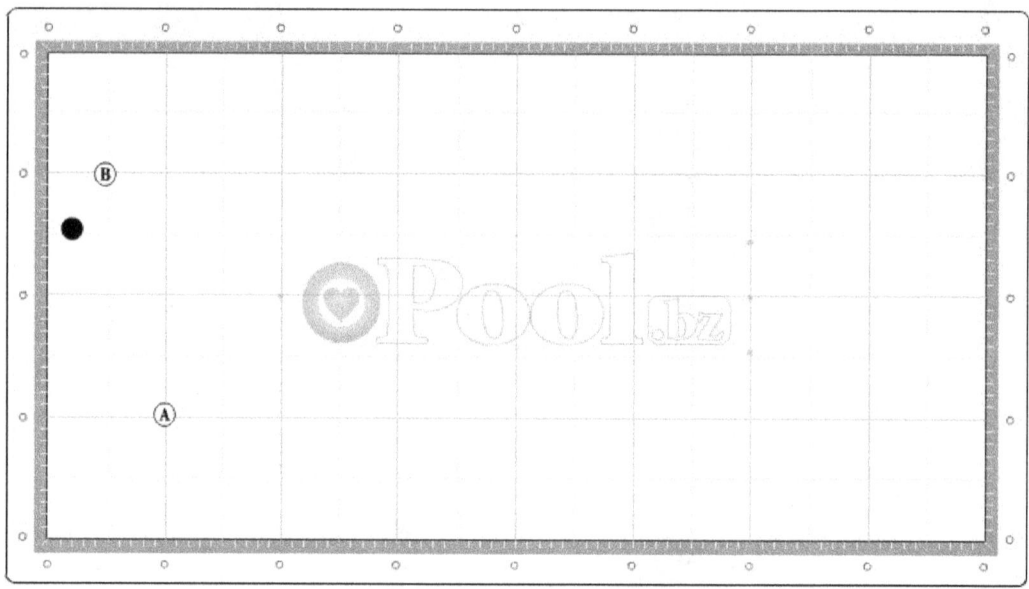

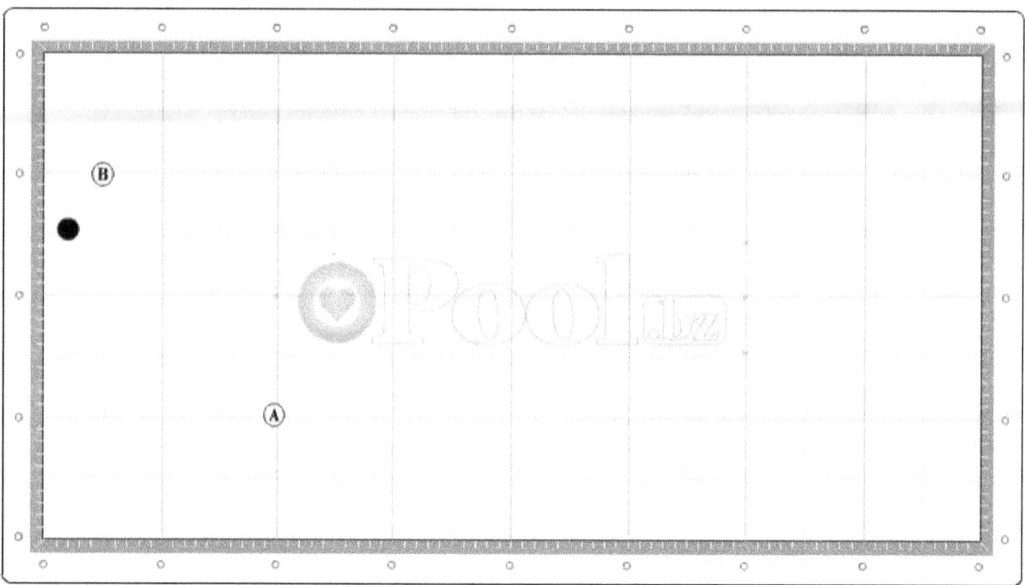

NOTIZEN UND IDEEN:

Karambolage billard: Einige Rätsel und Puzzles

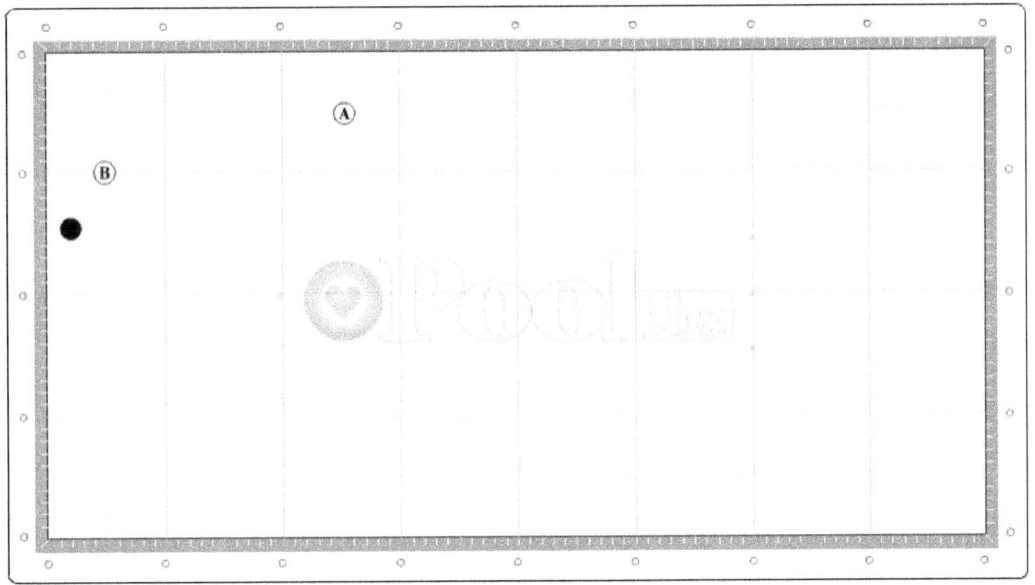

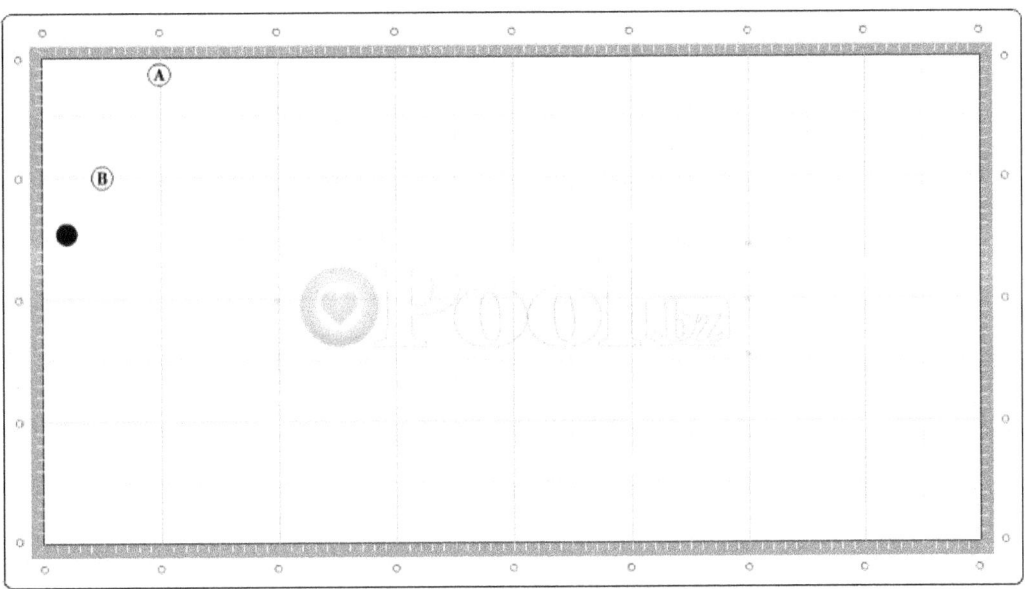

NOTIZEN UND IDEEN:

Gruppe 3, Satz 2

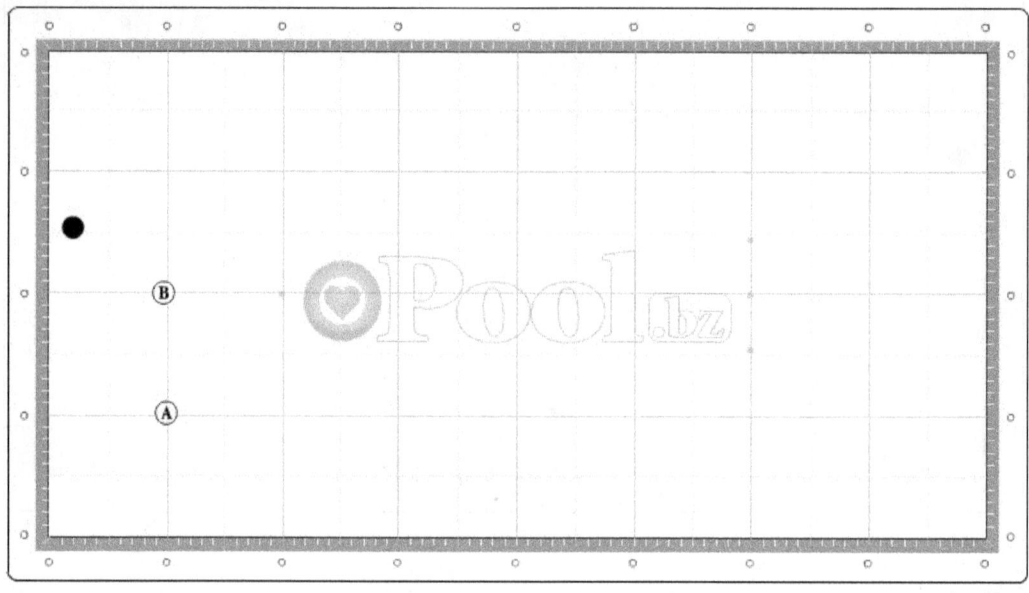

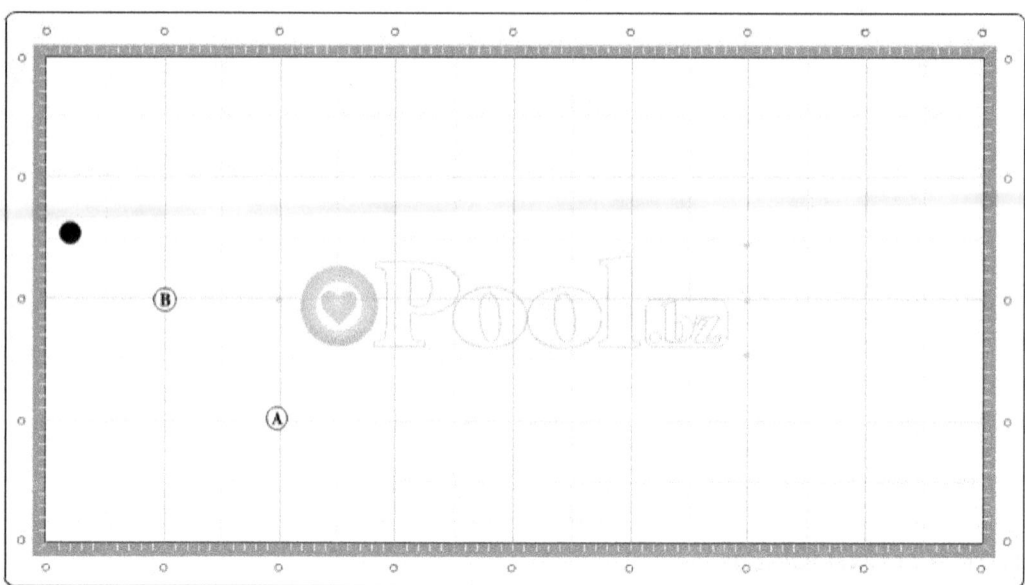

NOTIZEN UND IDEEN:

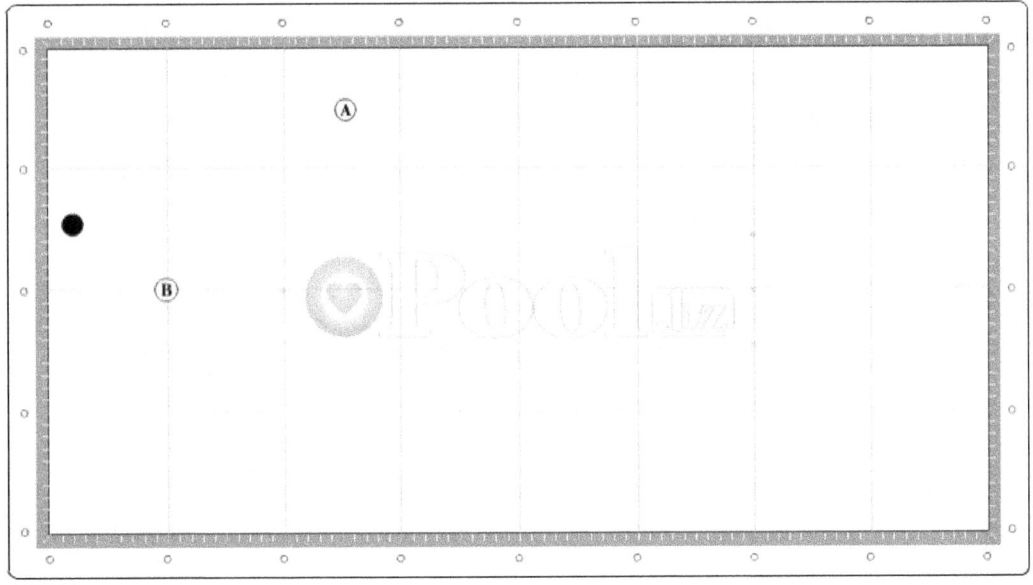

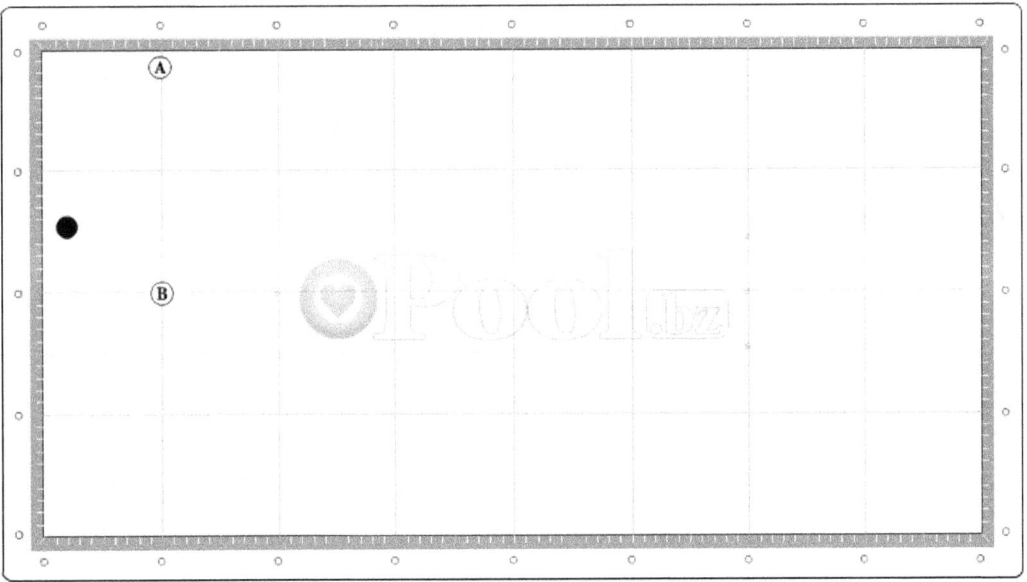

NOTIZEN UND IDEEN:

Gruppe 3, Satz 3

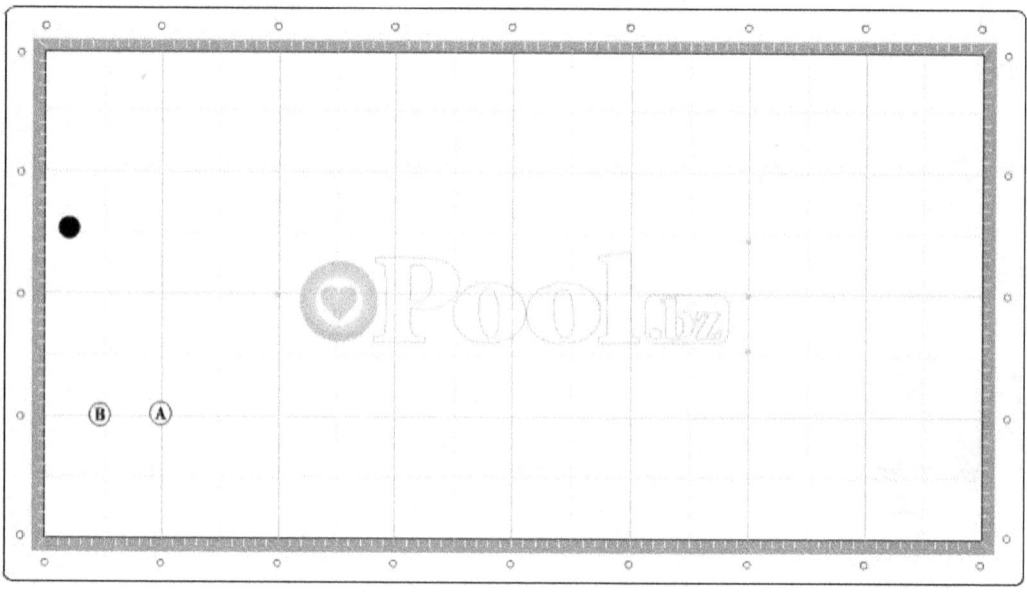

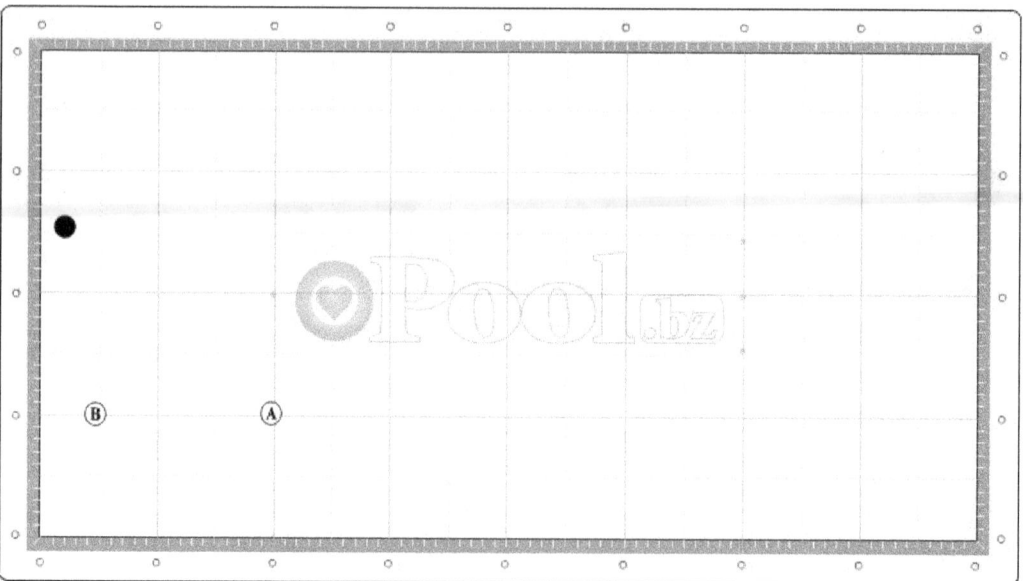

NOTIZEN UND IDEEN:

Karambolage billard: Einige Rätsel und Puzzles

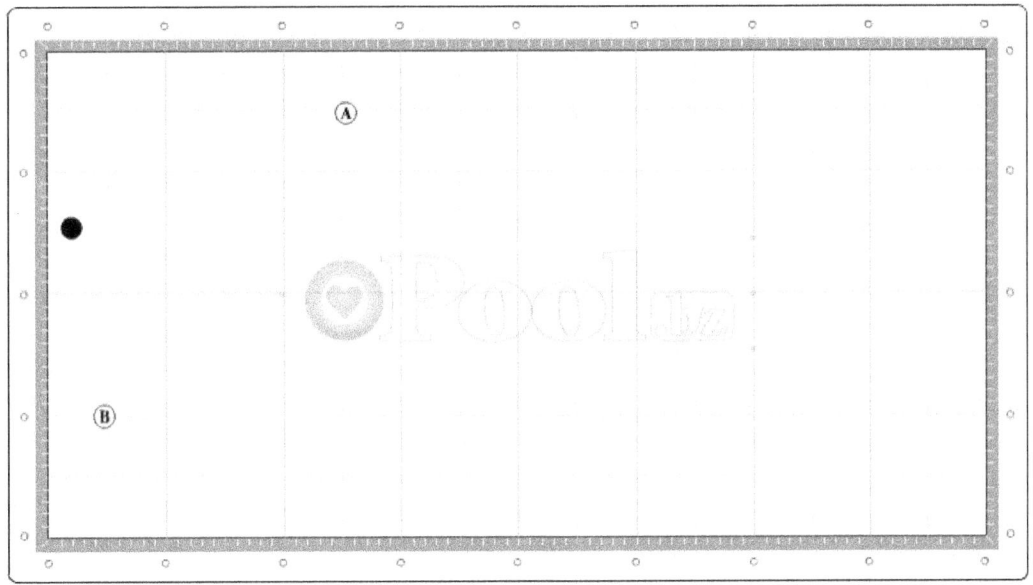

NOTIZEN UND IDEEN:

Gruppe 3, Satz 4

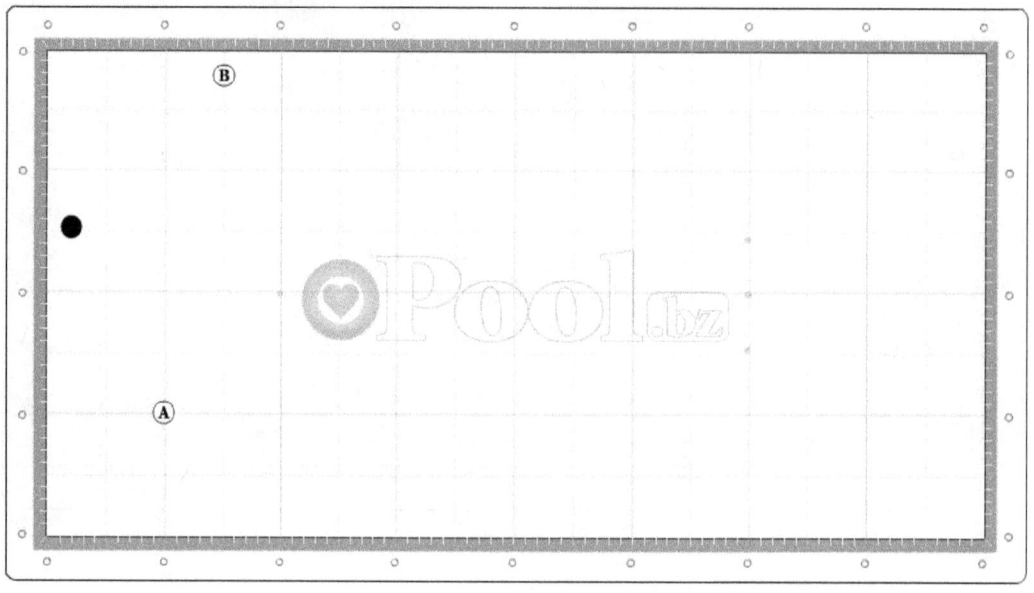

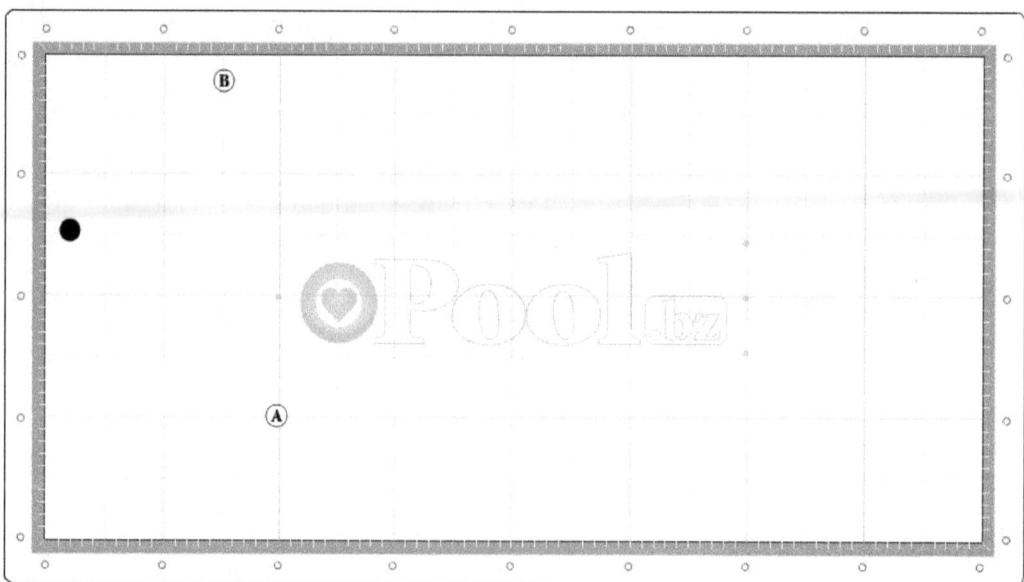

NOTIZEN UND IDEEN:

Karambolage billard: Einige Rätsel und Puzzles

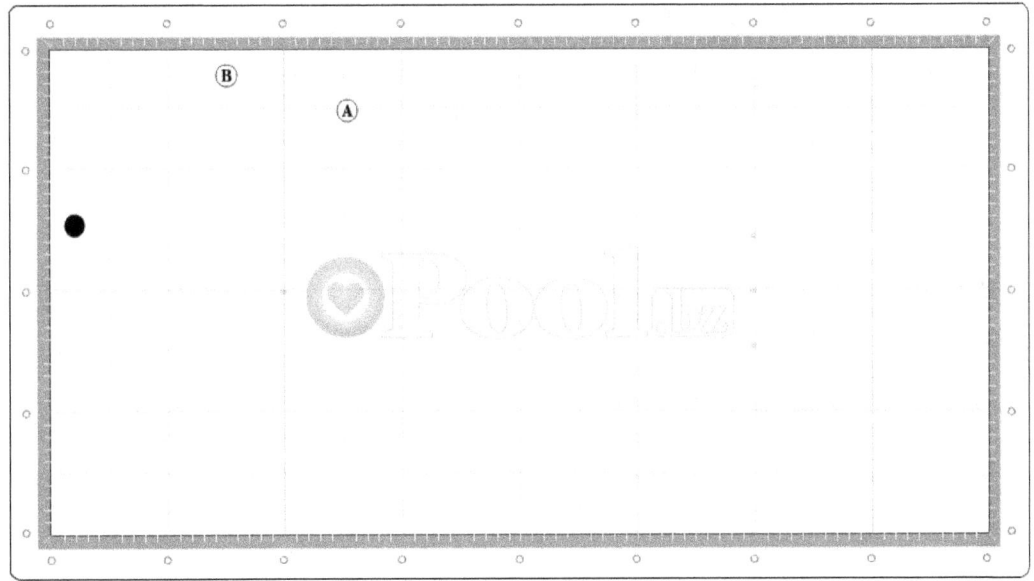

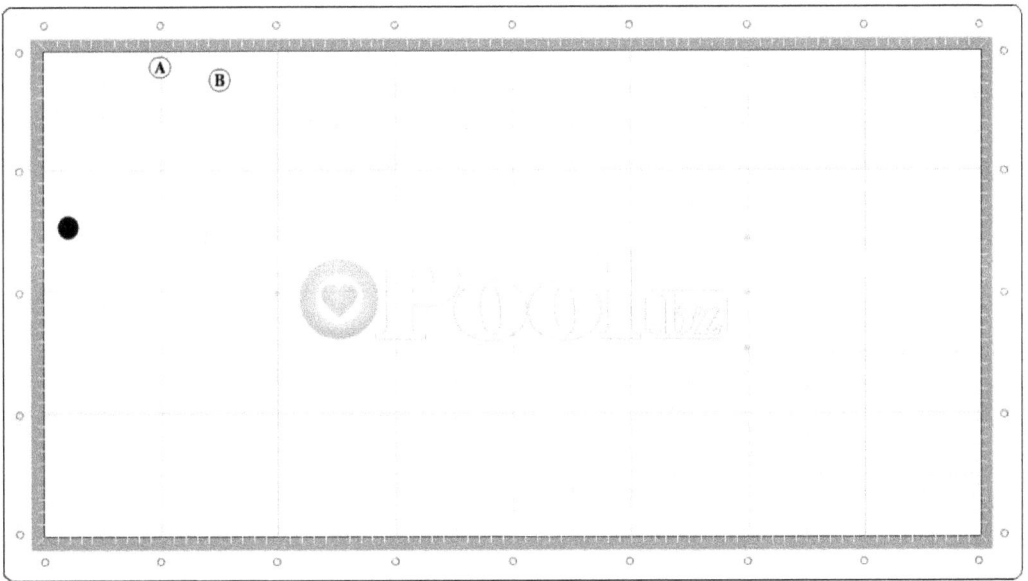

NOTIZEN UND IDEEN:

Gruppe 3, Satz 5

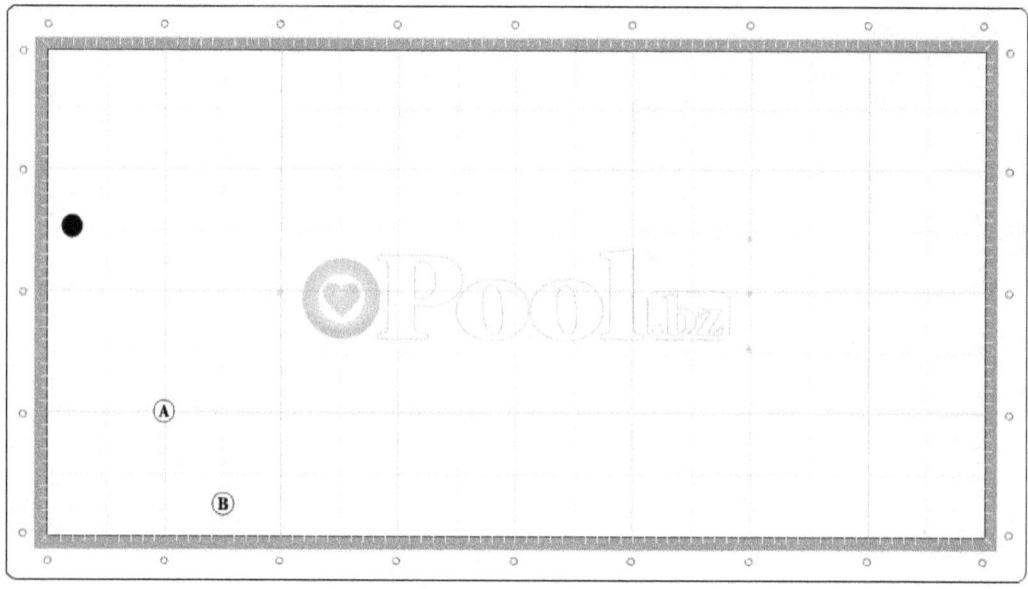

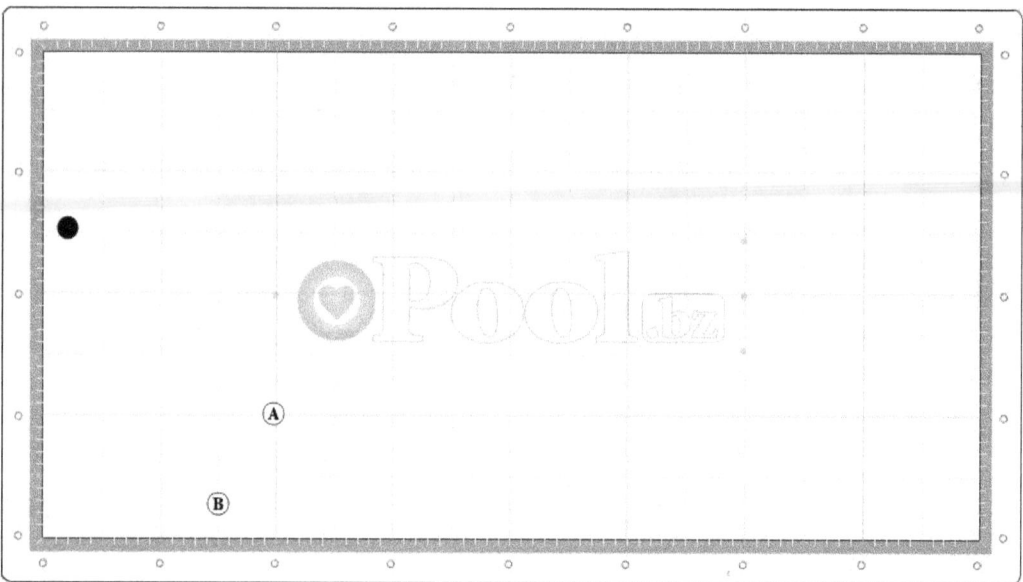

NOTIZEN UND IDEEN:

Karambolage billard: Einige Rätsel und Puzzles

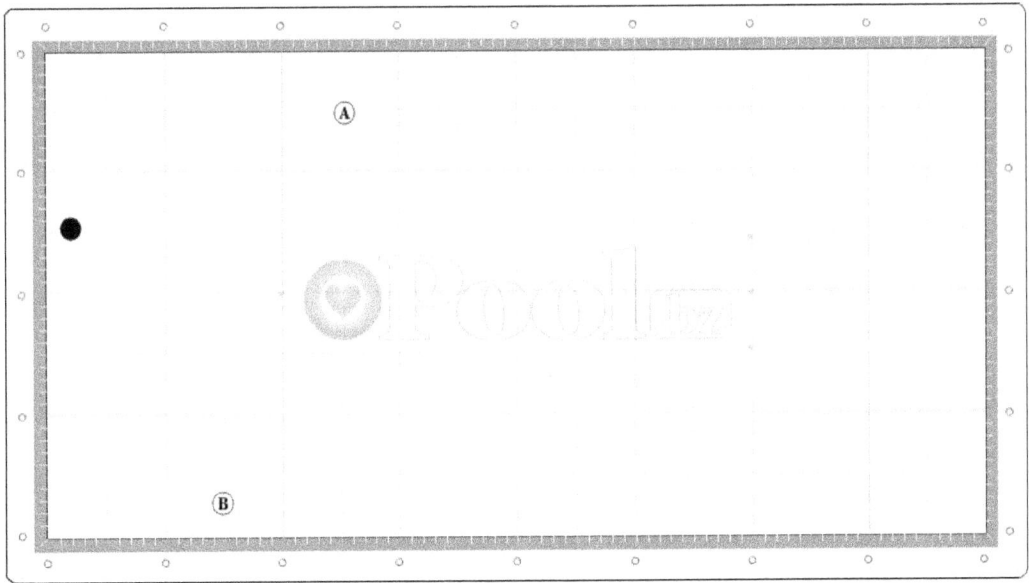

NOTIZEN UND IDEEN:

Gruppe 3, Satz 6

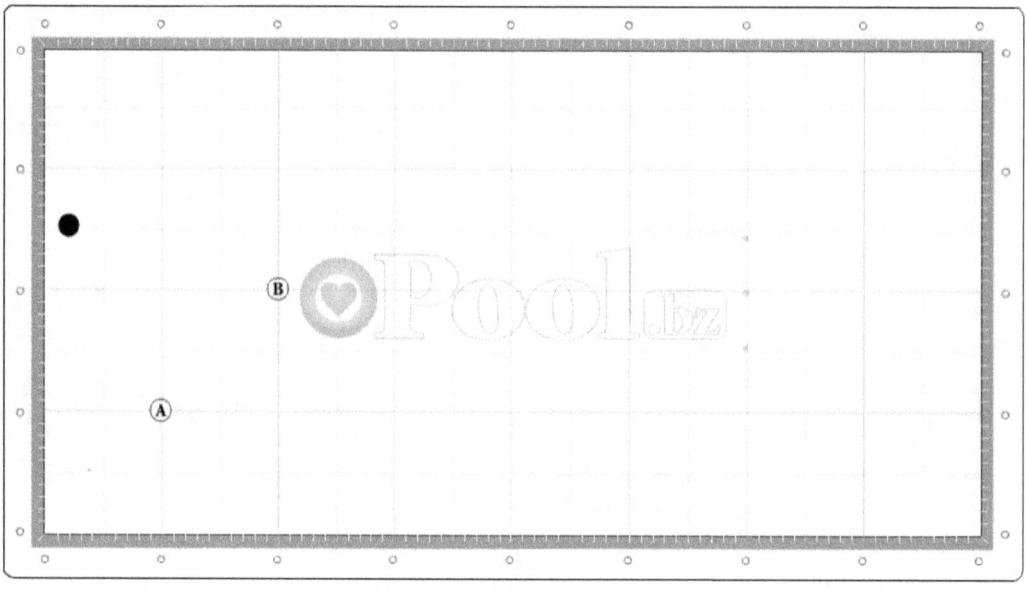

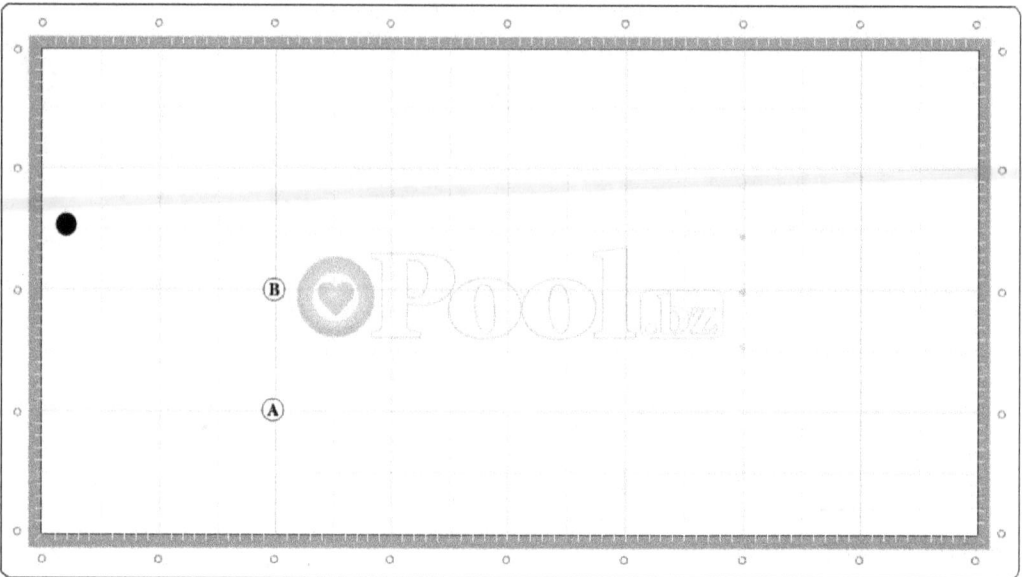

NOTIZEN UND IDEEN:

Karambolage billard: Einige Rätsel und Puzzles

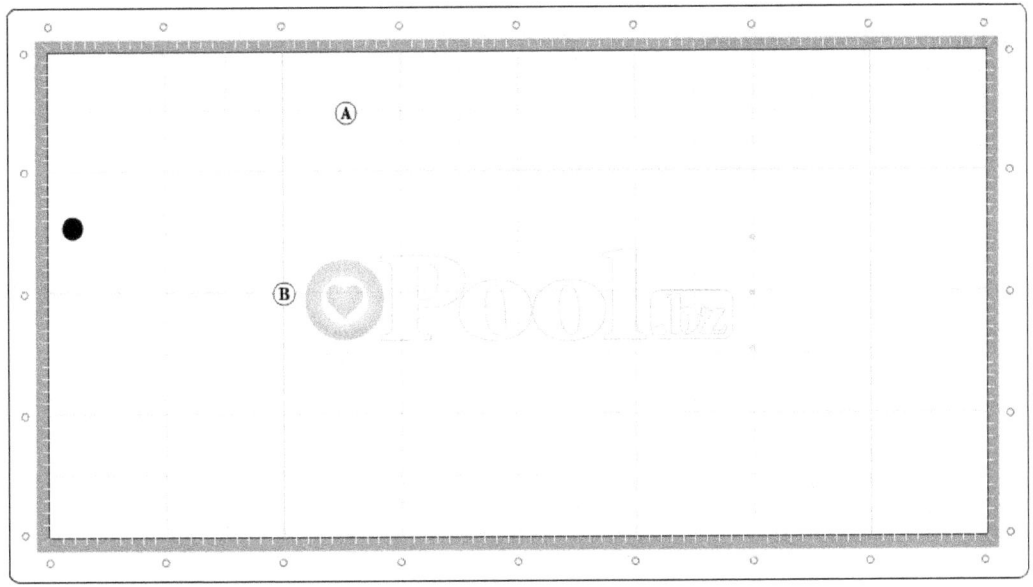

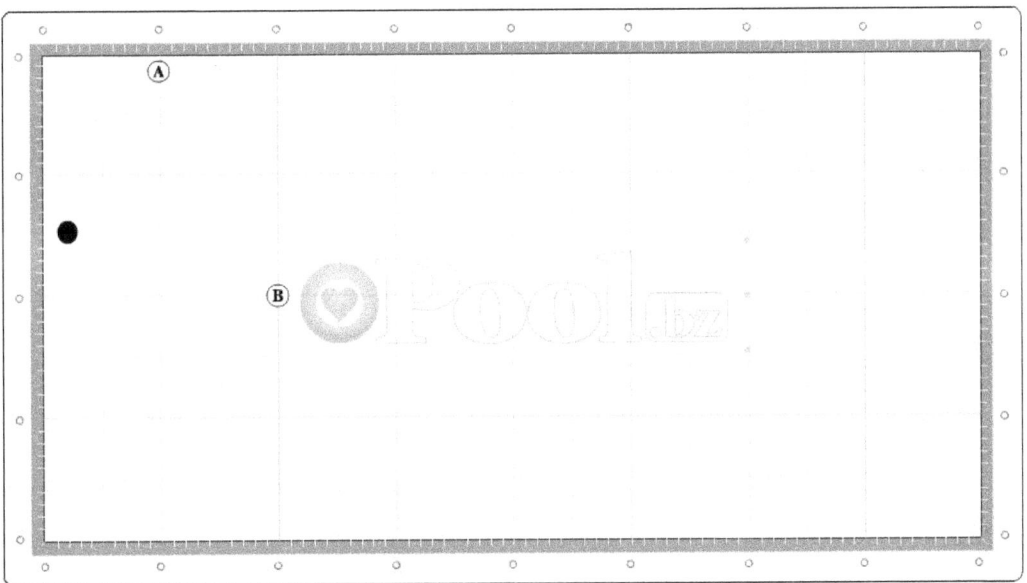

NOTIZEN UND IDEEN:

Gruppe 3, Satz 7

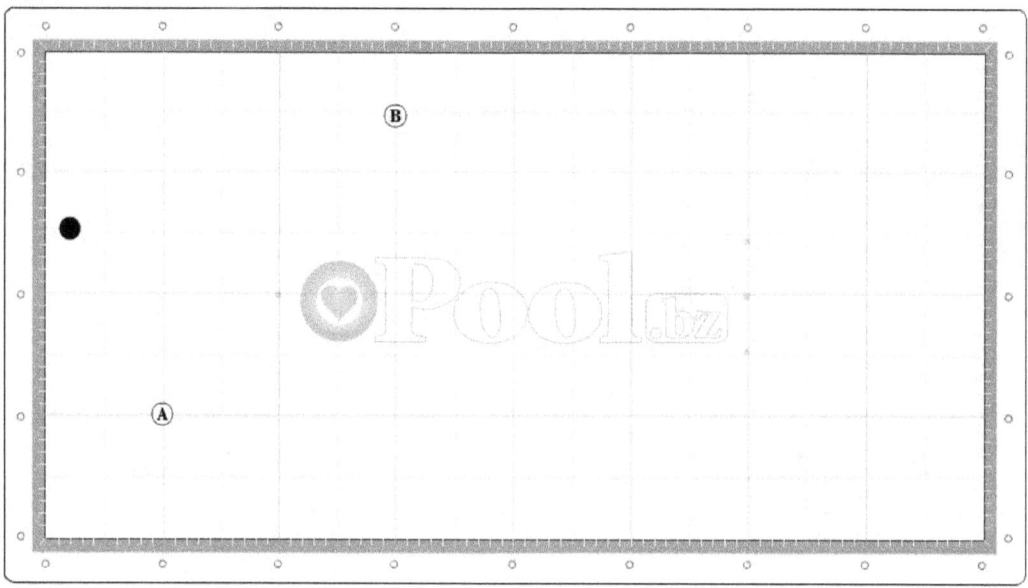

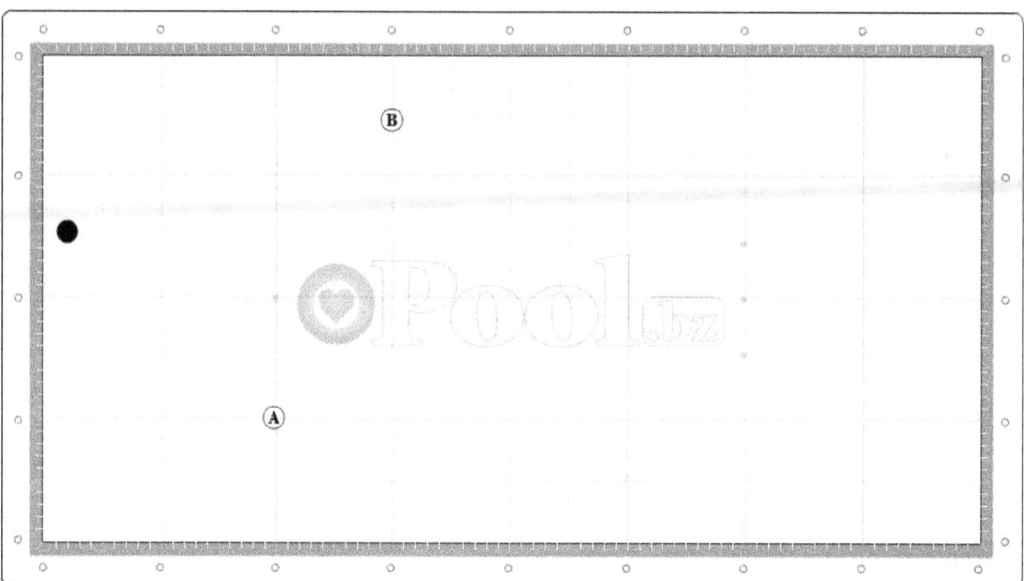

NOTIZEN UND IDEEN:

Karambolage billard: Einige Rätsel und Puzzles

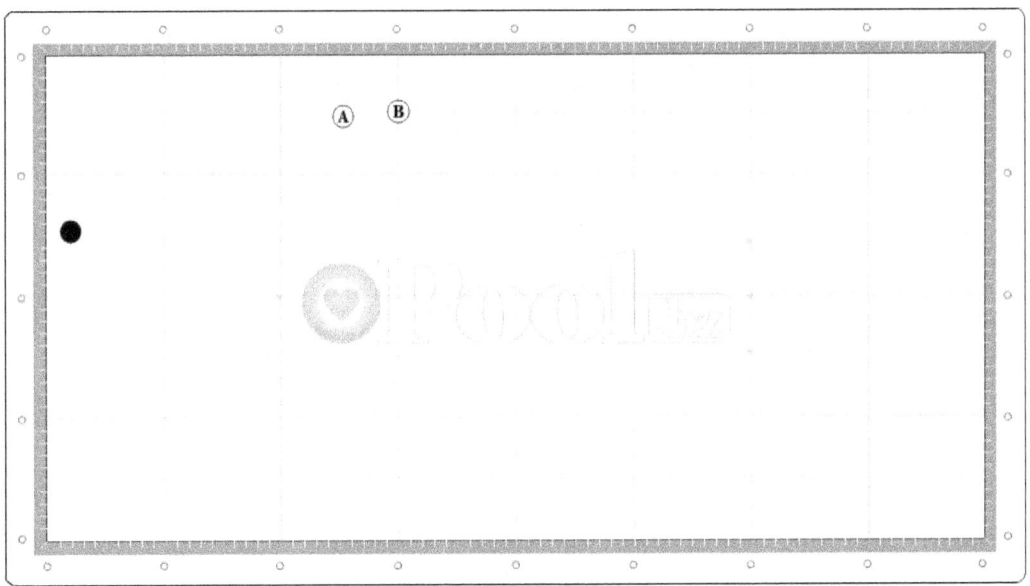

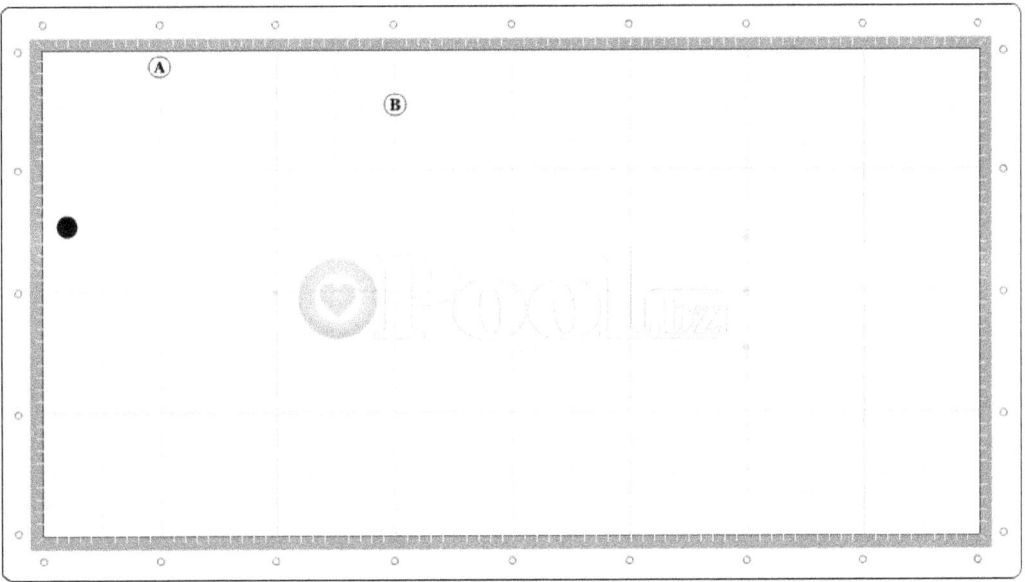

NOTIZEN UND IDEEN:

Gruppe 3, Satz 8

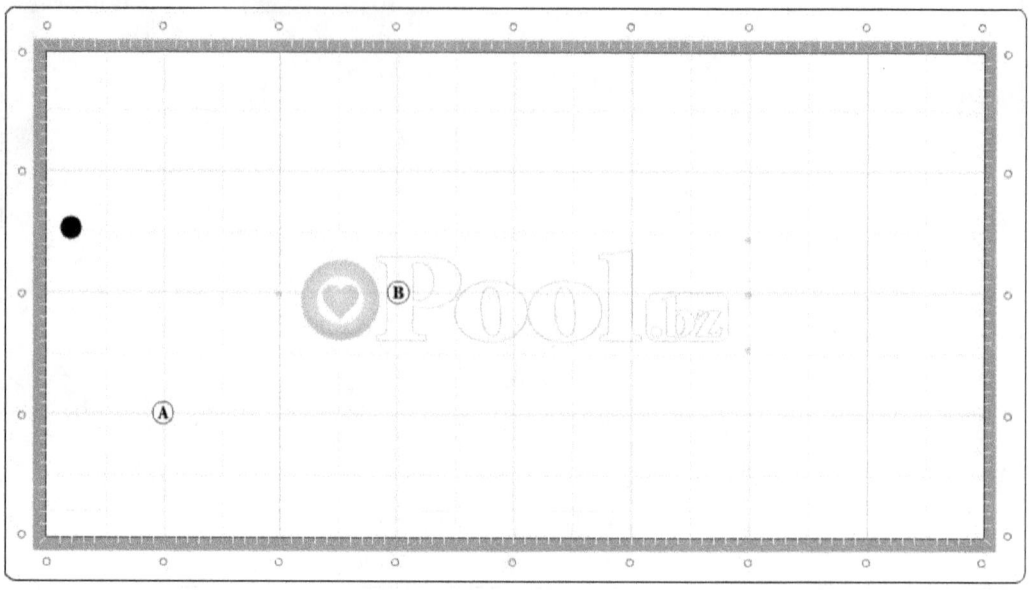

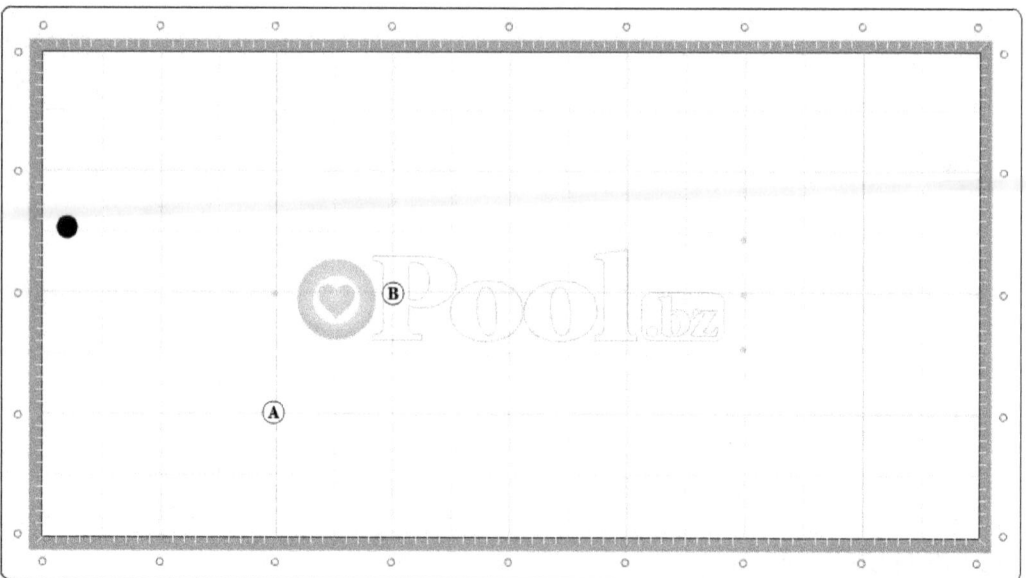

NOTIZEN UND IDEEN:

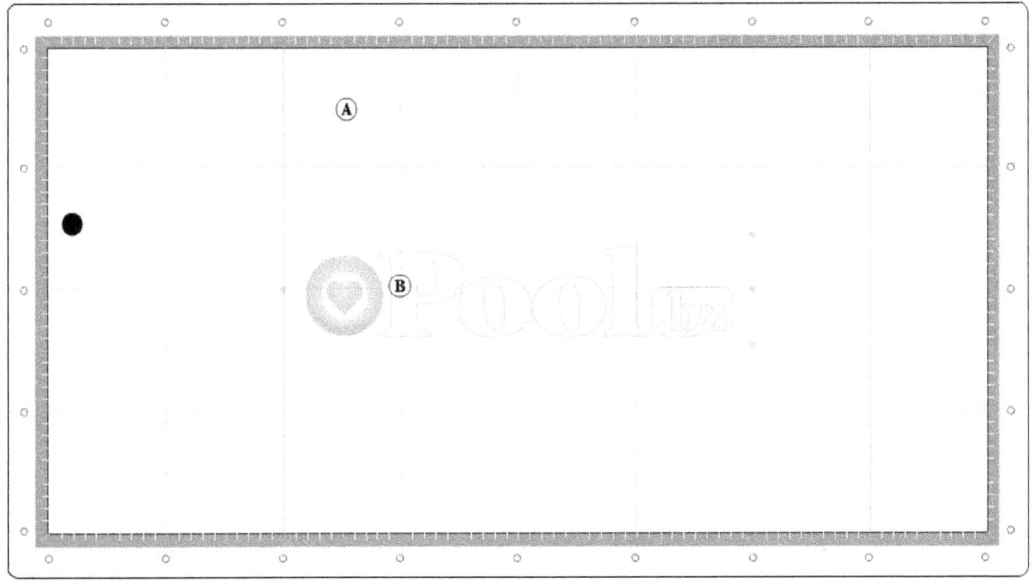

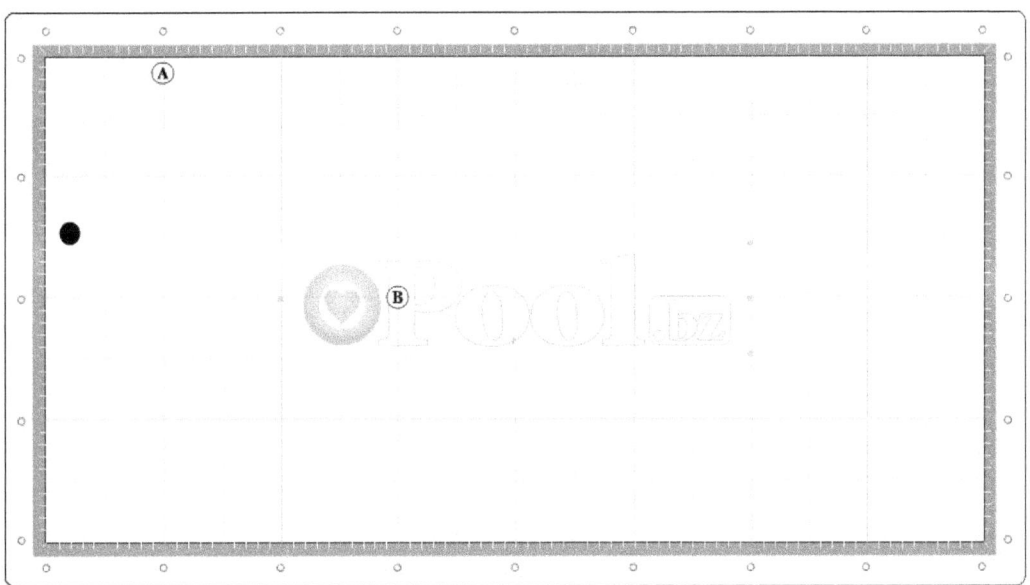

NOTIZEN UND IDEEN:

Gruppe 3, Satz 9

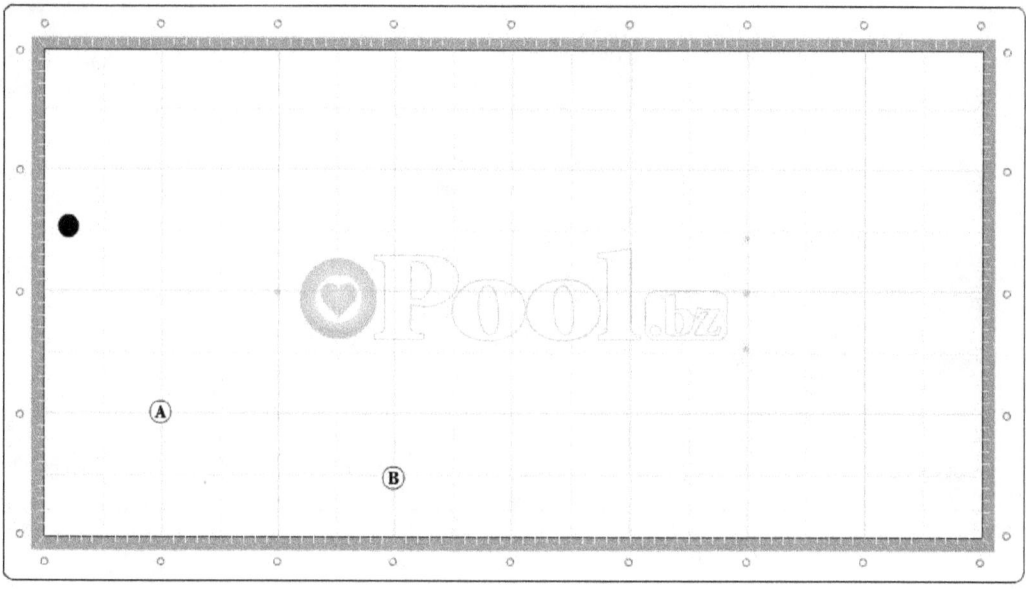

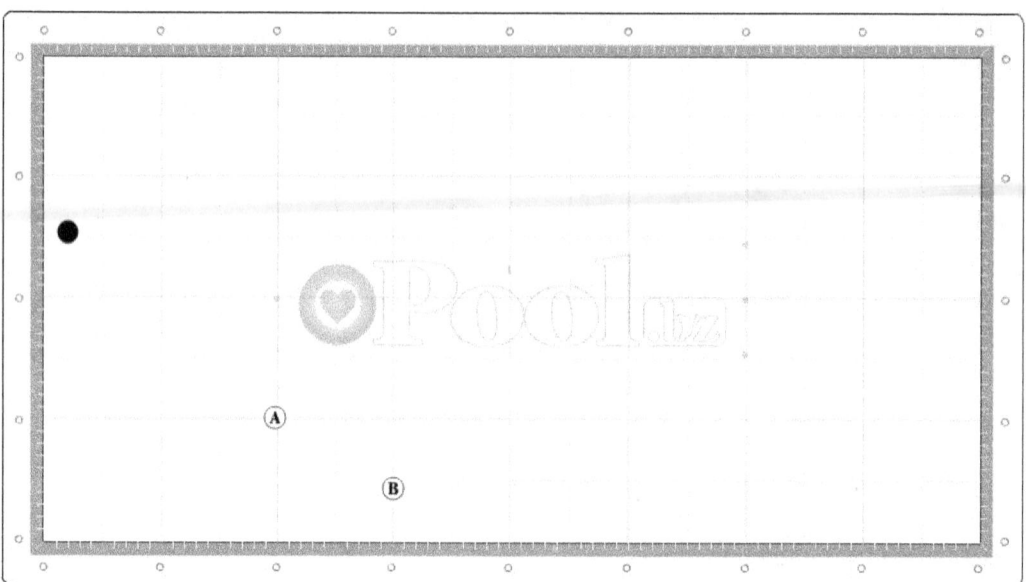

NOTIZEN UND IDEEN:

Karambolage billard: Einige Rätsel und Puzzles

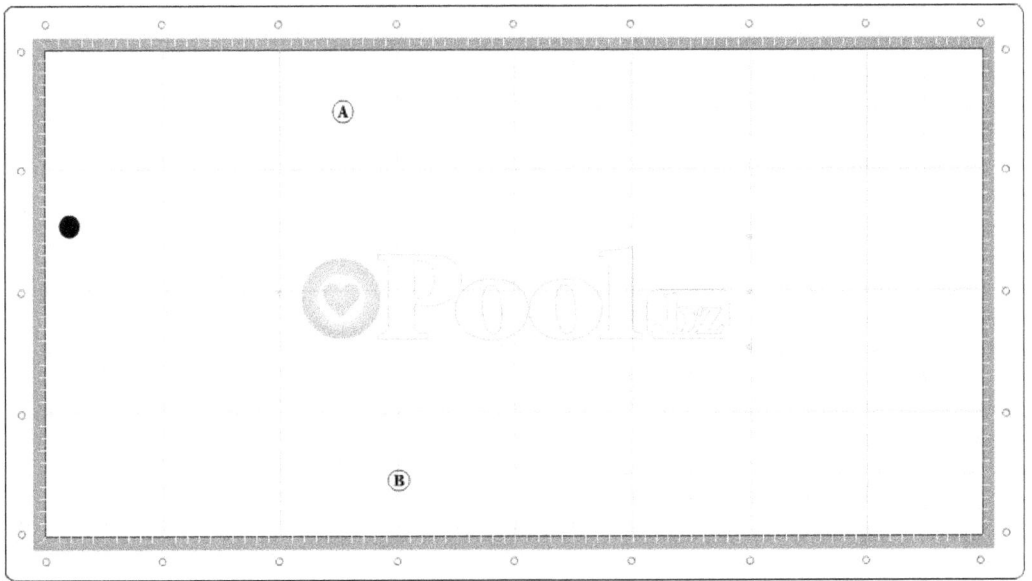

NOTIZEN UND IDEEN:

Gruppe 3, Satz 10

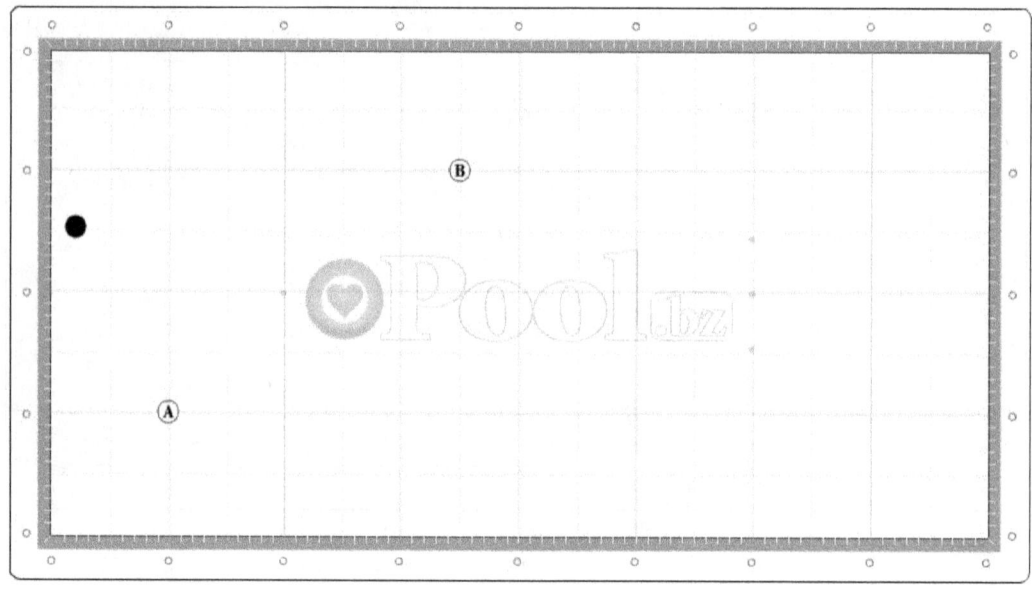

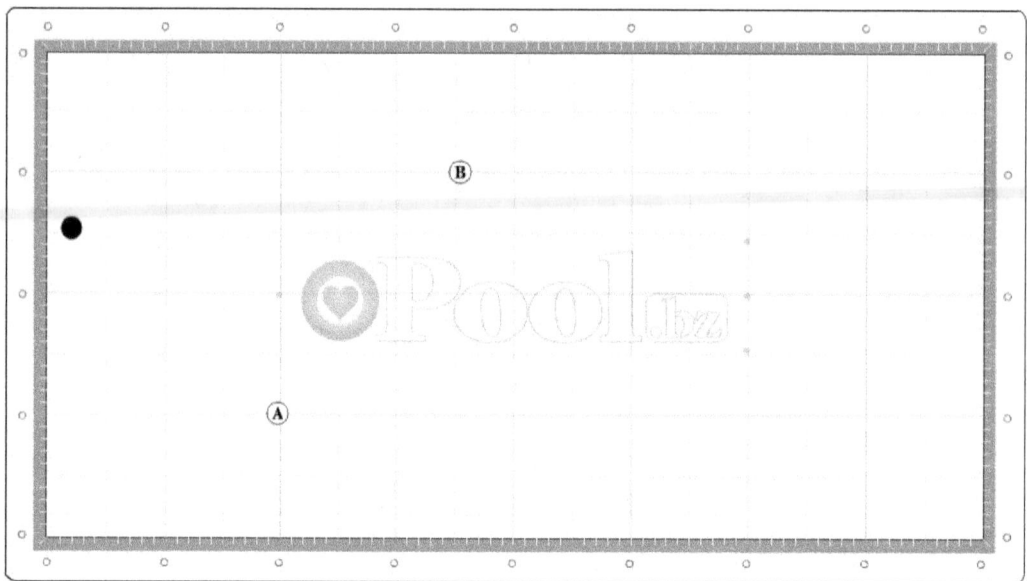

NOTIZEN UND IDEEN:

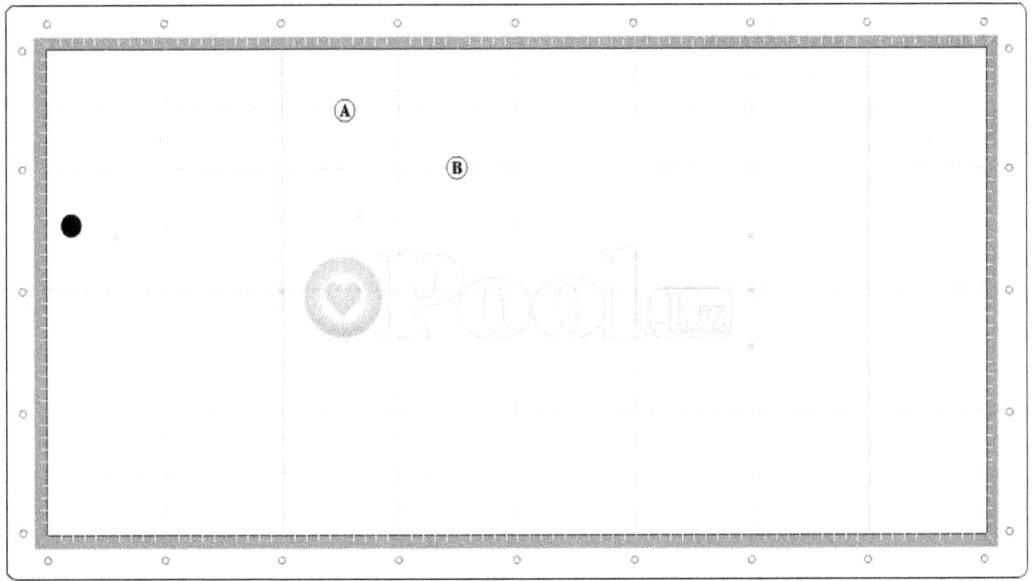

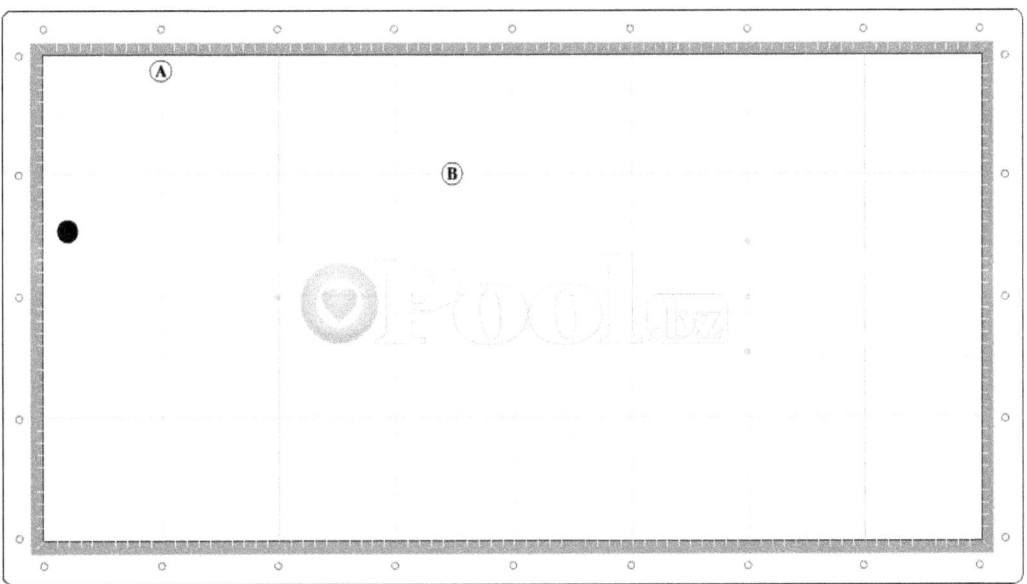

NOTIZEN UND IDEEN:

Gruppe 3, Satz 11

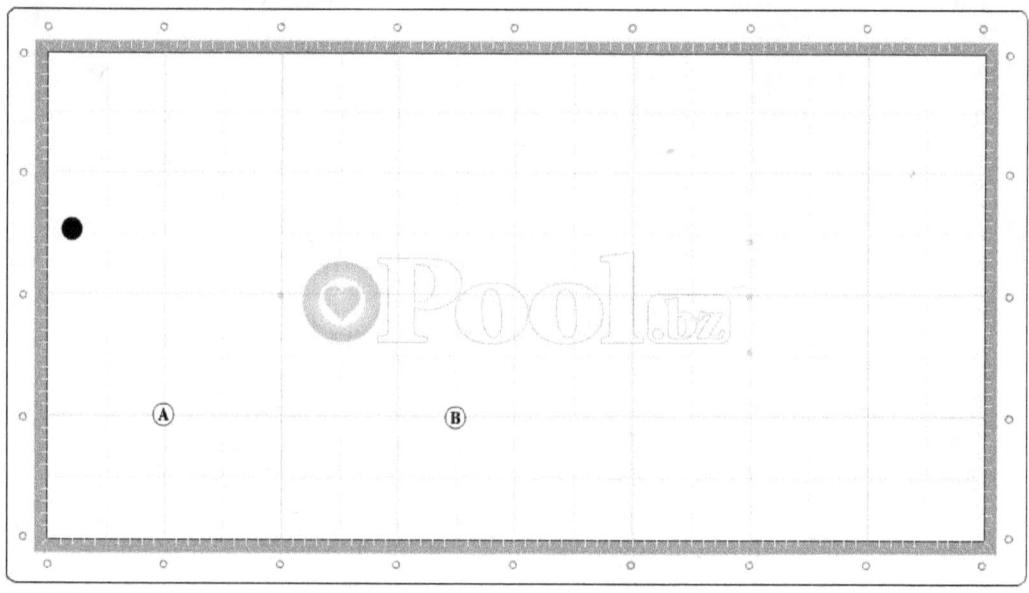

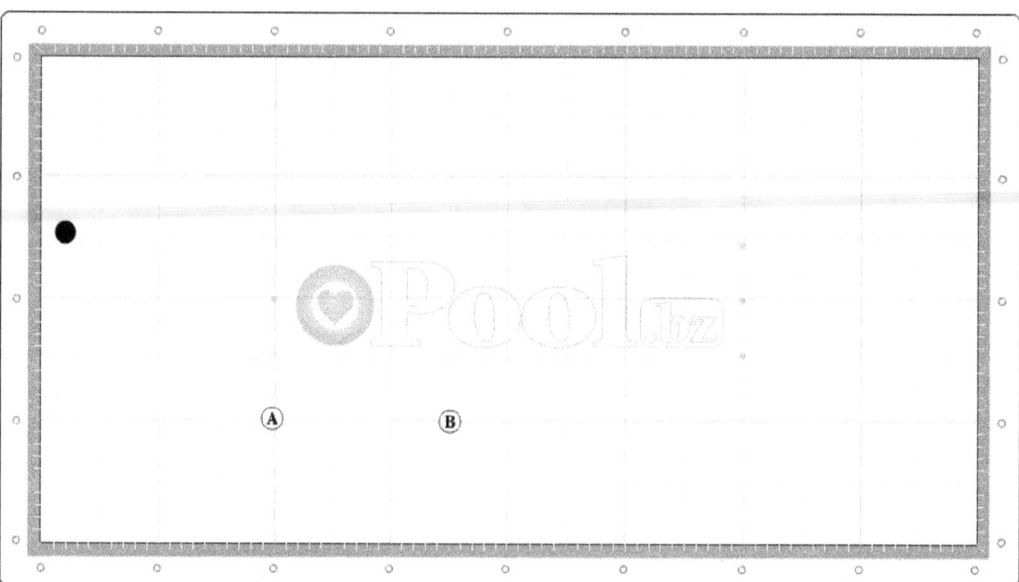

NOTIZEN UND IDEEN:

Karambolage billard: Einige Rätsel und Puzzles

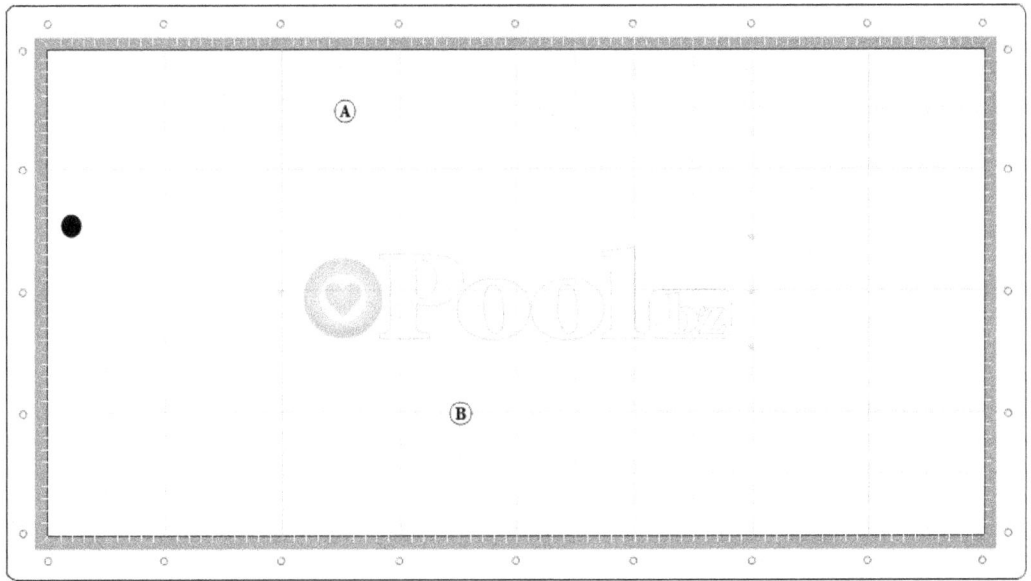

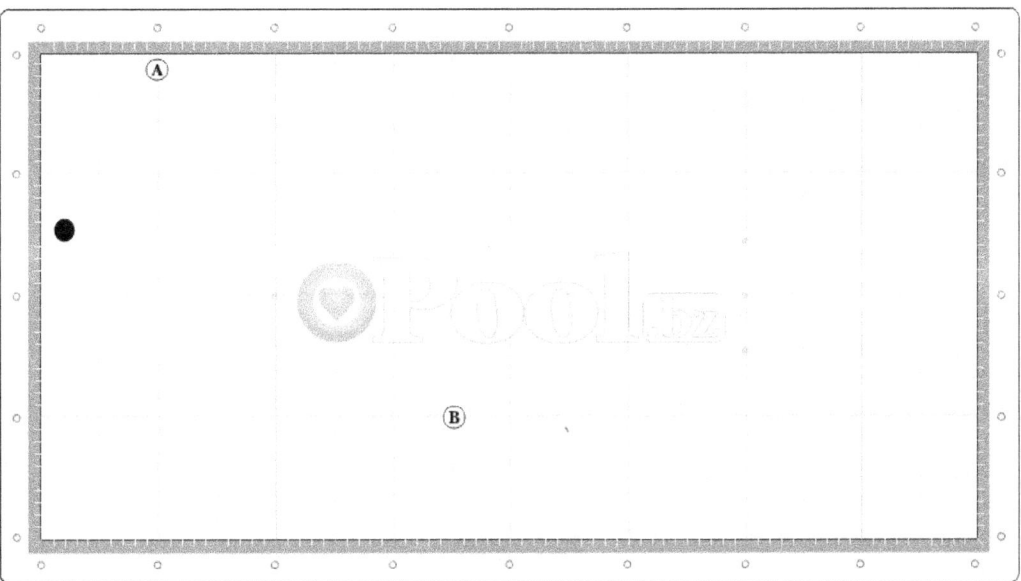

NOTIZEN UND IDEEN:

GRUPPE 4

Gruppe 4, Satz 1

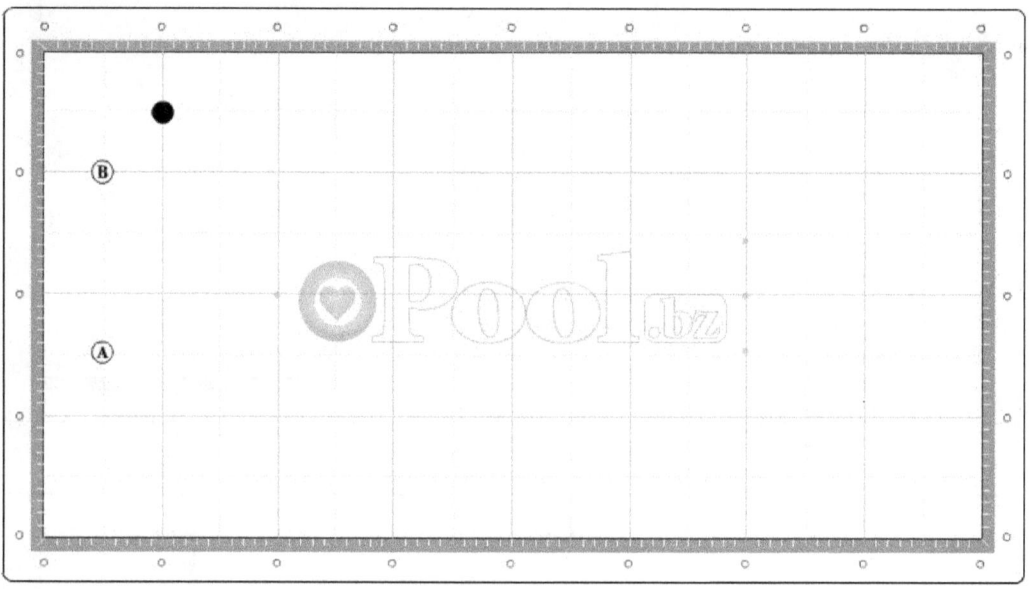

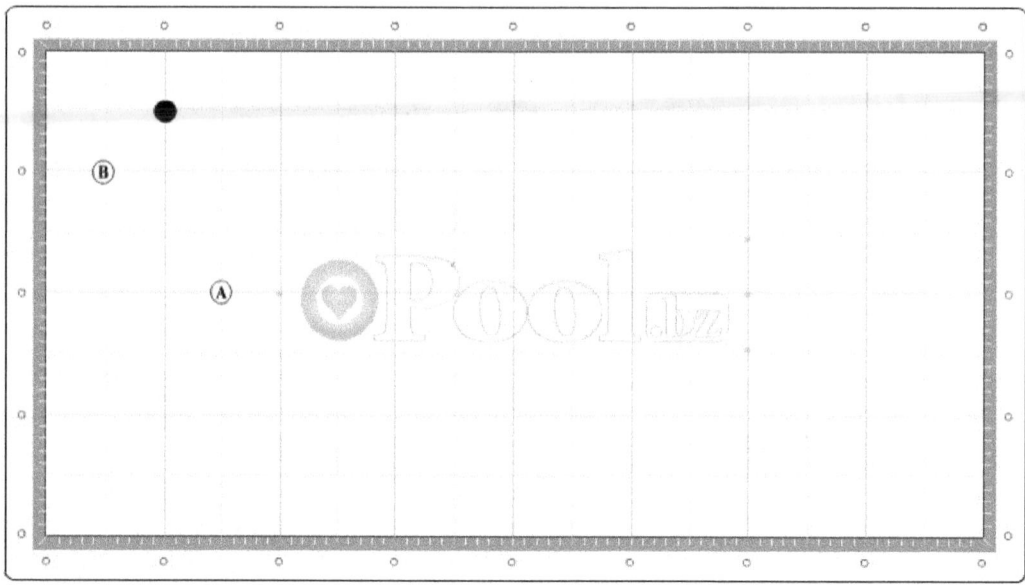

NOTIZEN UND IDEEN:

Karambolage billard: Einige Rätsel und Puzzles

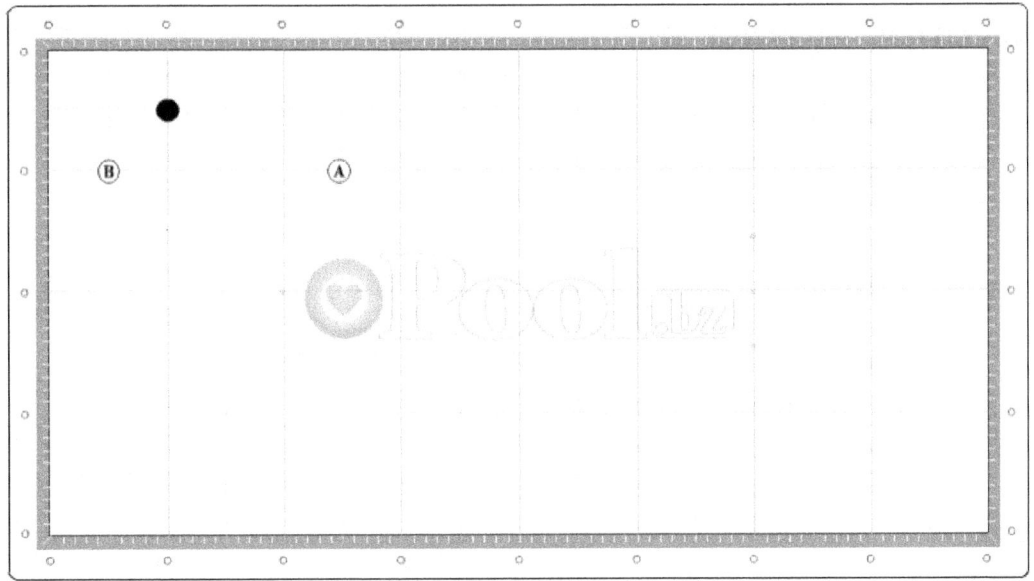

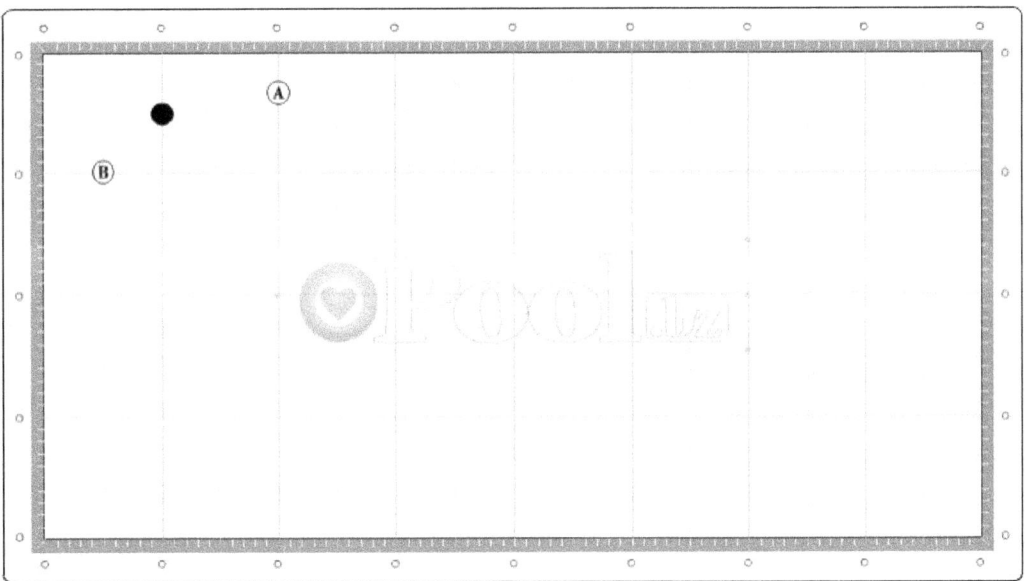

NOTIZEN UND IDEEN:

Gruppe 4, Satz 2

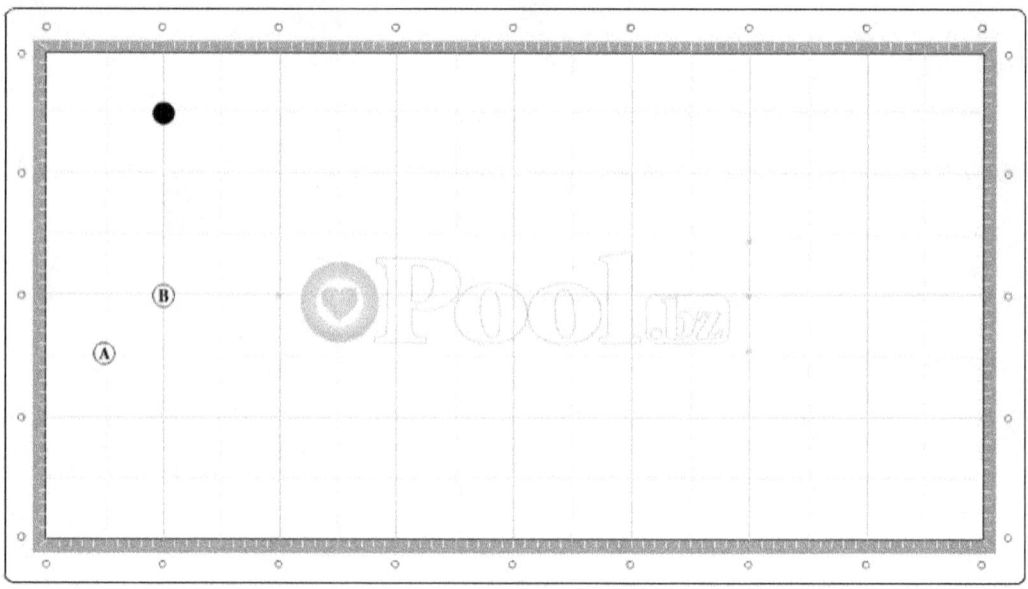

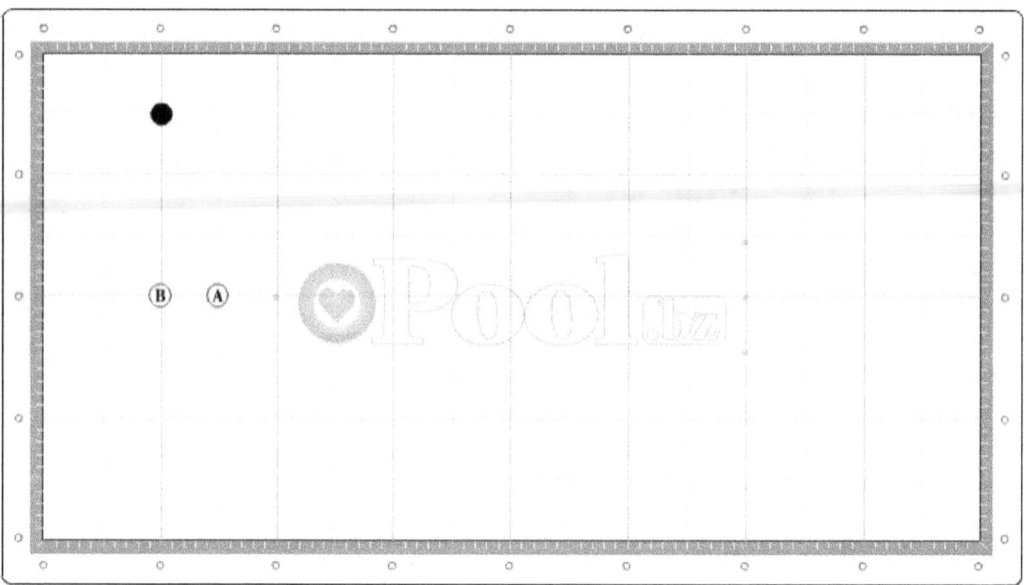

NOTIZEN UND IDEEN:

Karambolage billard: Einige Rätsel und Puzzles

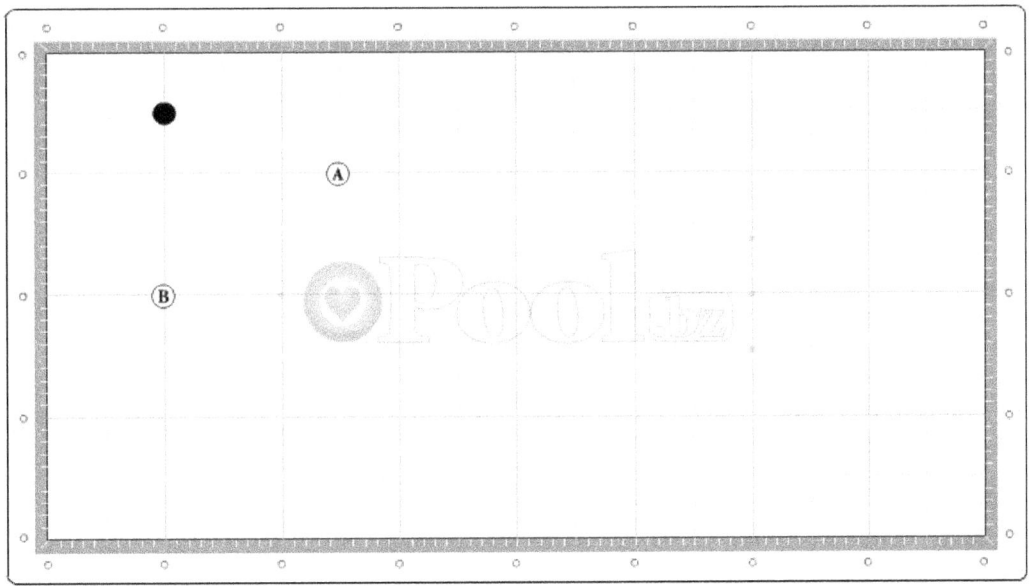

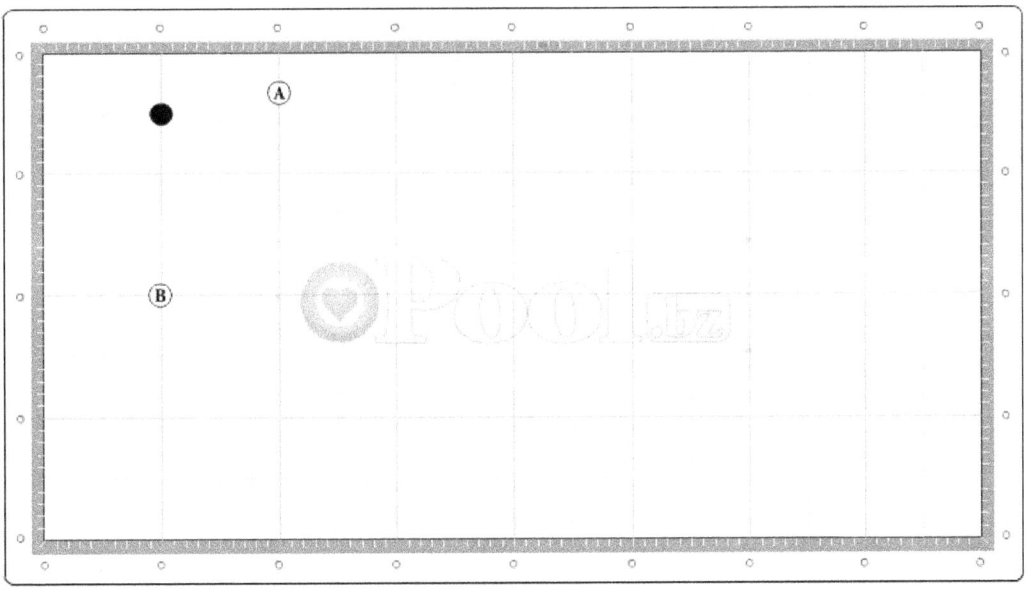

NOTIZEN UND IDEEN:

Gruppe 4, Satz 3

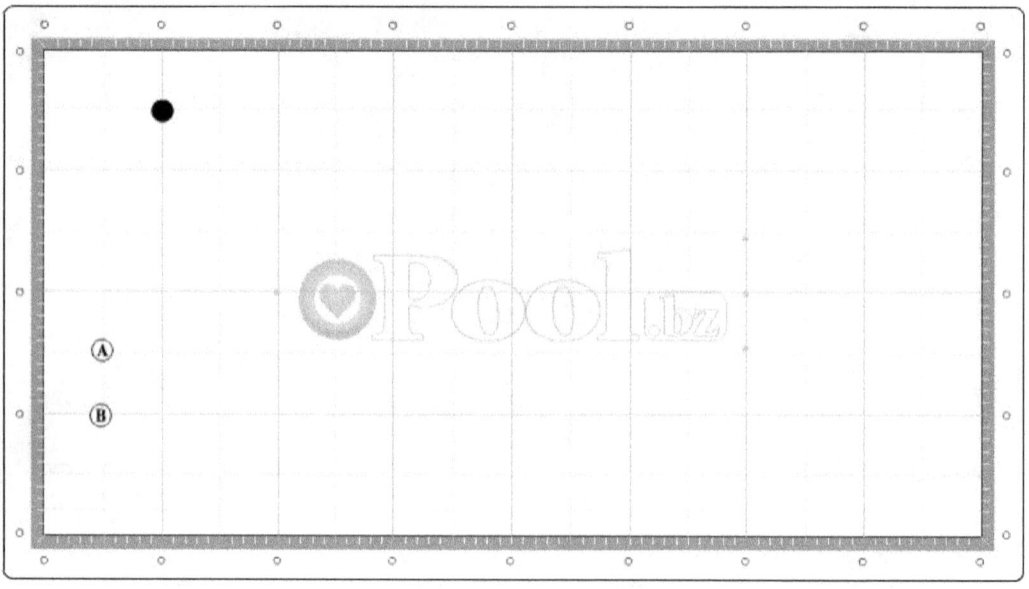

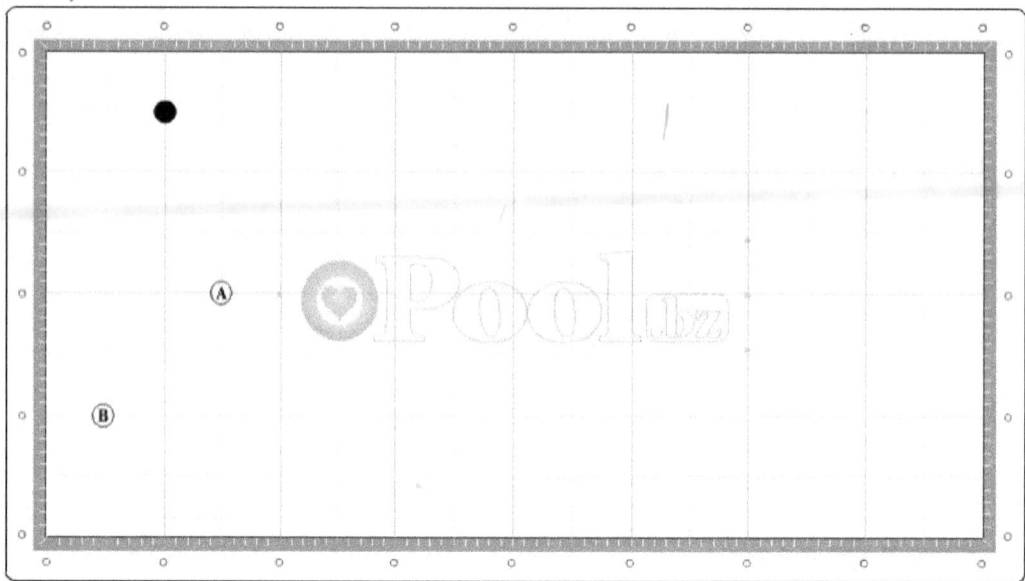

NOTIZEN UND IDEEN:

Karambolage billard: Einige Rätsel und Puzzles

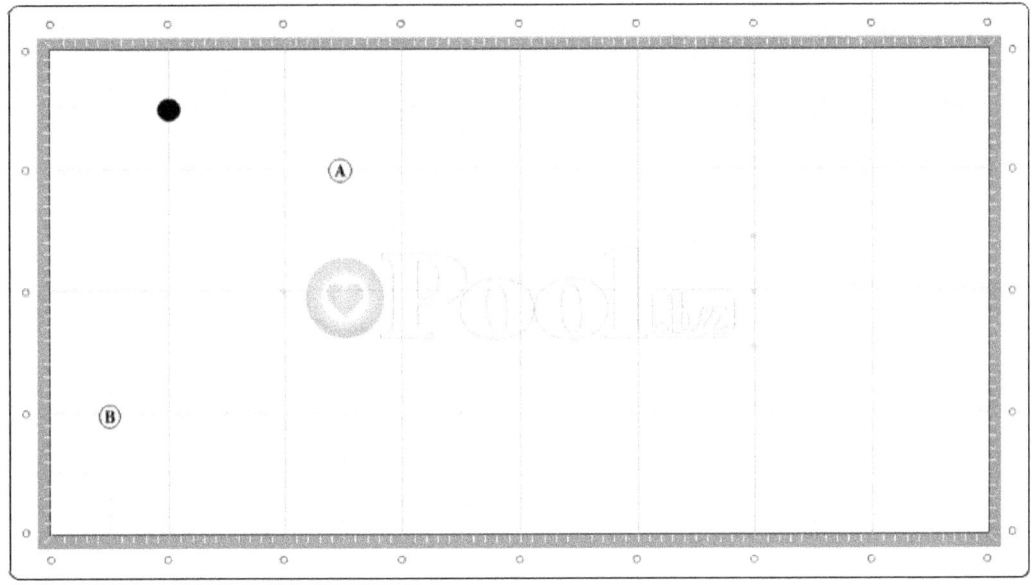

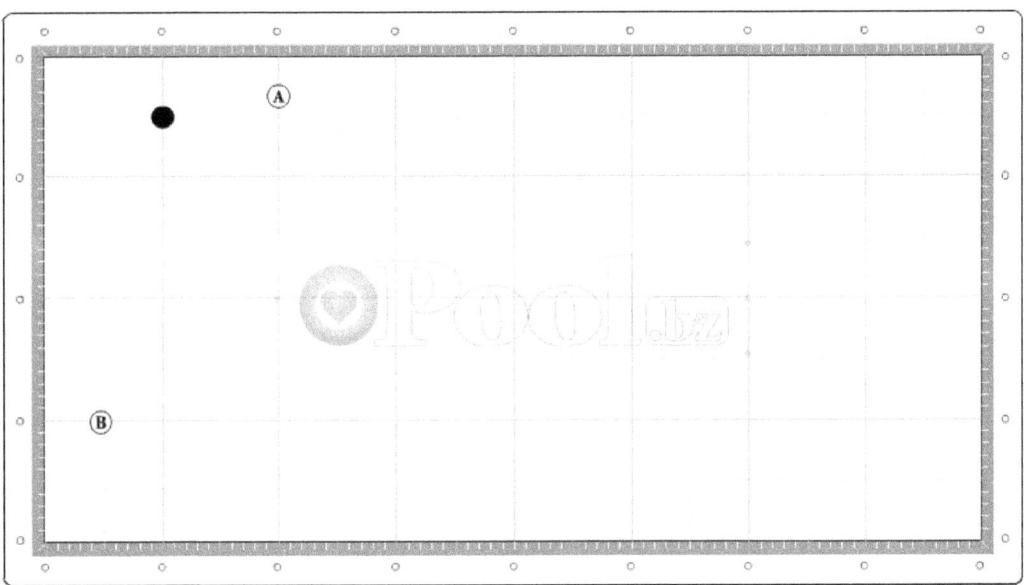

NOTIZEN UND IDEEN:

Gruppe 4, Satz 4

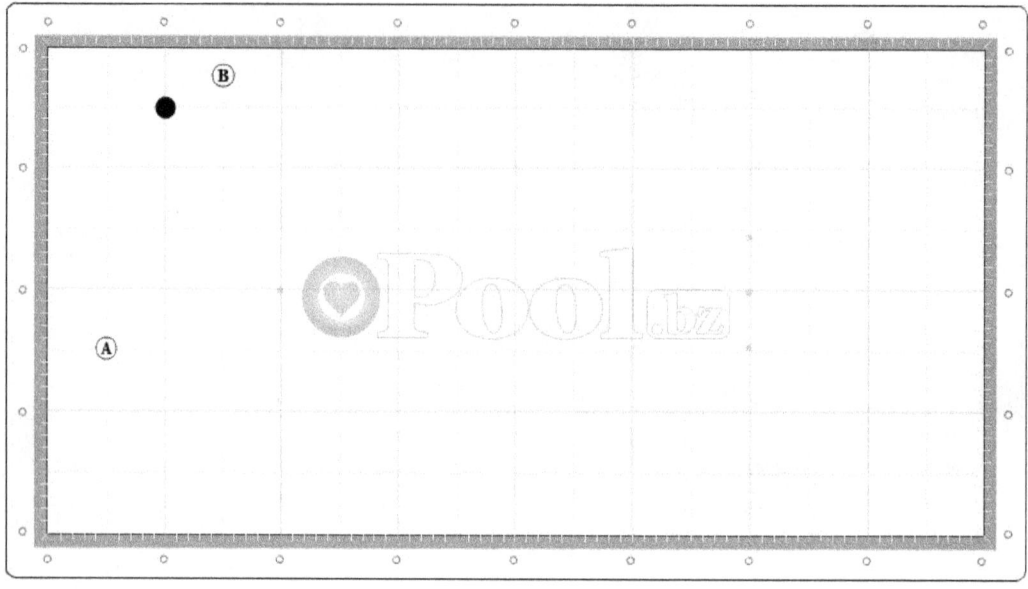

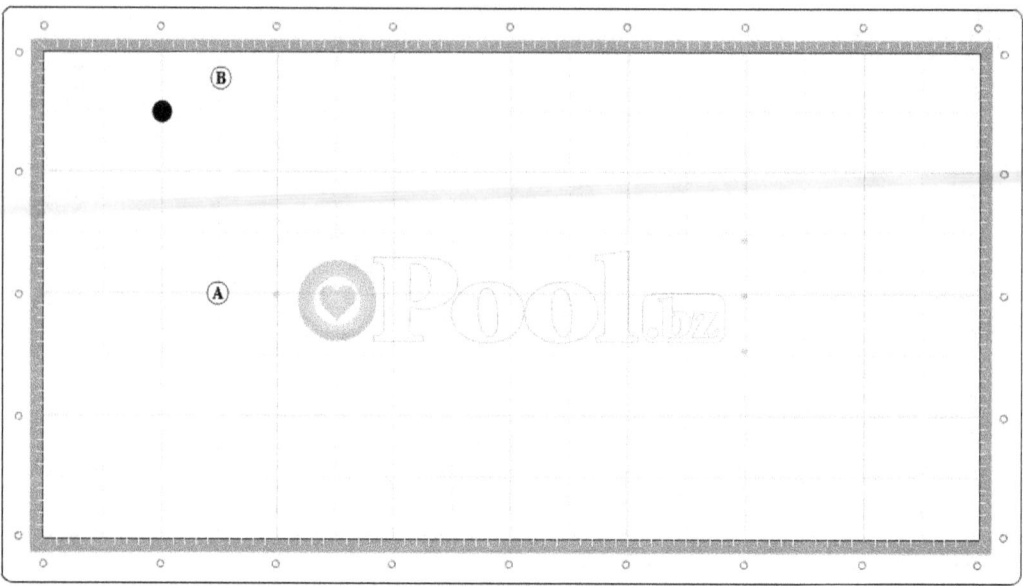

NOTIZEN UND IDEEN:

Karambolage billard: Einige Rätsel und Puzzles

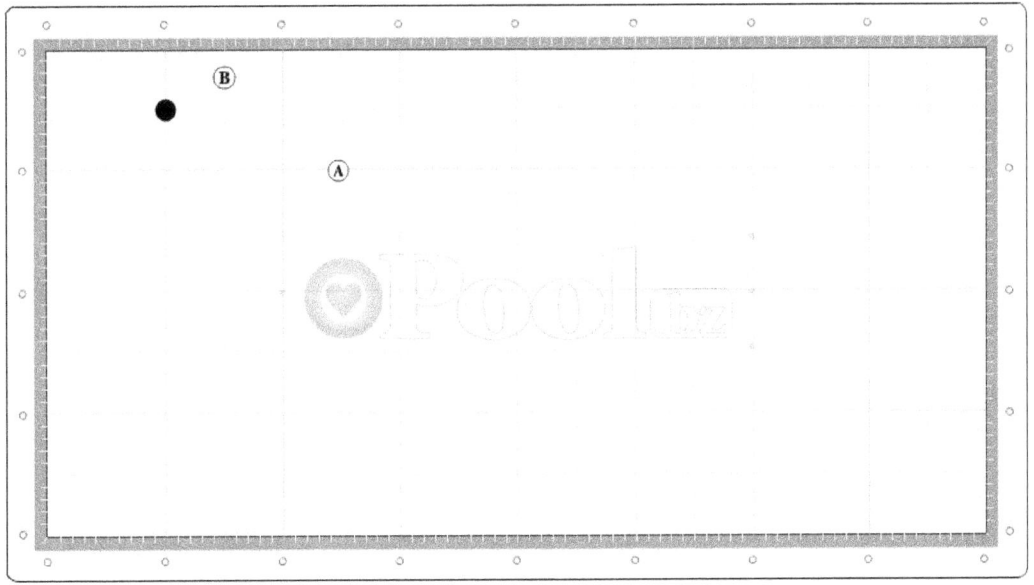

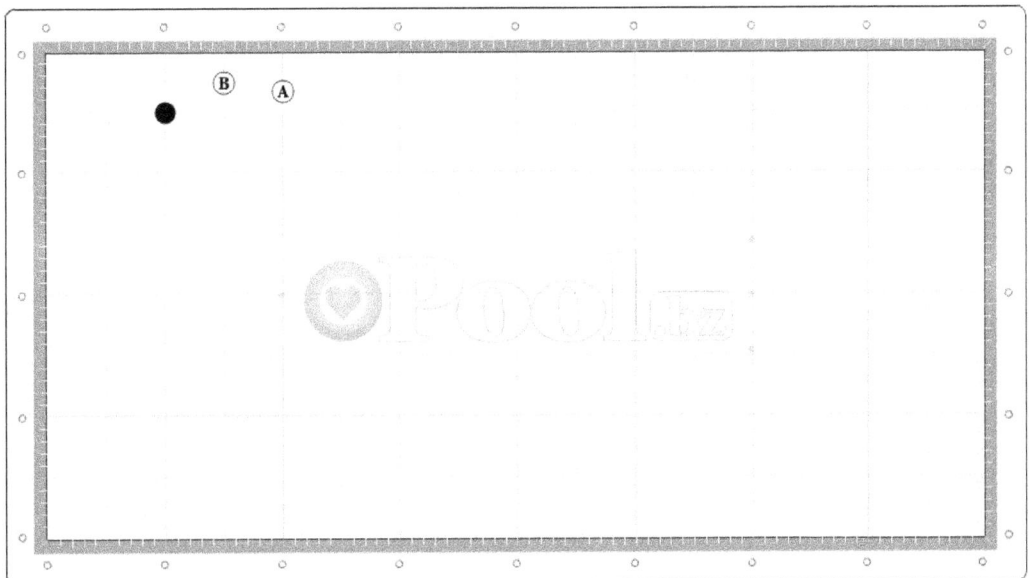

NOTIZEN UND IDEEN:

Gruppe 4, Satz 5

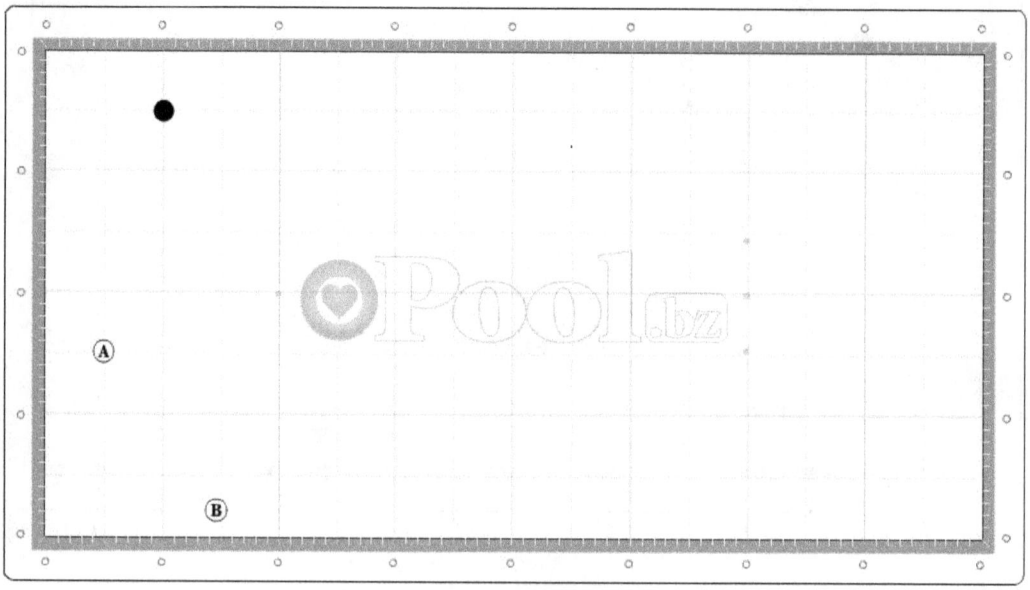

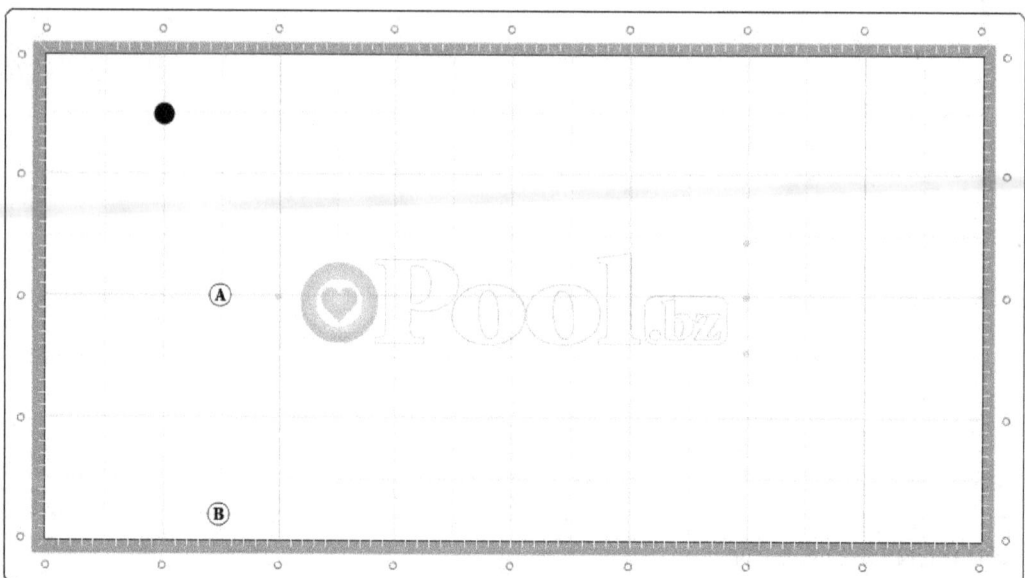

NOTIZEN UND IDEEN:

Karambolage billard: Einige Rätsel und Puzzles

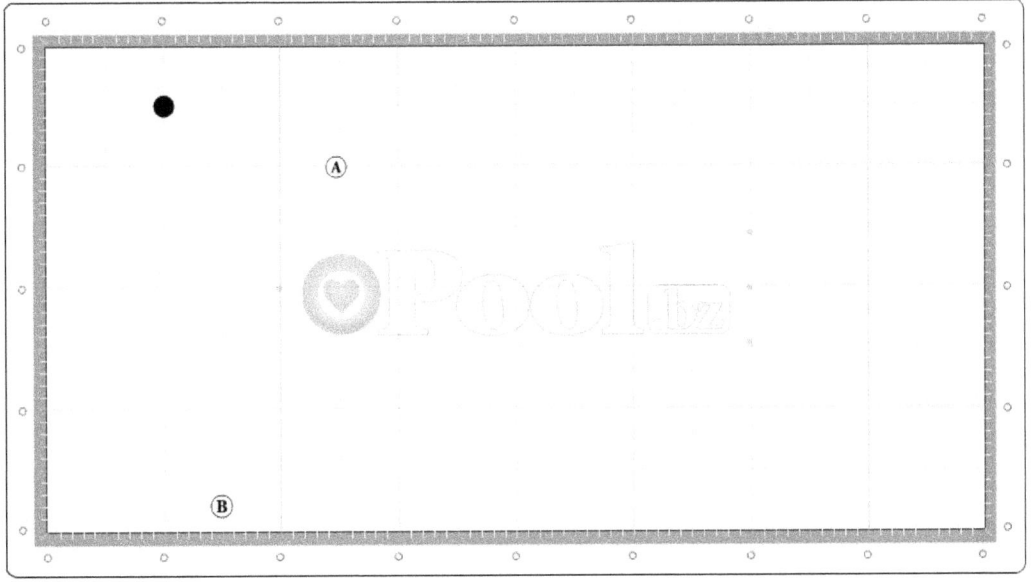

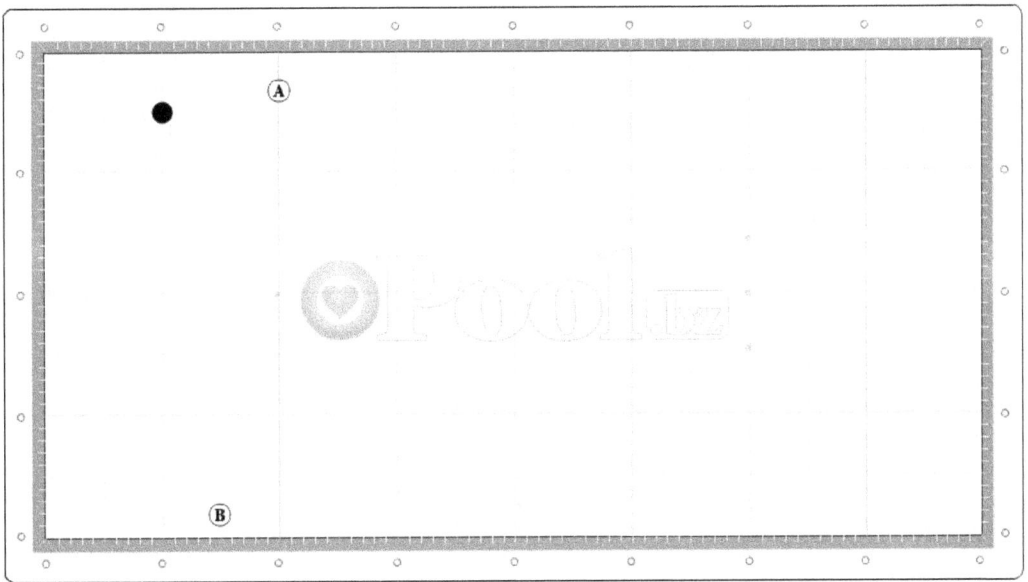

NOTIZEN UND IDEEN:

Gruppe 4, Satz 6

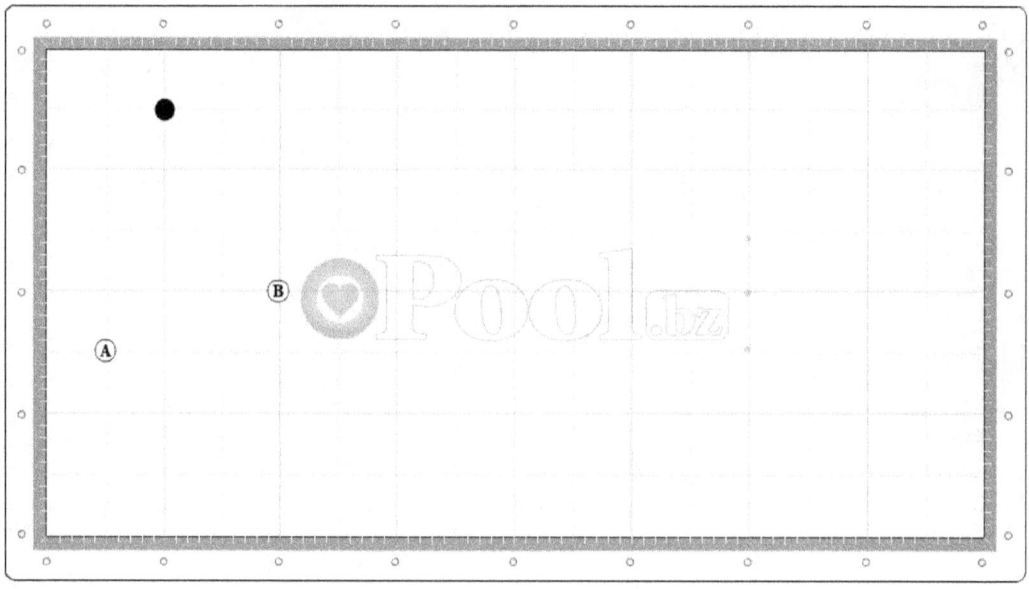

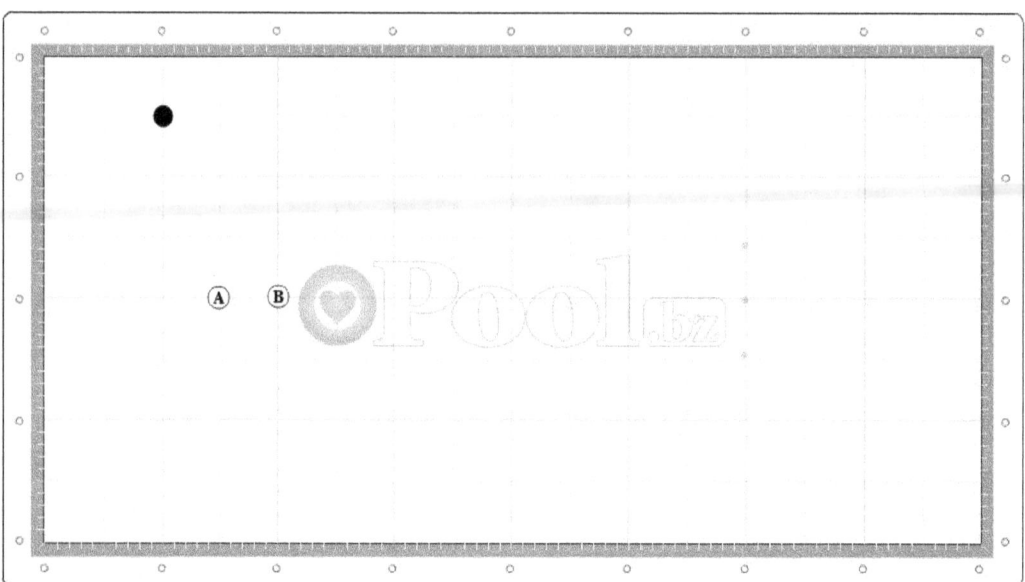

NOTIZEN UND IDEEN:

Karambolage billard: Einige Rätsel und Puzzles

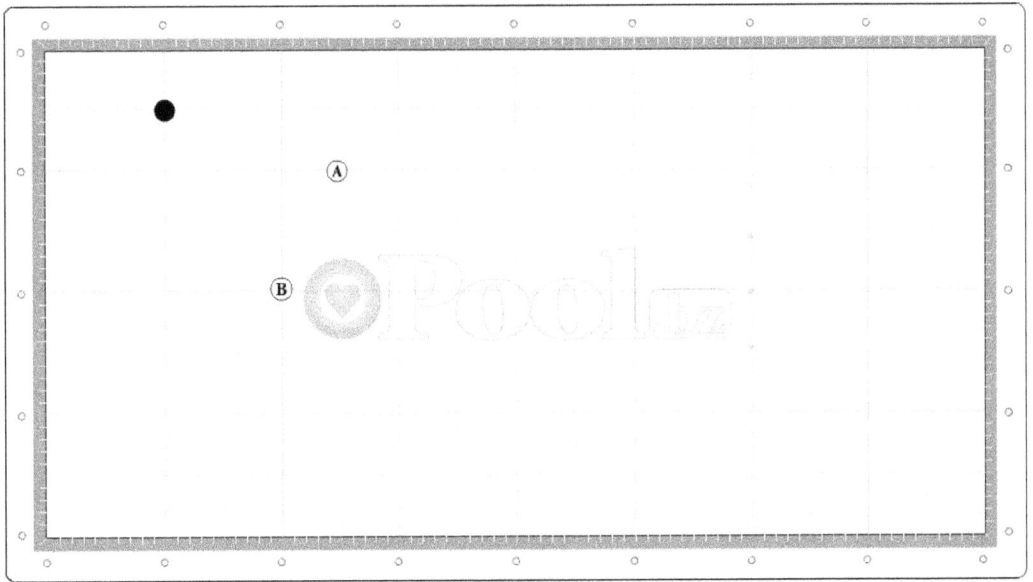

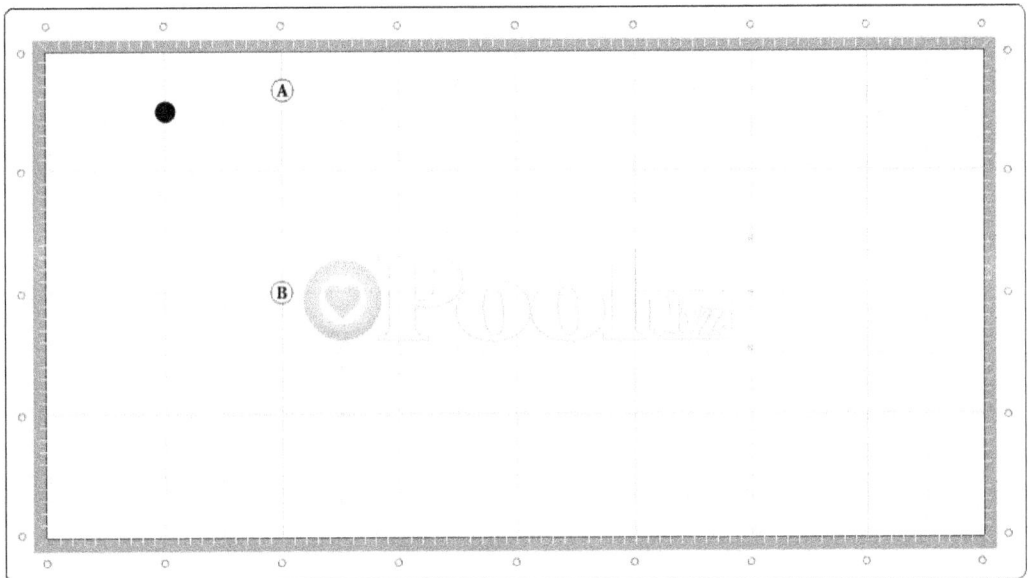

NOTIZEN UND IDEEN:

Gruppe 4, Satz 7

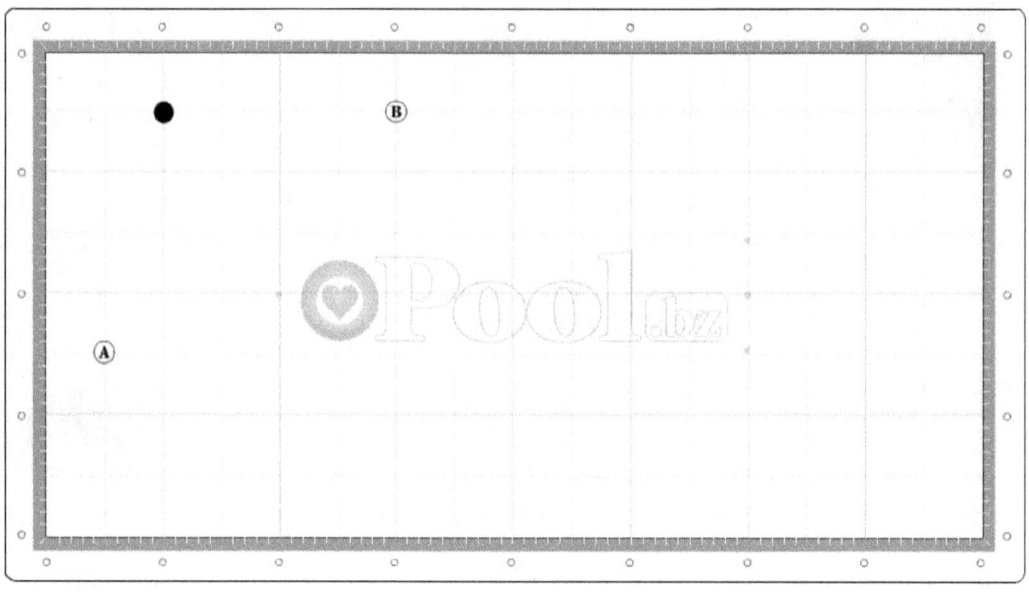

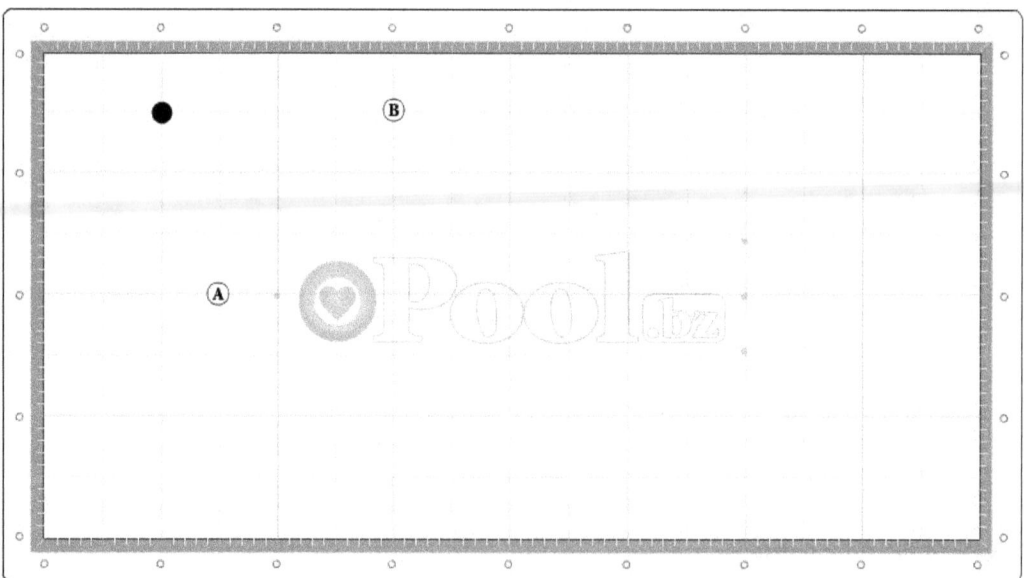

NOTIZEN UND IDEEN:

Karambolage billard: Einige Rätsel und Puzzles

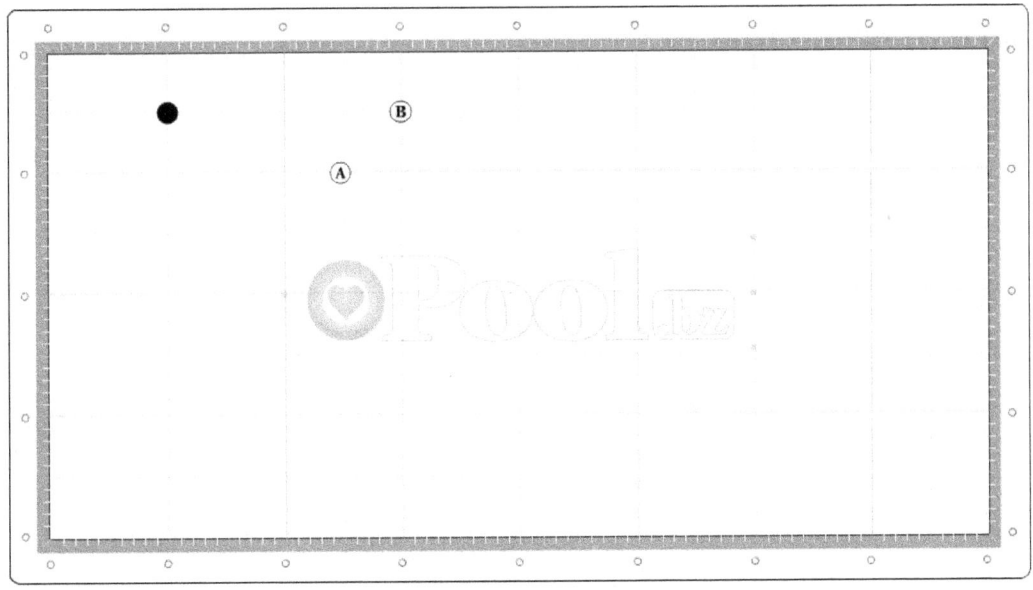

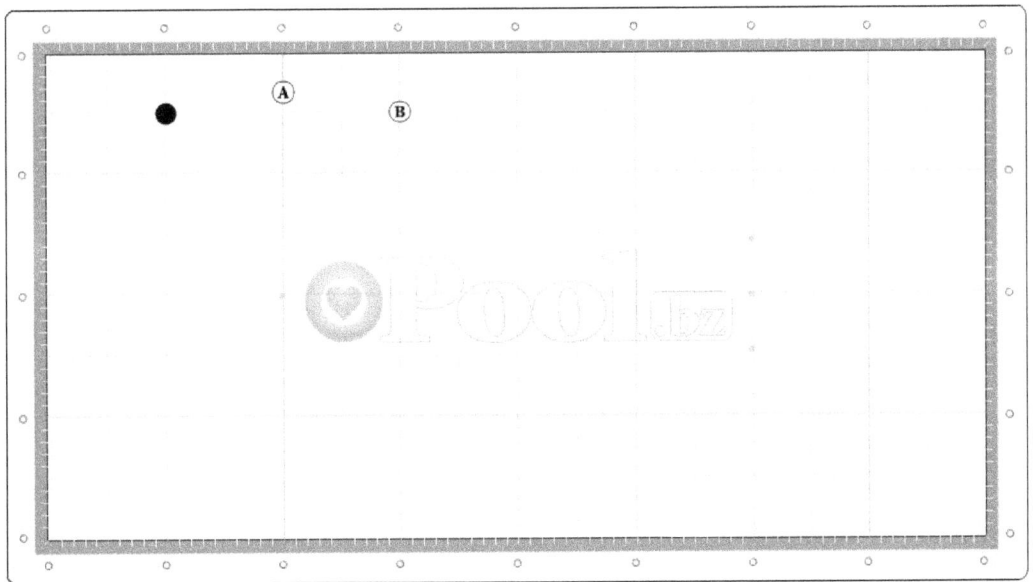

NOTIZEN UND IDEEN:

Gruppe 4, Satz 8

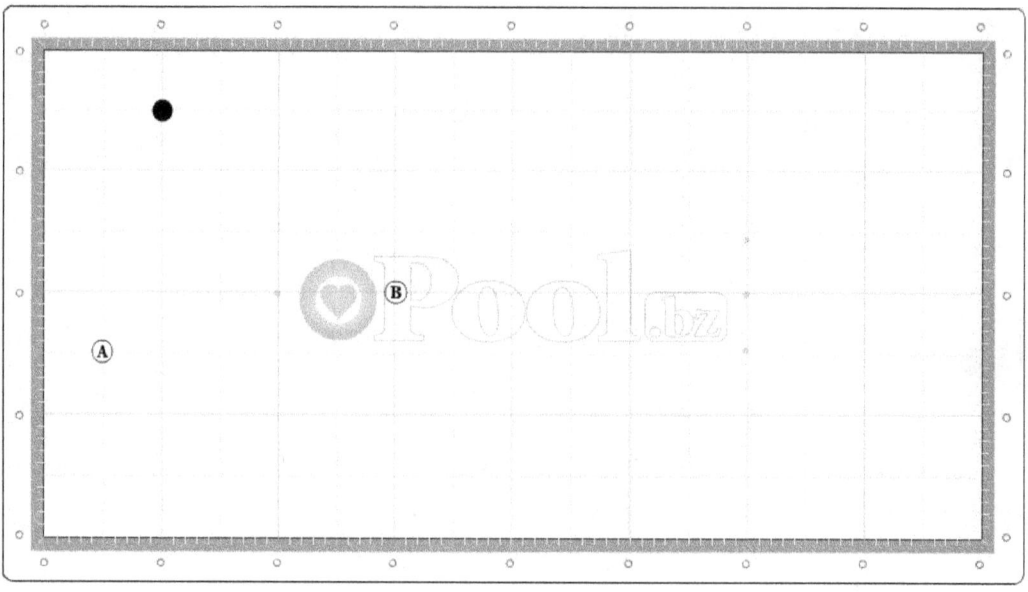

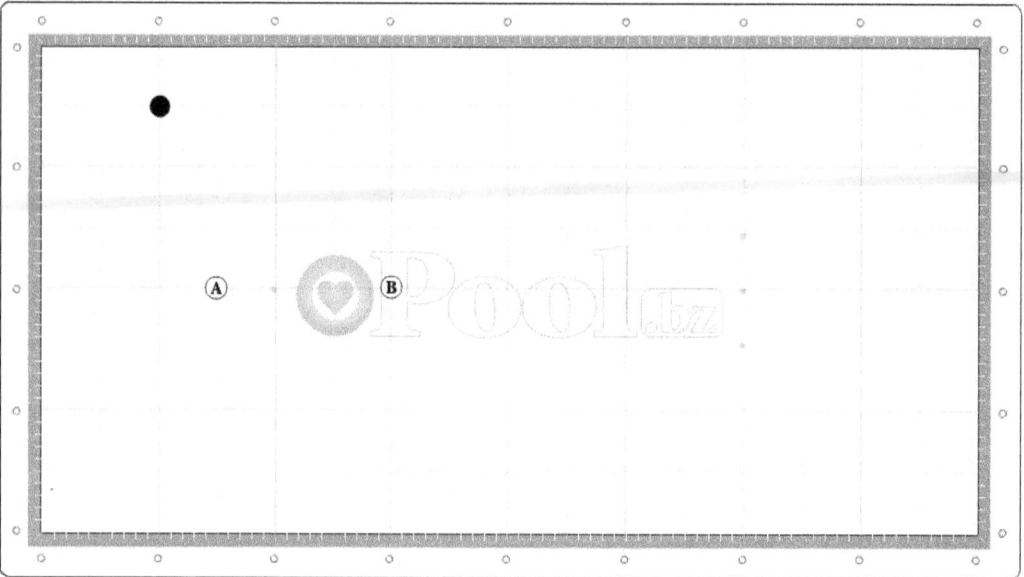

NOTIZEN UND IDEEN:

Karambolage billard: Einige Rätsel und Puzzles

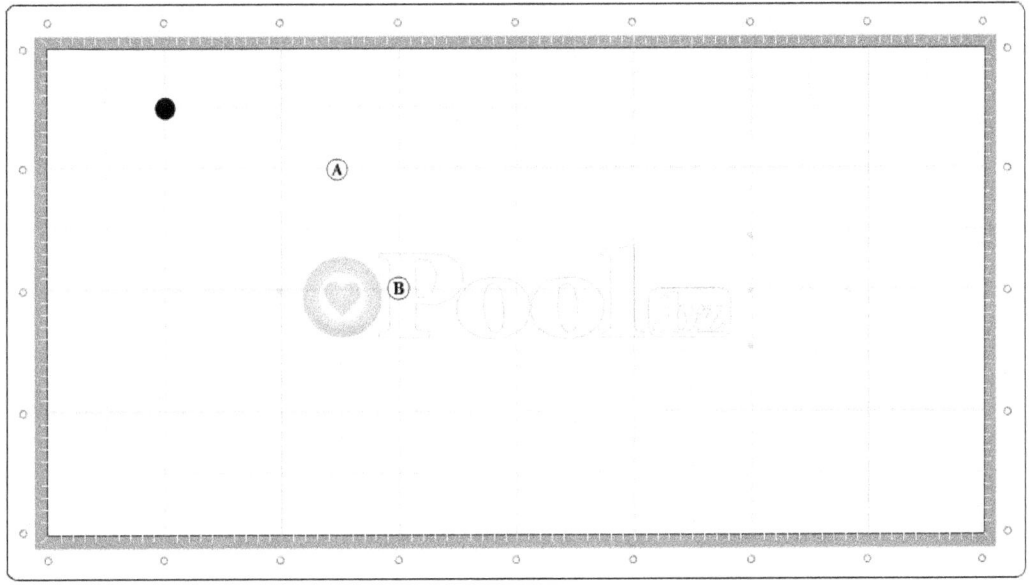

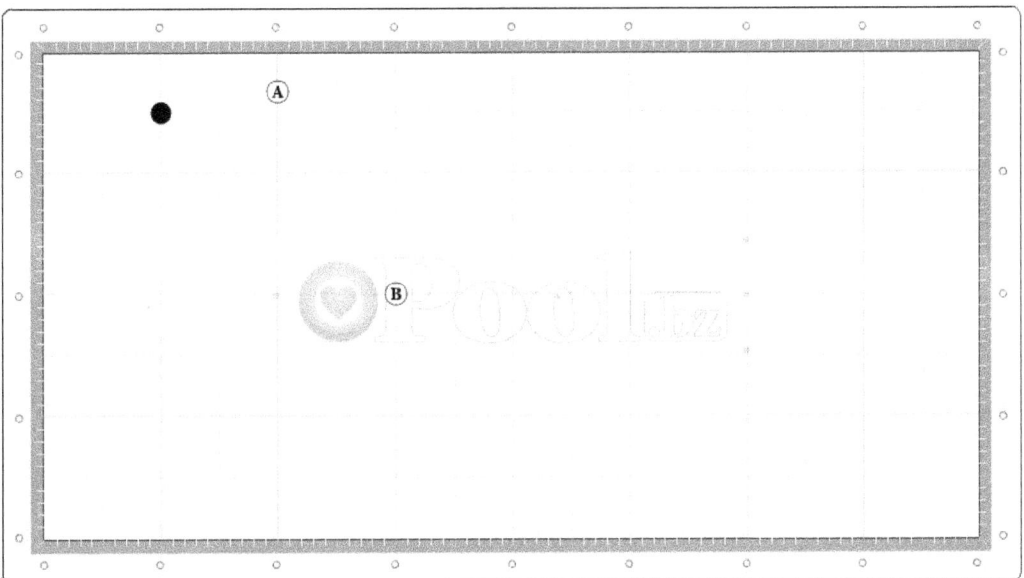

NOTIZEN UND IDEEN:

Gruppe 4, Satz 9

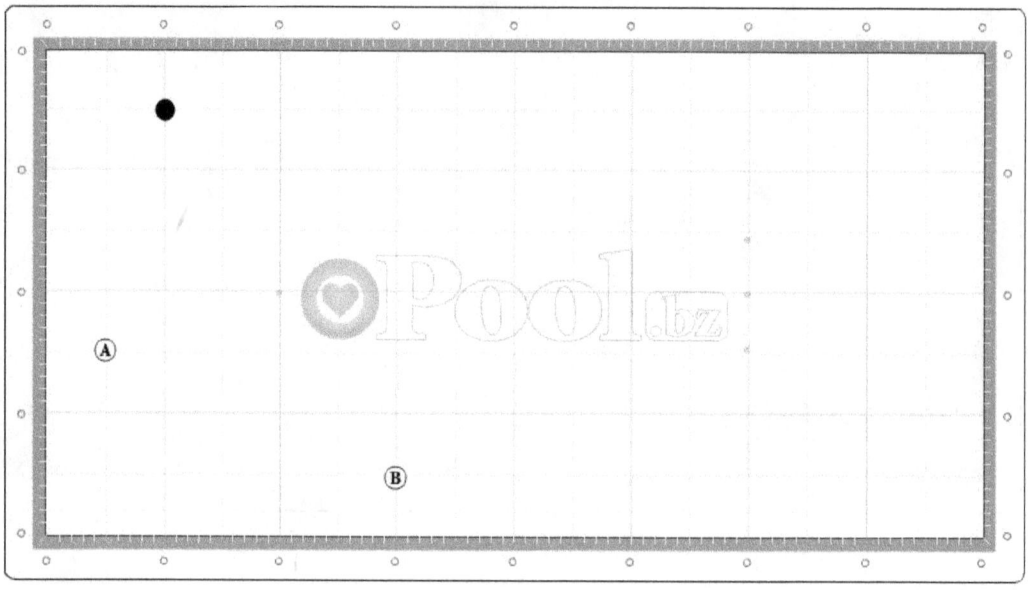

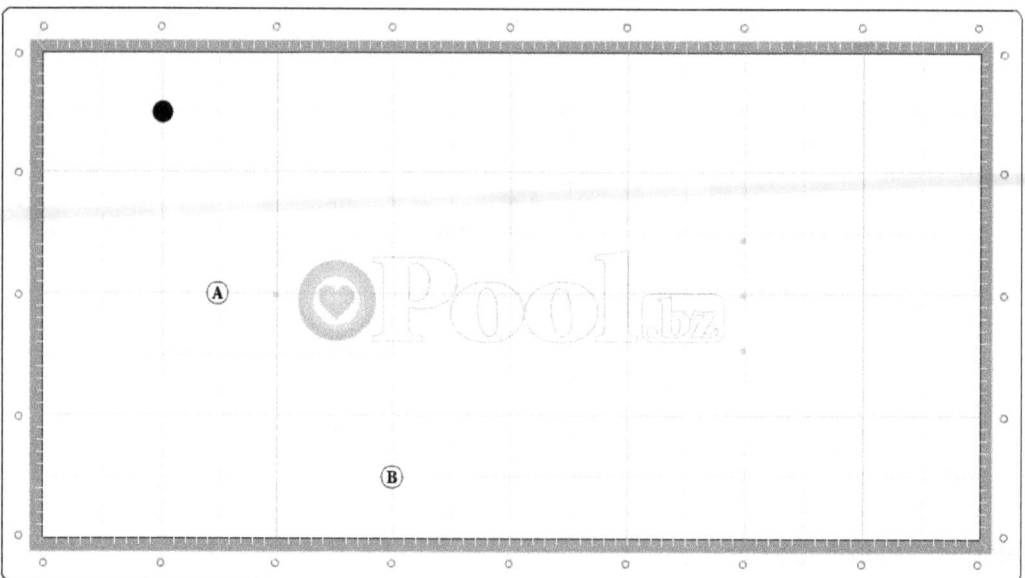

NOTIZEN UND IDEEN:

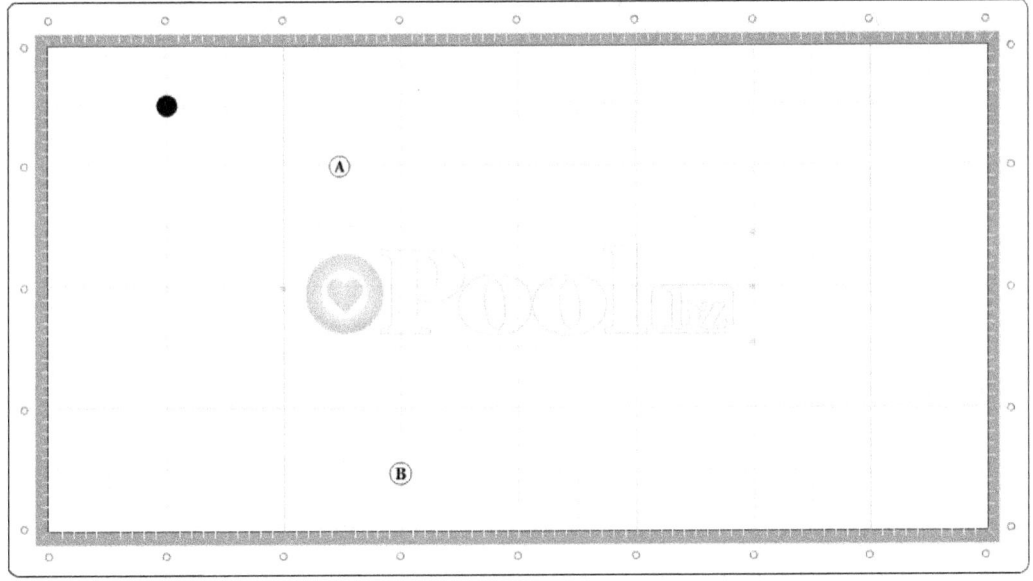

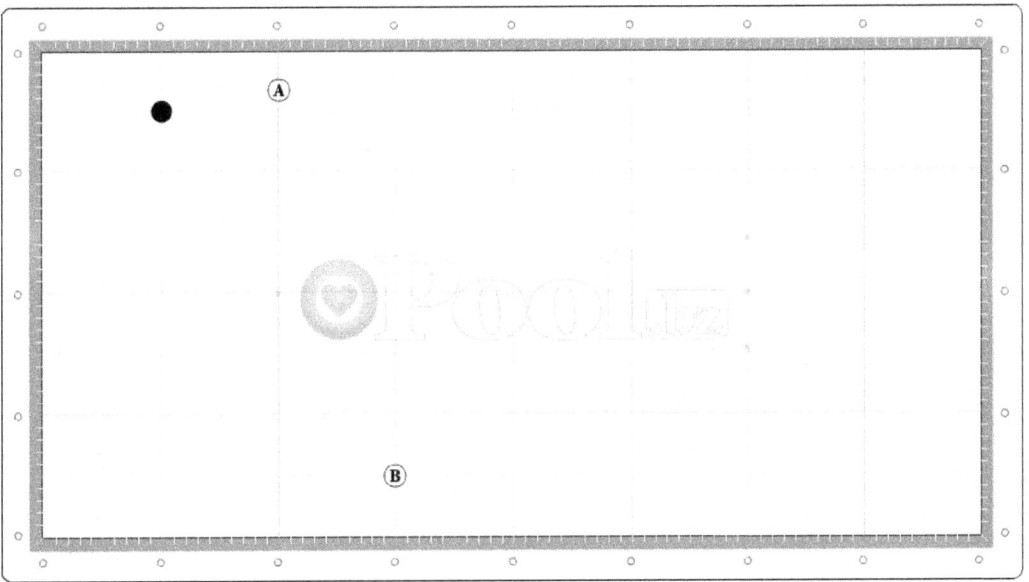

NOTIZEN UND IDEEN:

Gruppe 4, Satz 10

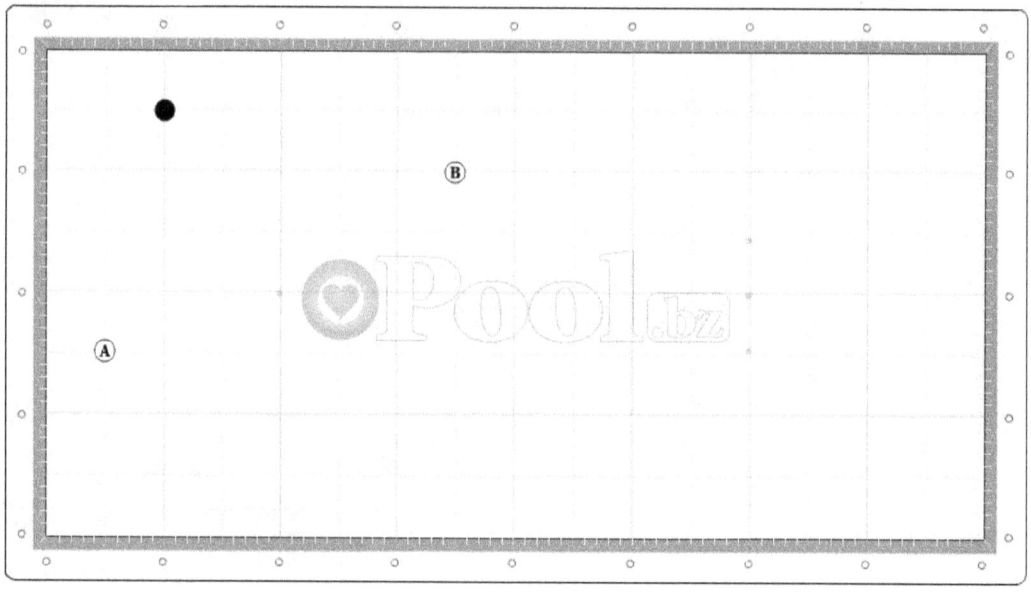

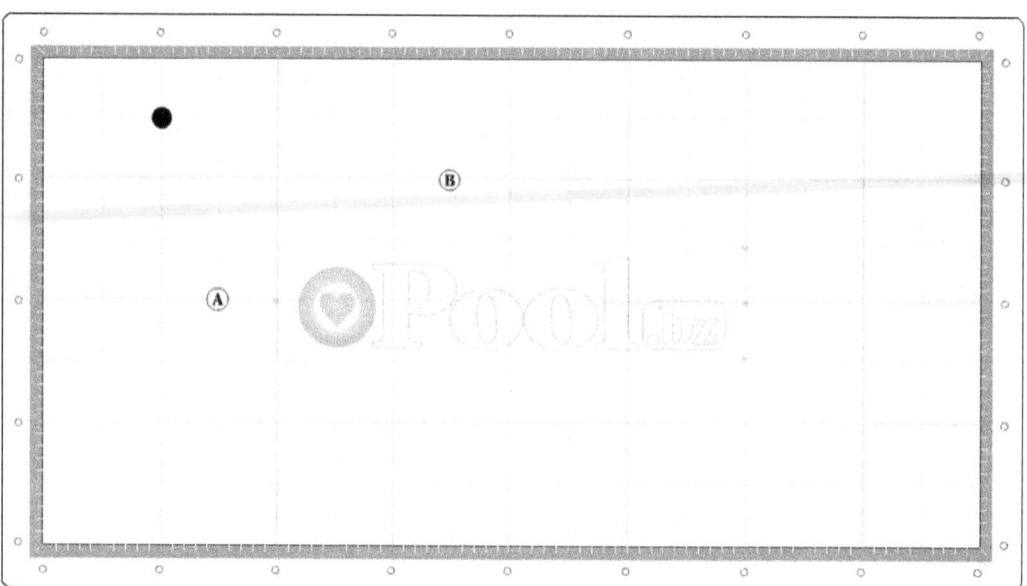

NOTIZEN UND IDEEN:

Karambolage billard: Einige Rätsel und Puzzles

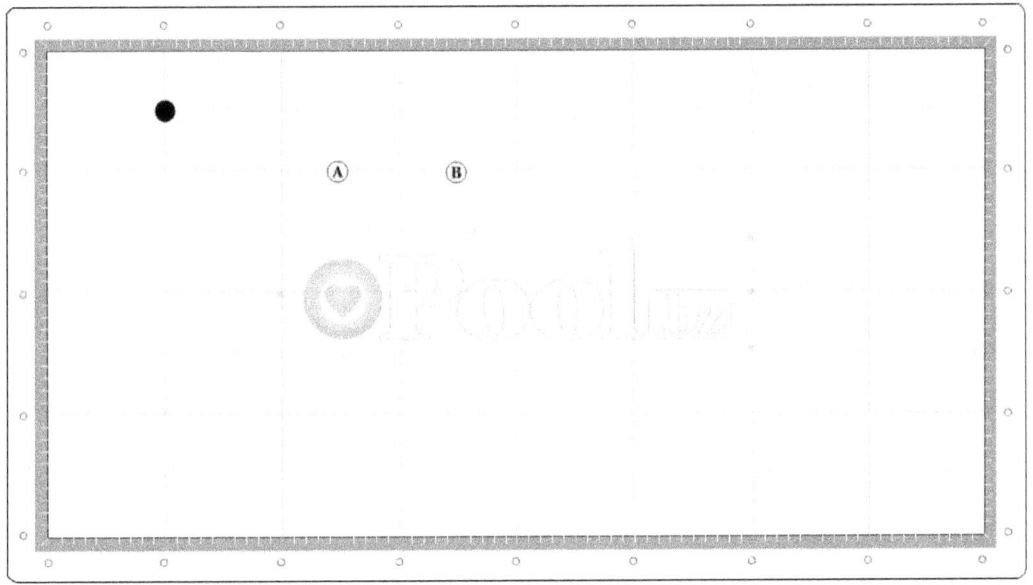

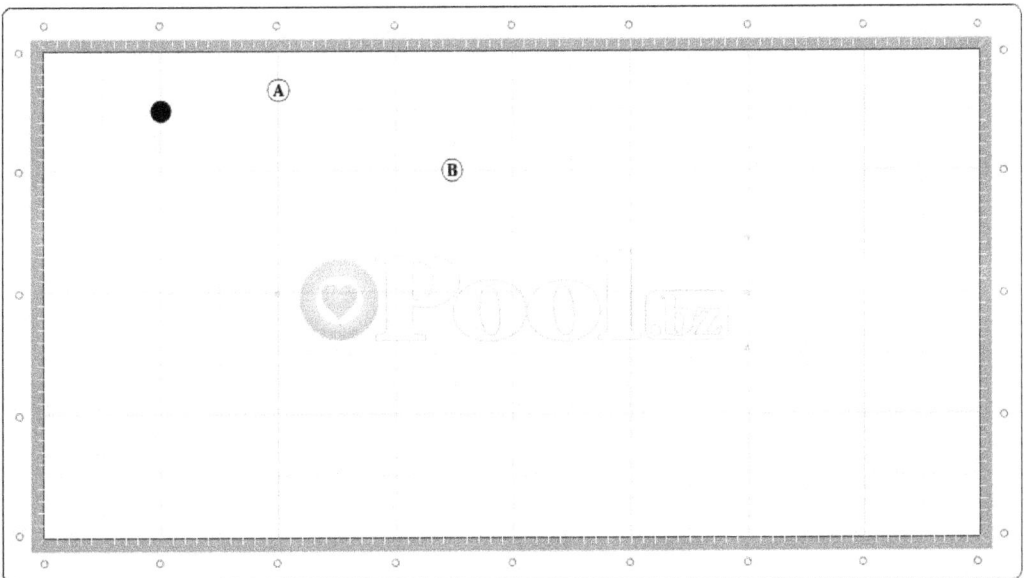

NOTIZEN UND IDEEN:

Gruppe 4, Satz 11

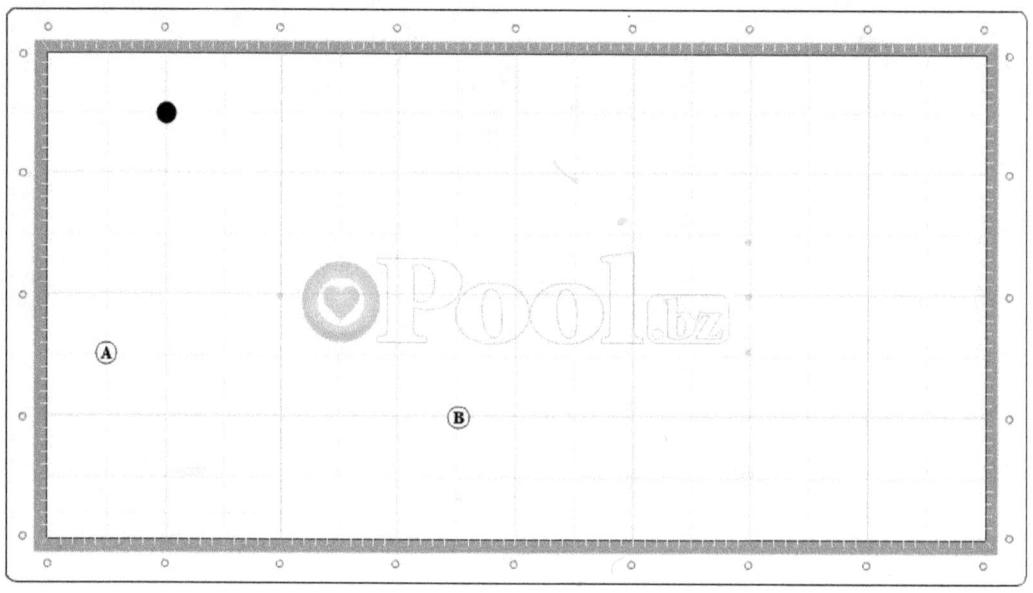

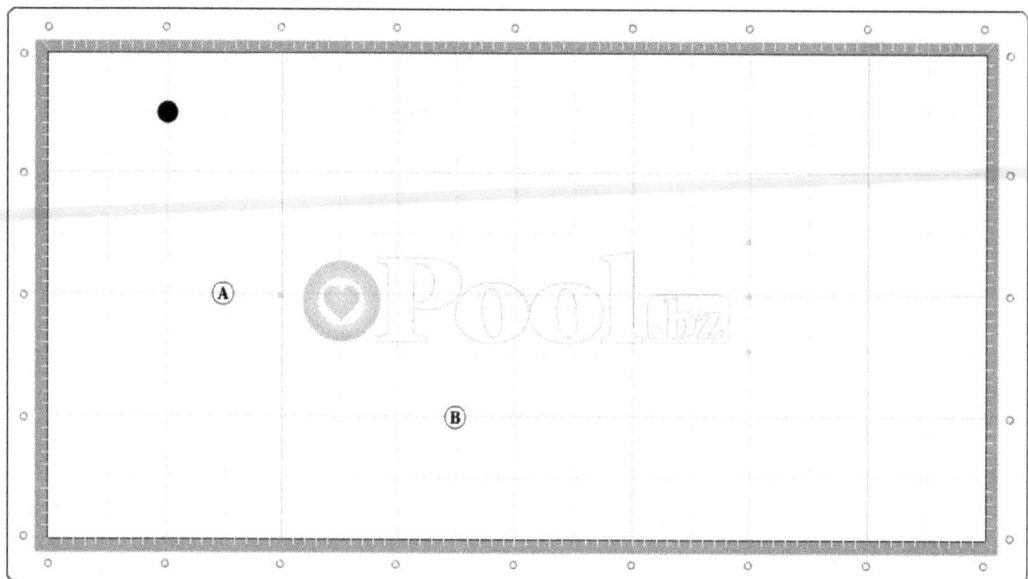

NOTIZEN UND IDEEN:

Karambolage billard: Einige Rätsel und Puzzles

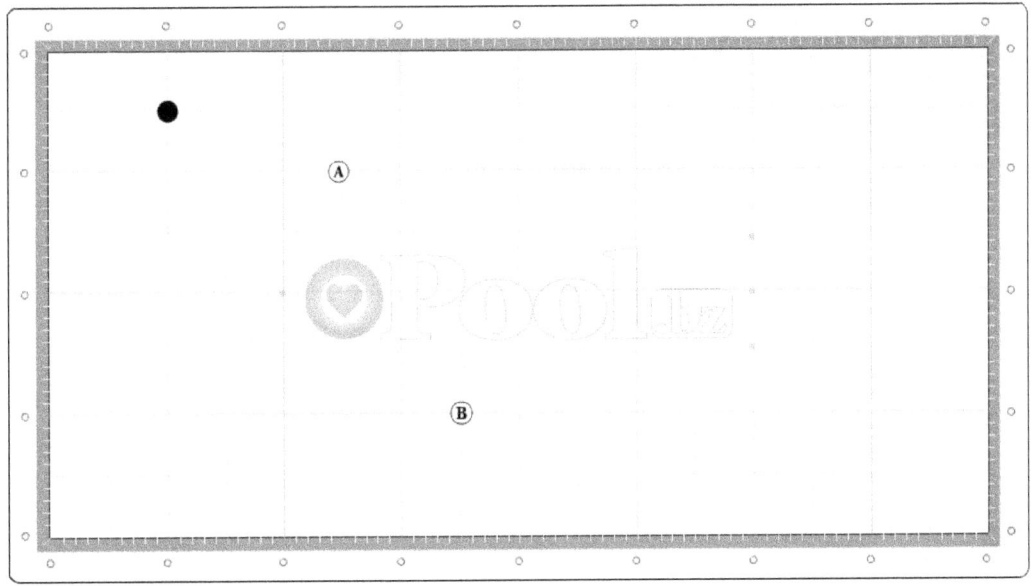

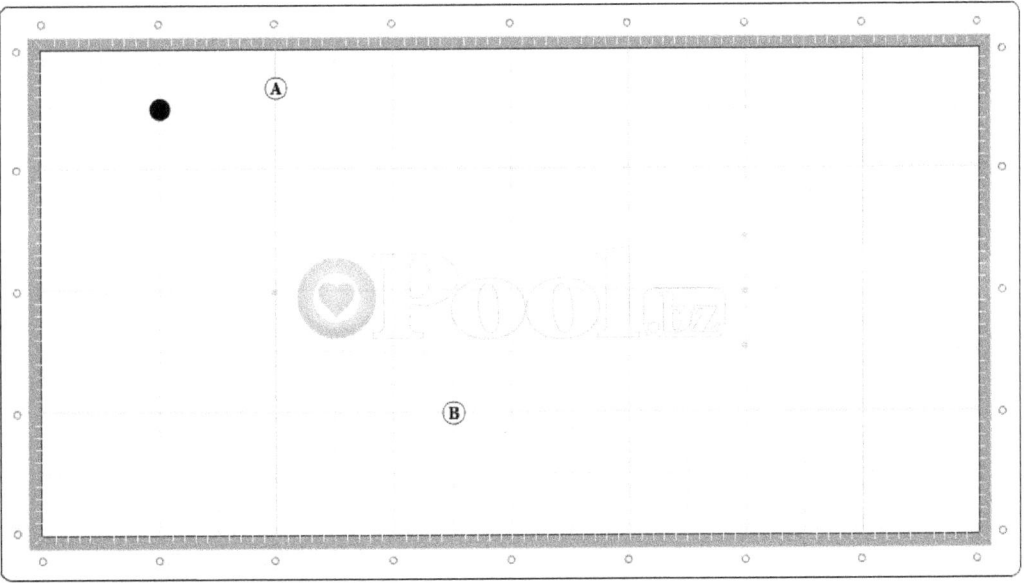

NOTIZEN UND IDEEN:

GRUPPE 5
Gruppe 5, Satz 1

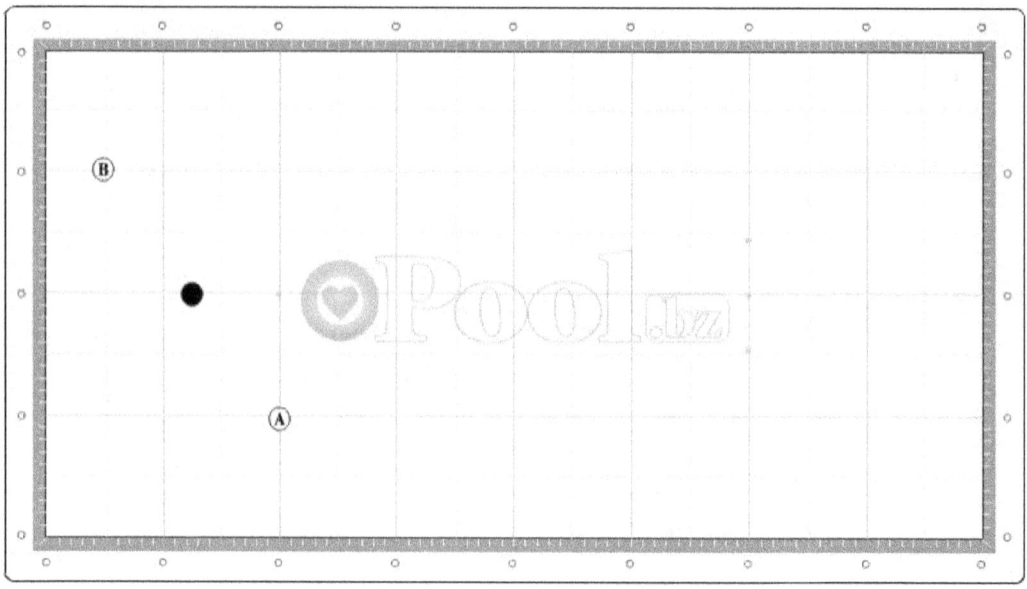

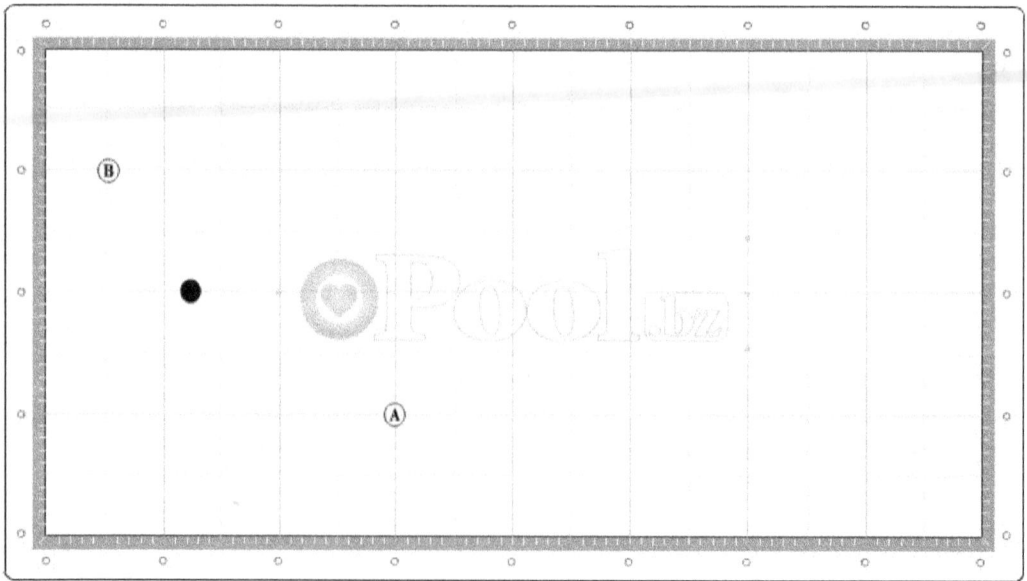

NOTIZEN UND IDEEN:

Karambolage billard: Einige Rätsel und Puzzles

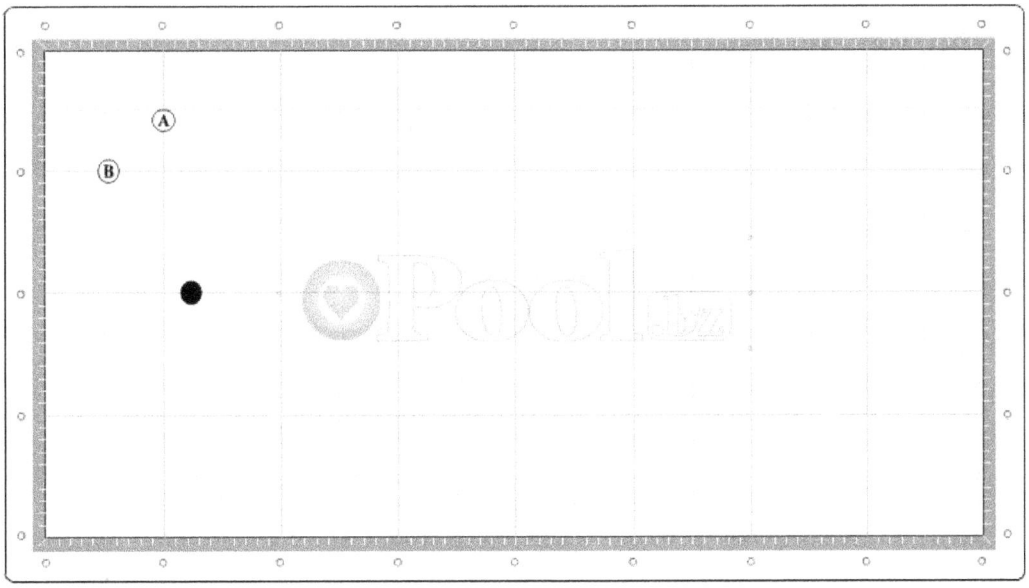

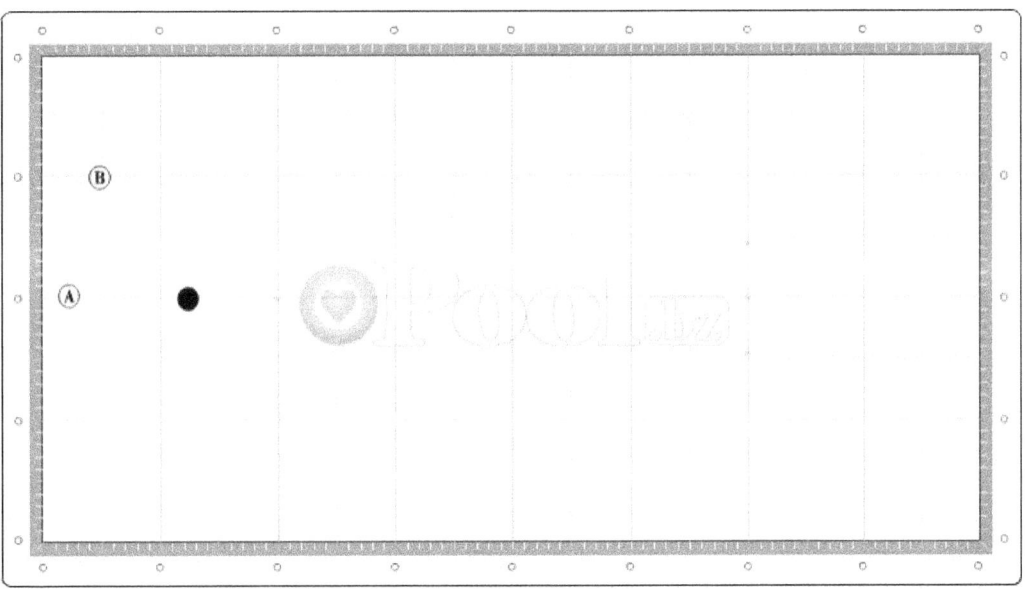

NOTIZEN UND IDEEN:

Gruppe 5, Satz 2

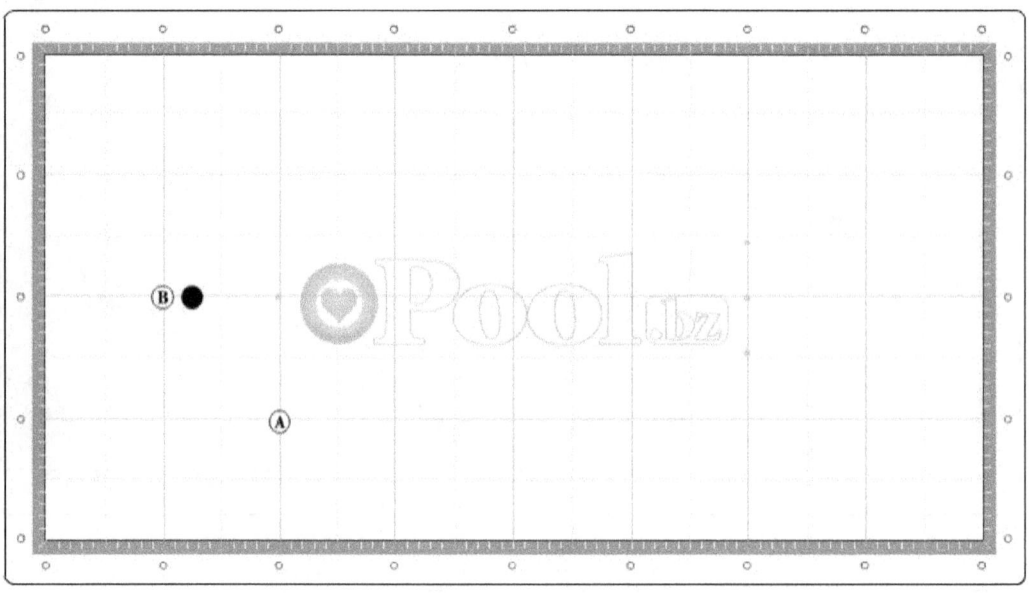

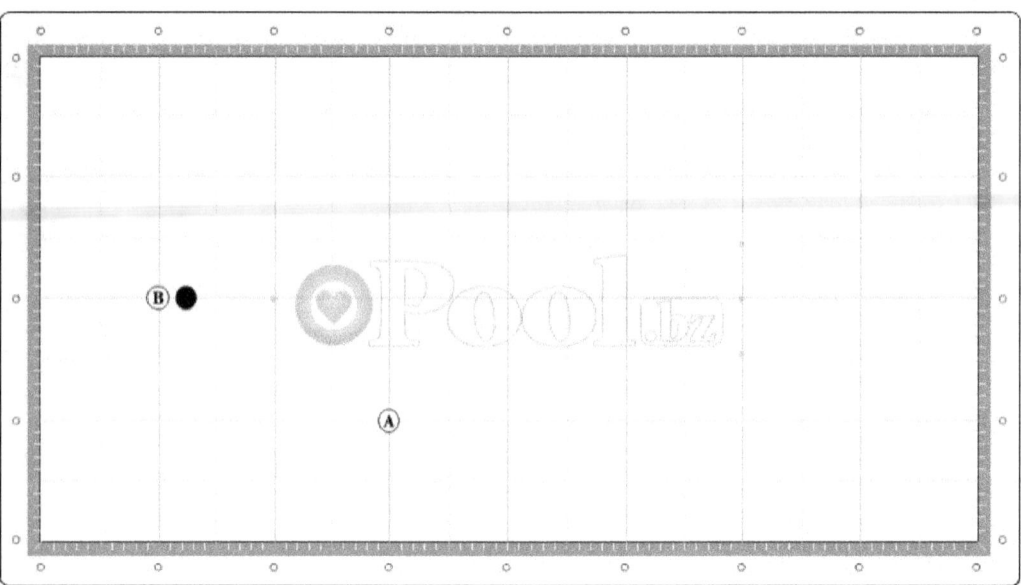

NOTIZEN UND IDEEN:

Karambolage billard: Einige Rätsel und Puzzles

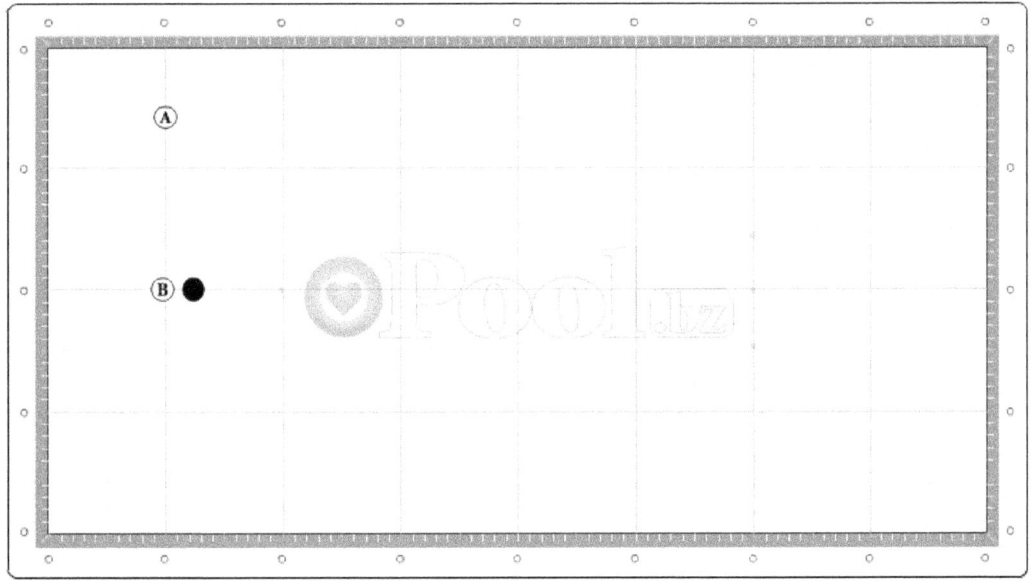

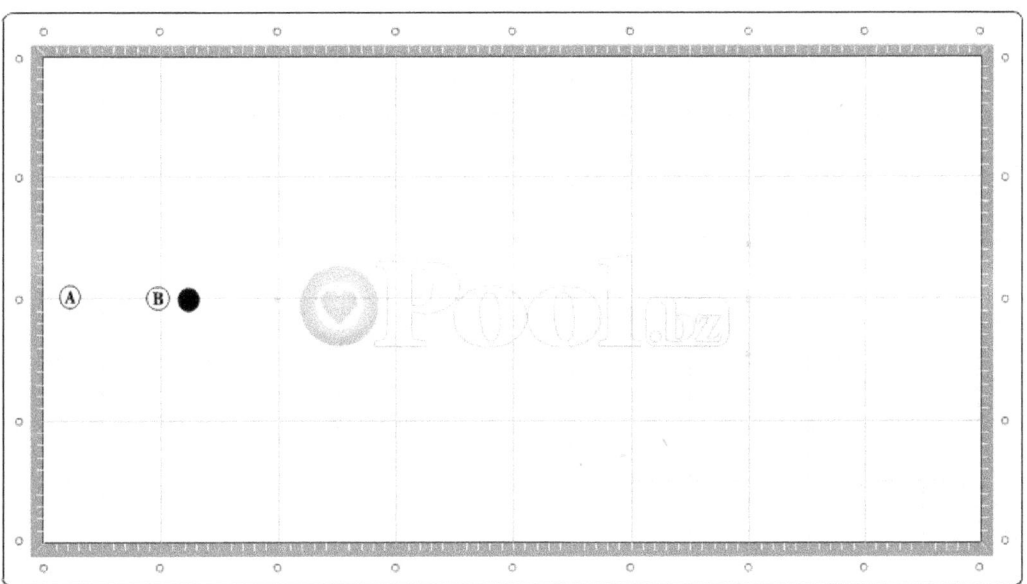

NOTIZEN UND IDEEN:

Gruppe 5, Satz 3

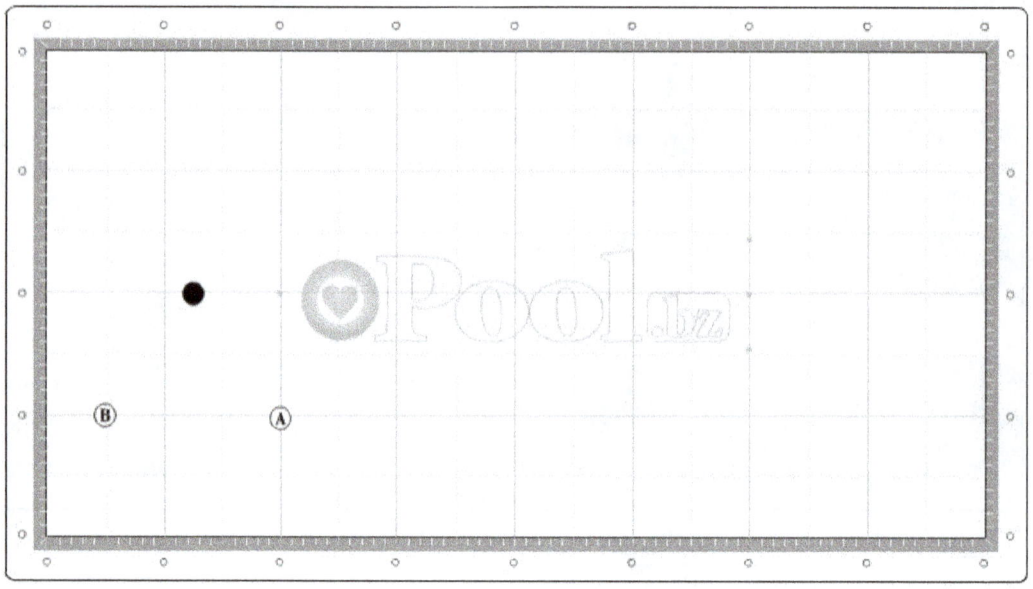

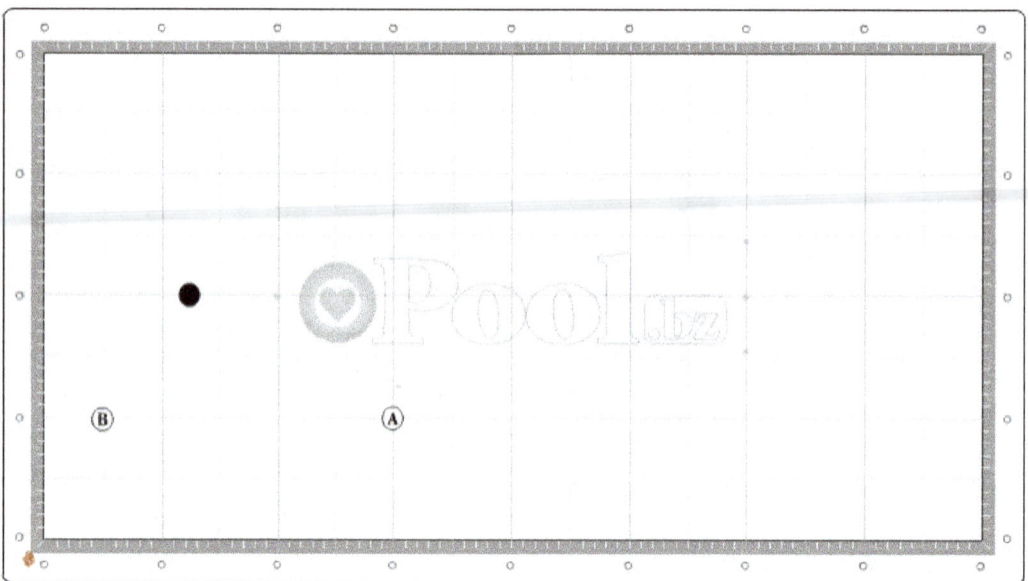

NOTIZEN UND IDEEN:

Karambolage billard: Einige Rätsel und Puzzles

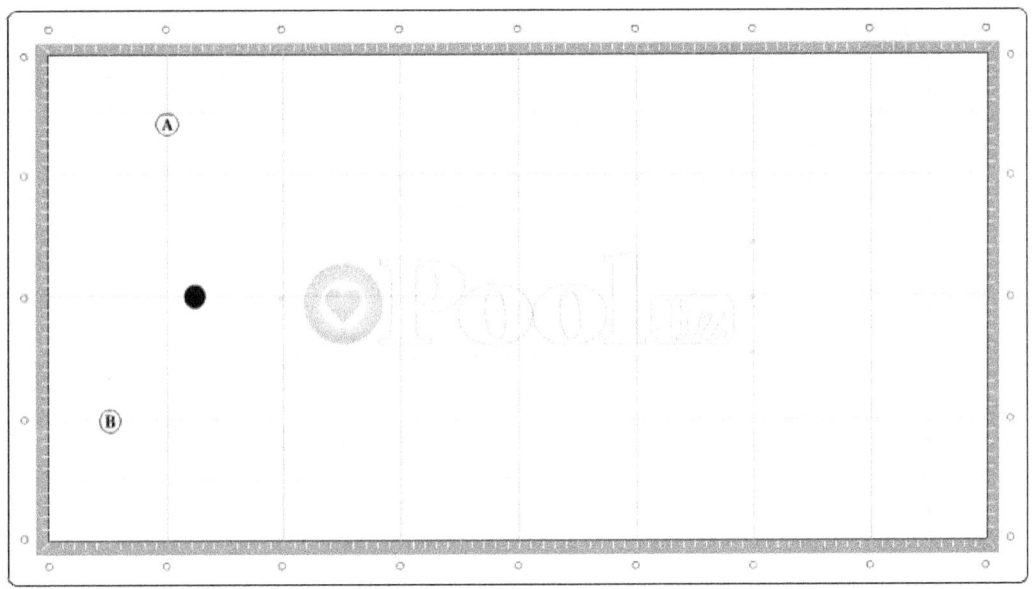

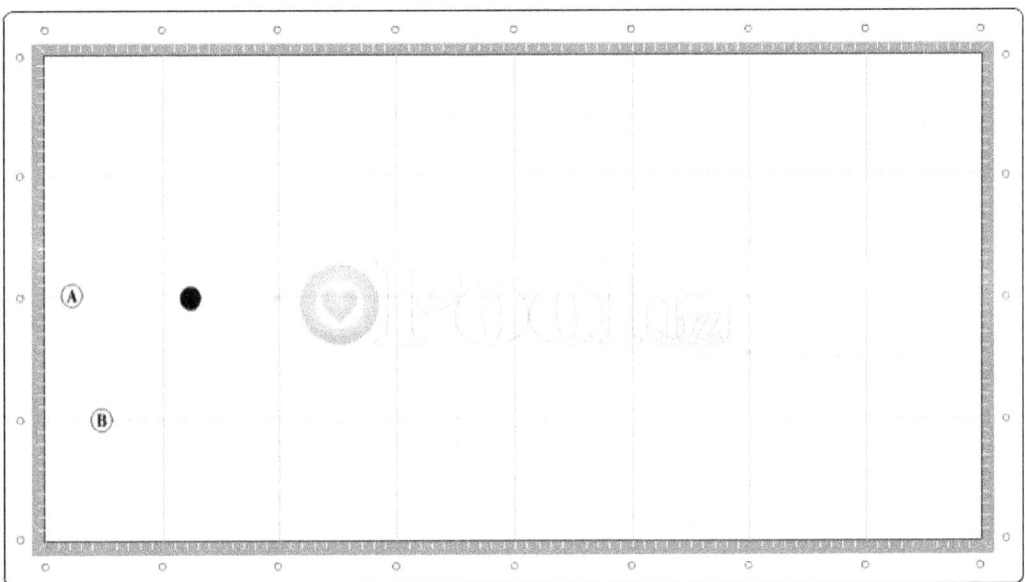

NOTIZEN UND IDEEN:

Gruppe 5, Satz 4

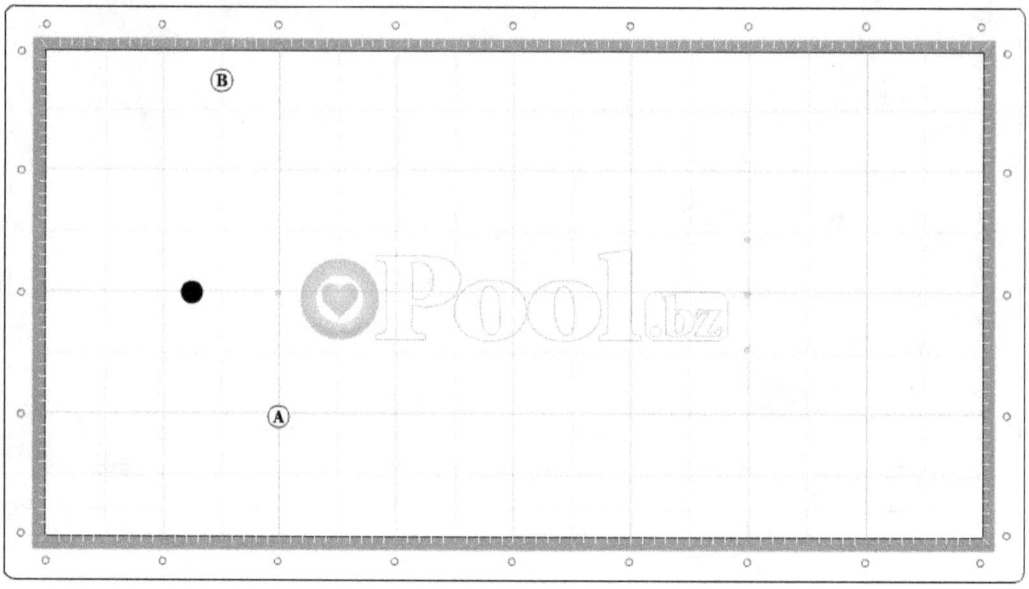

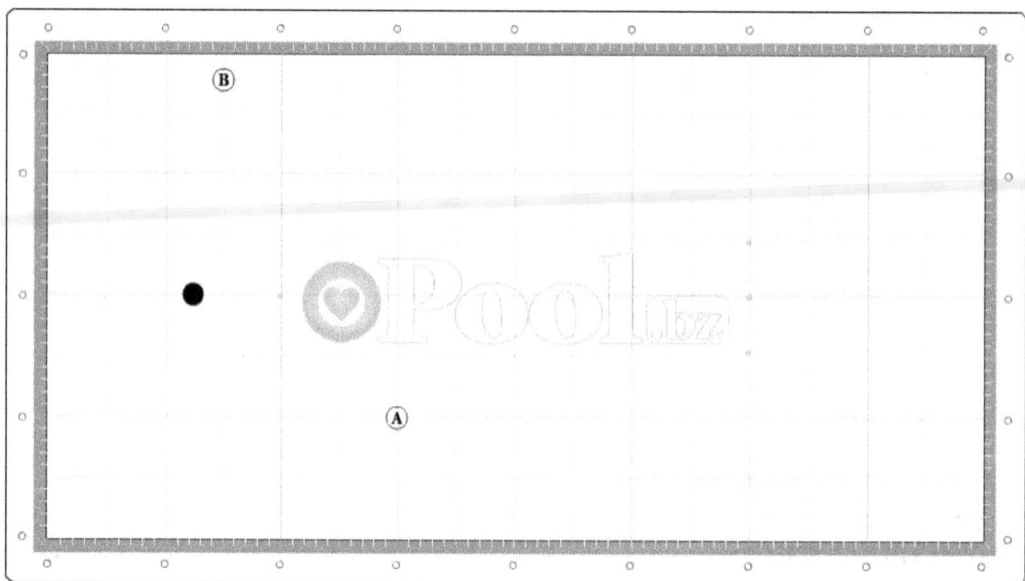

NOTIZEN UND IDEEN:

Karambolage billard: Einige Rätsel und Puzzles

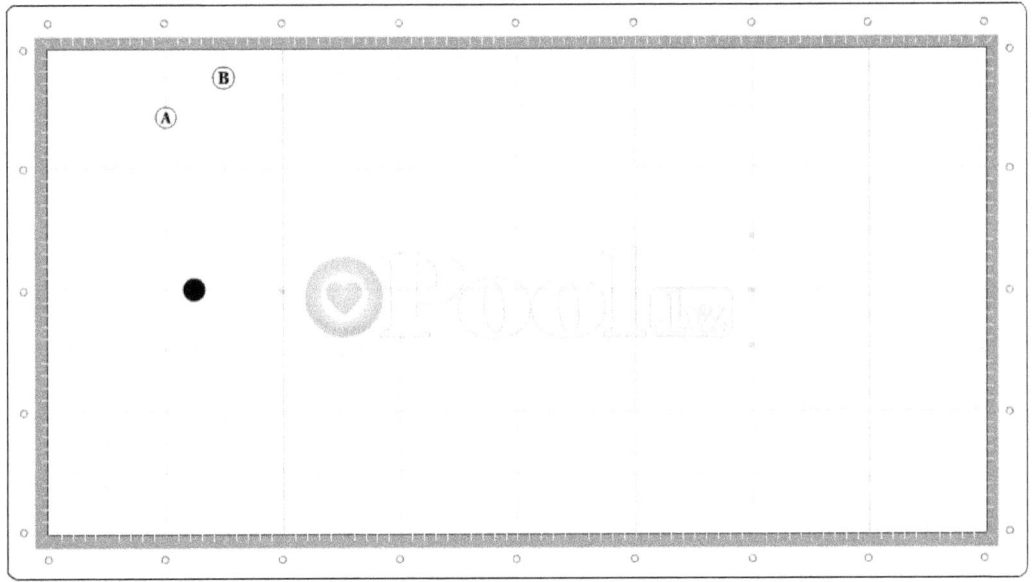

NOTIZEN UND IDEEN:

Gruppe 5, Satz 5

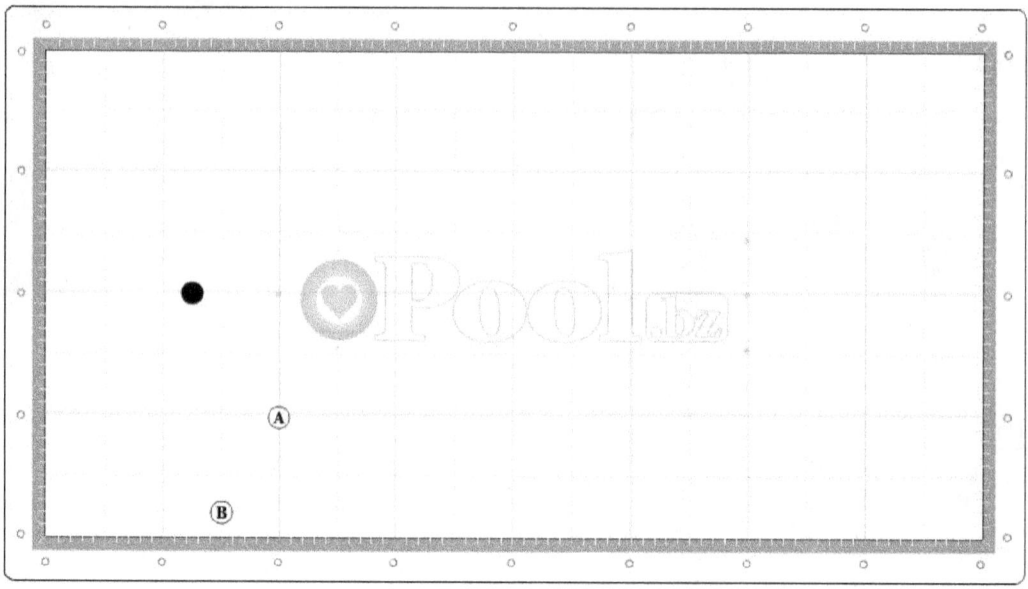

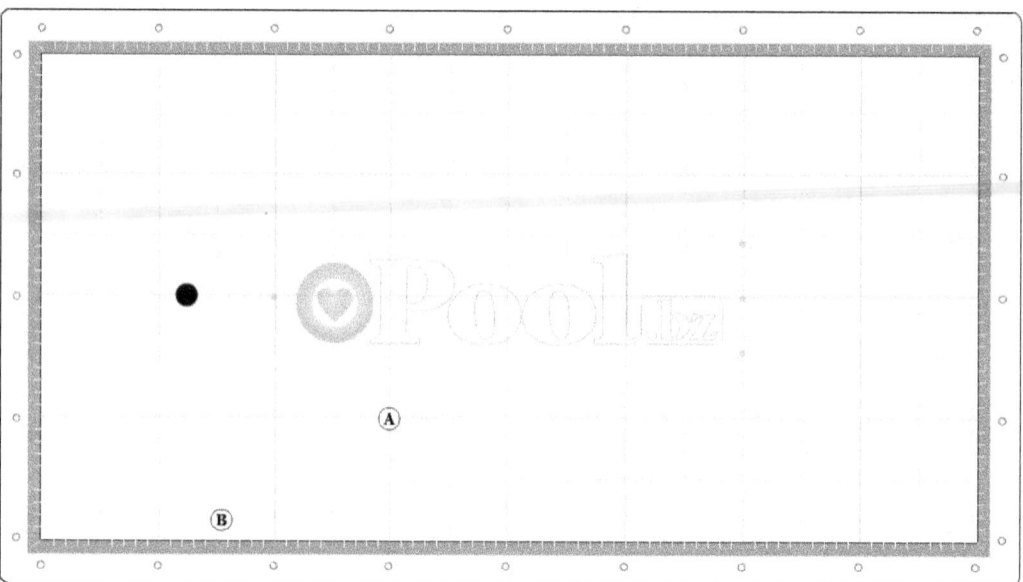

NOTIZEN UND IDEEN:

Karambolage billard: Einige Rätsel und Puzzles

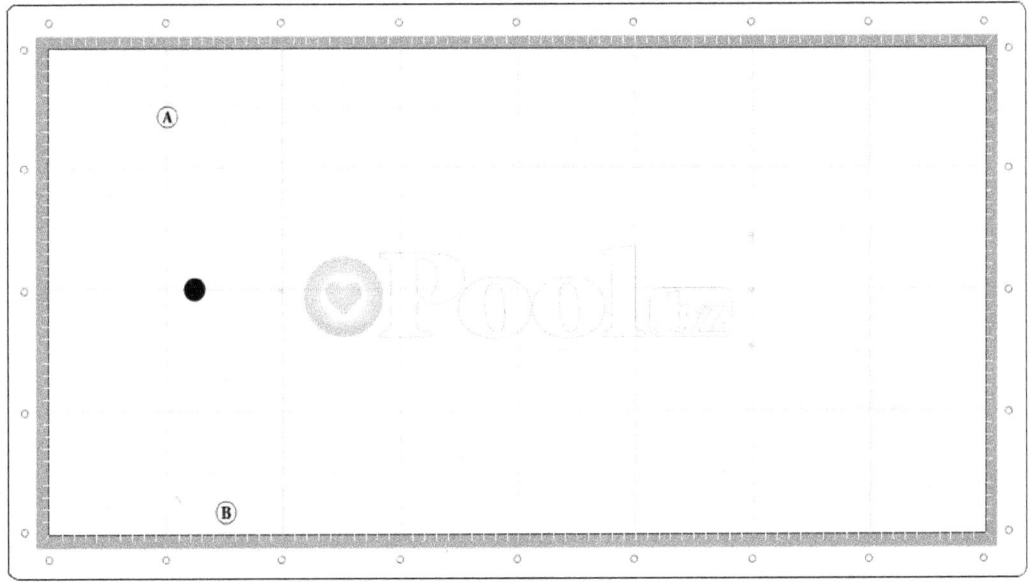

NOTIZEN UND IDEEN:

Gruppe 5, Satz 6

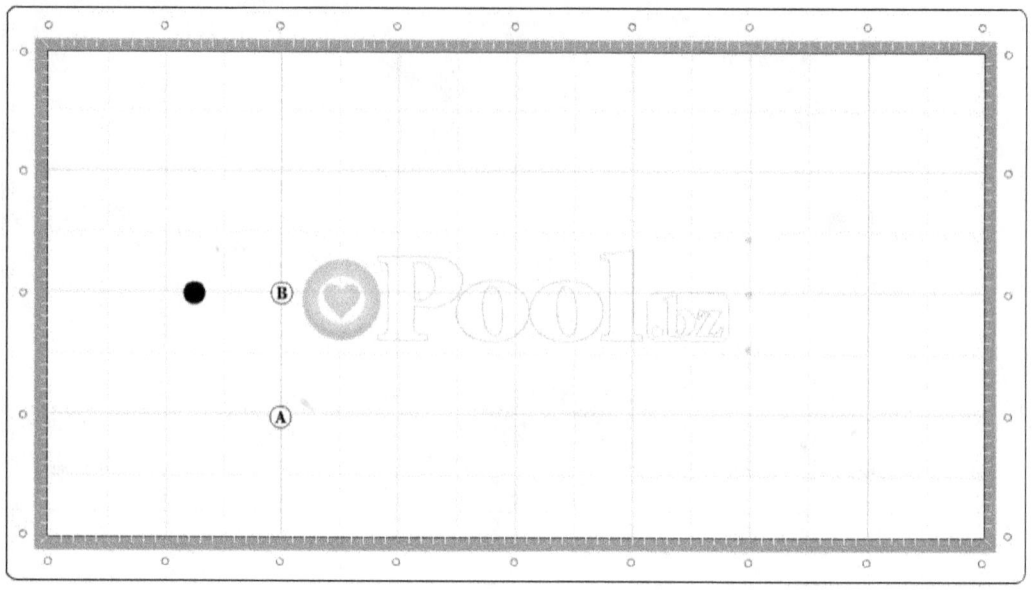

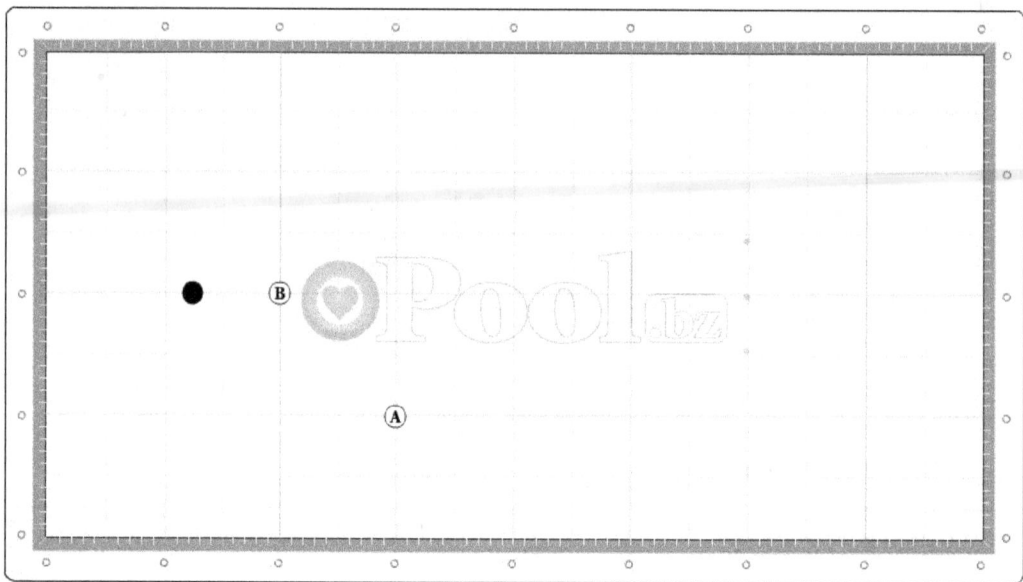

NOTIZEN UND IDEEN:

Karambolage billard: Einige Rätsel und Puzzles

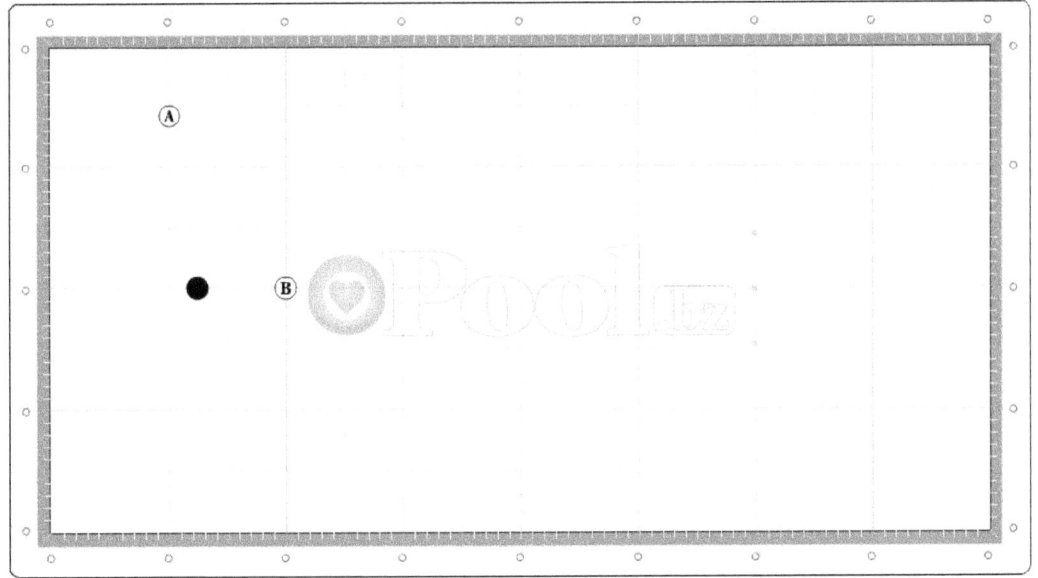

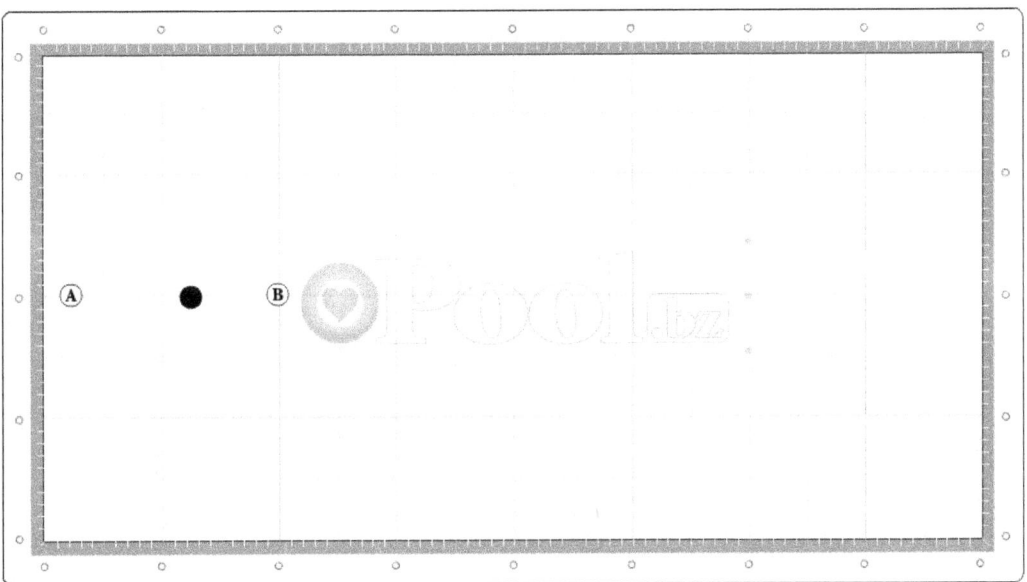

NOTIZEN UND IDEEN:

Gruppe 5, Satz 7

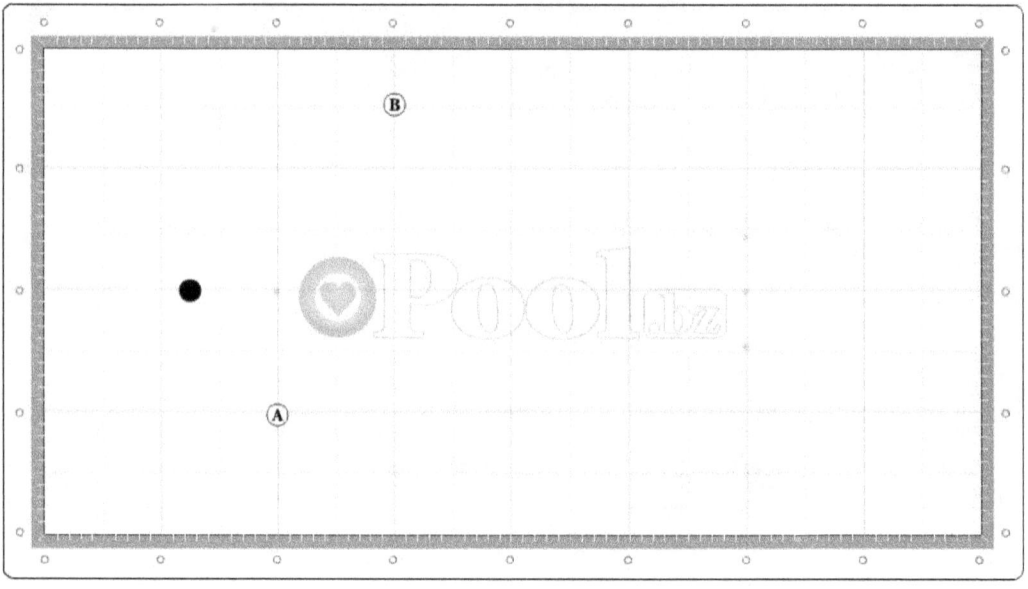

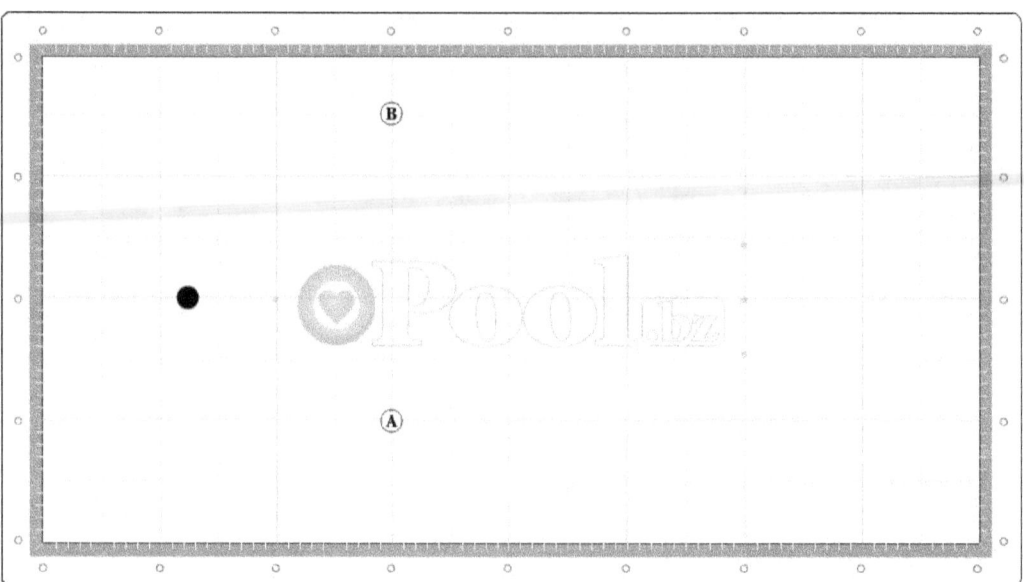

NOTIZEN UND IDEEN:

Karambolage billard: Einige Rätsel und Puzzles

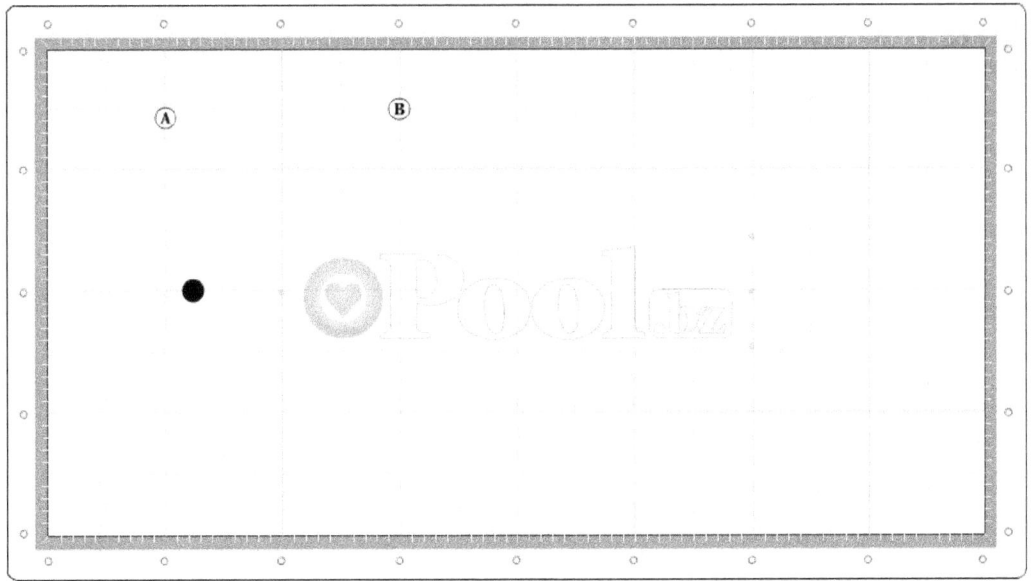

NOTIZEN UND IDEEN:

Gruppe 5, Satz 8

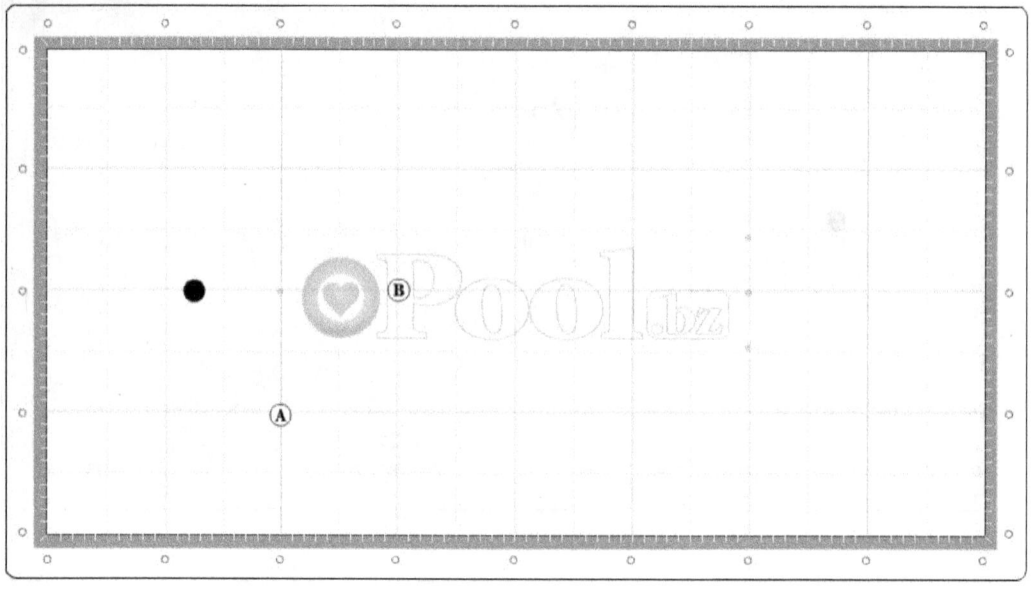

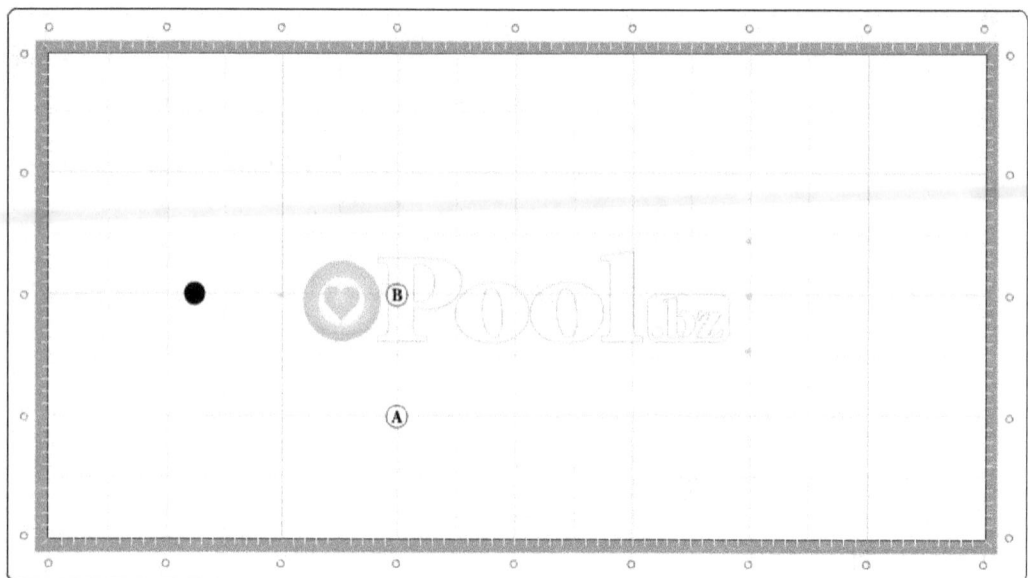

NOTIZEN UND IDEEN:

Karambolage billard: Einige Rätsel und Puzzles

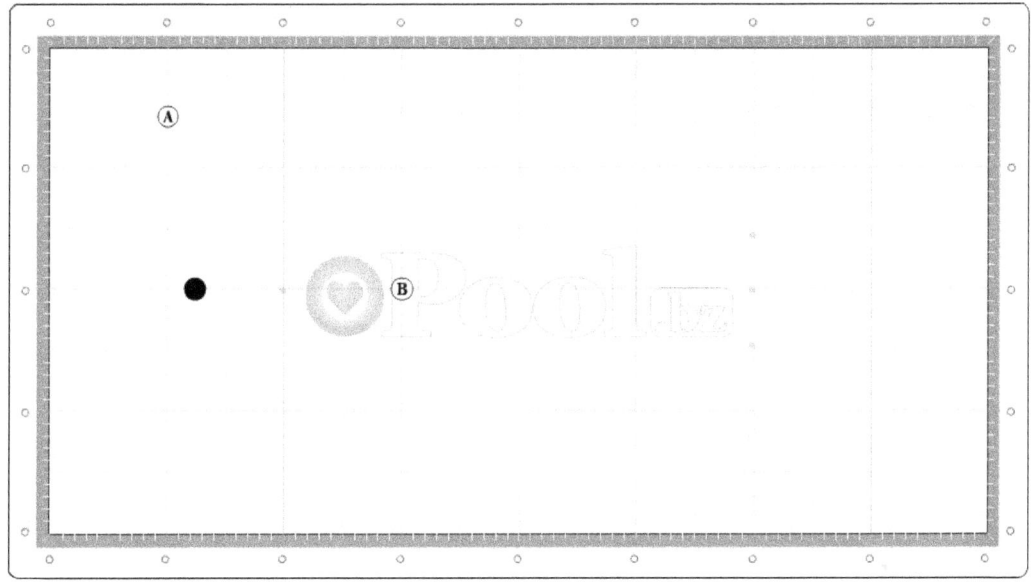

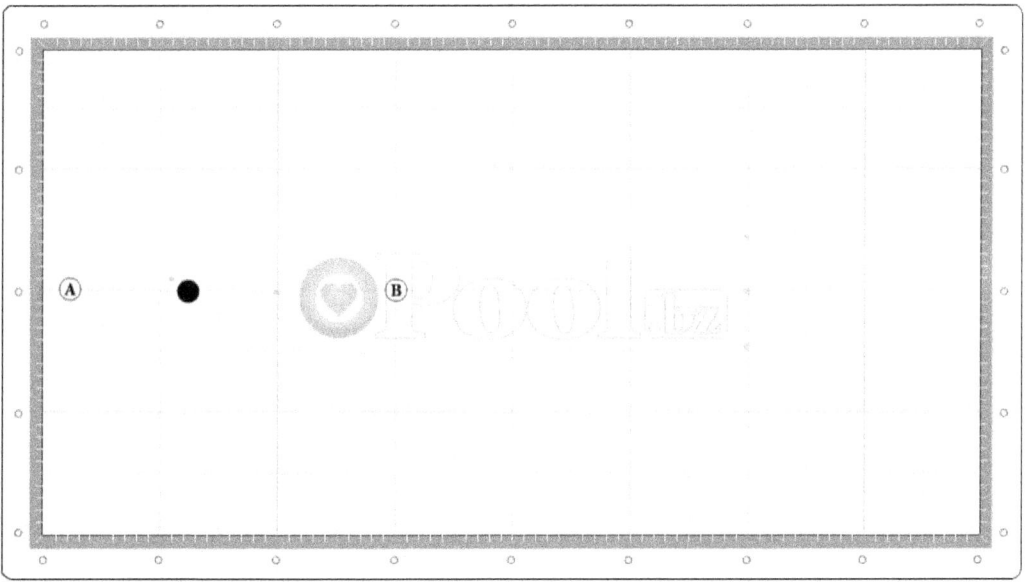

NOTIZEN UND IDEEN:

Gruppe 5, Satz 9

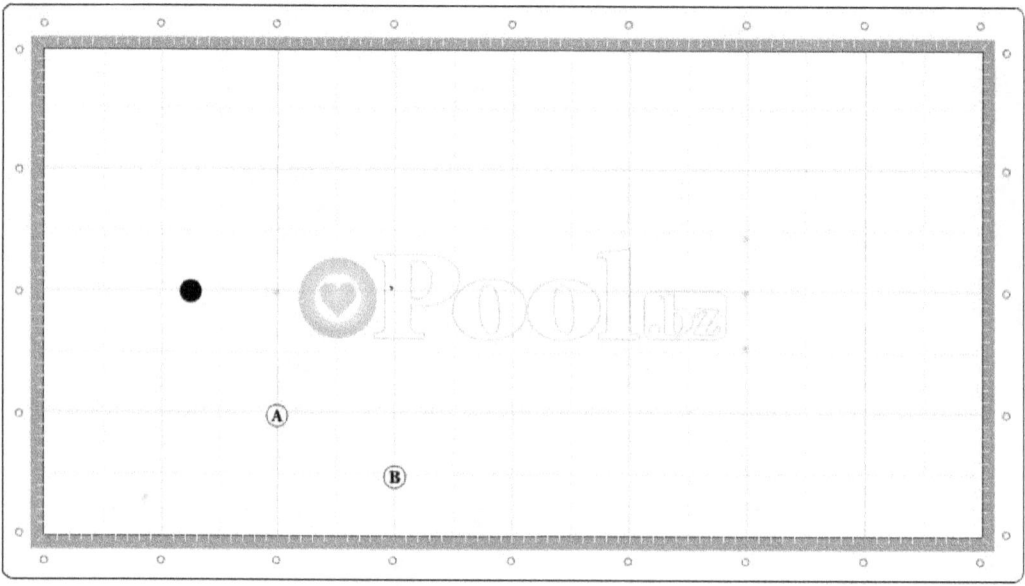

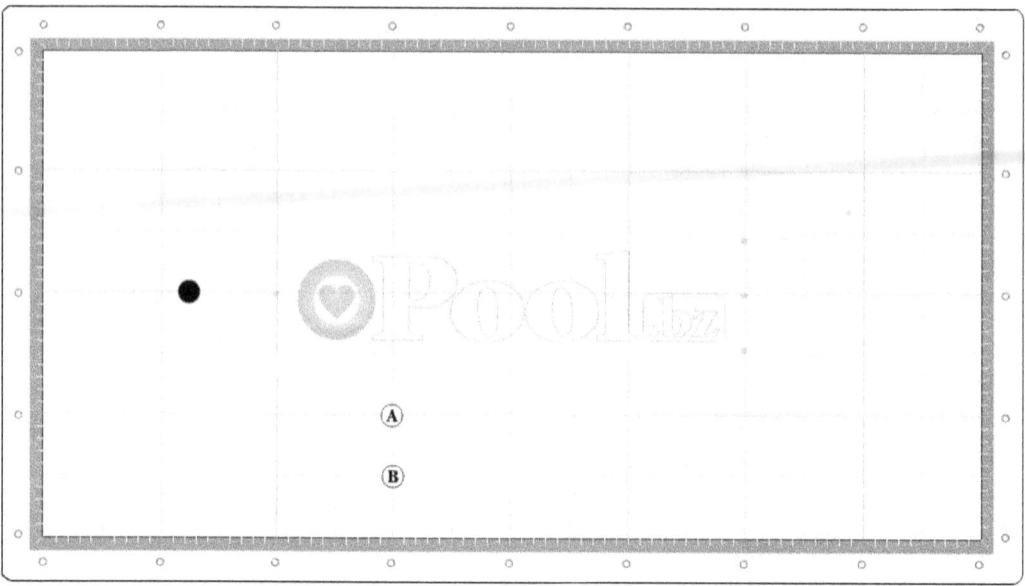

NOTIZEN UND IDEEN:

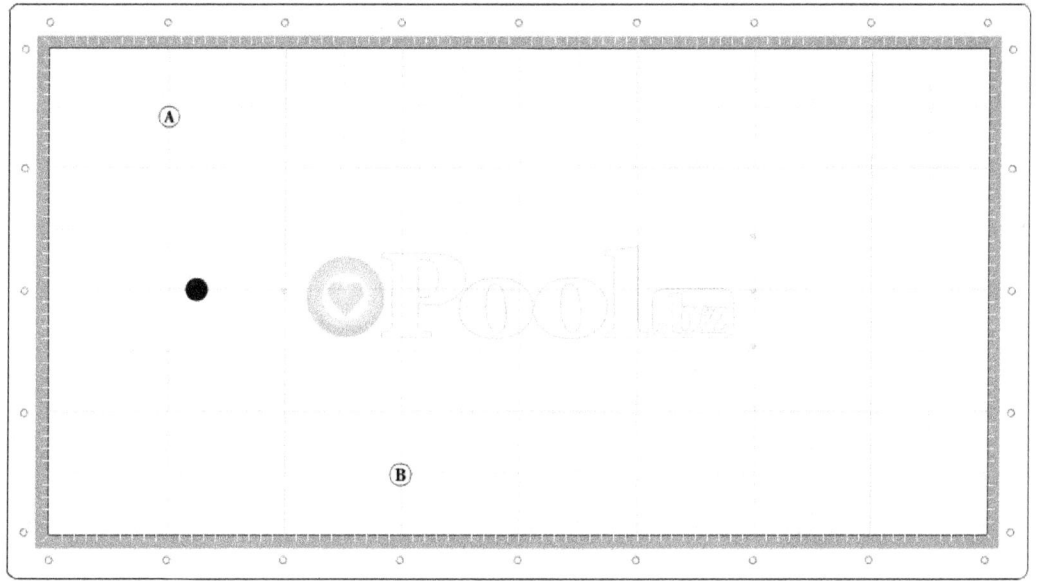

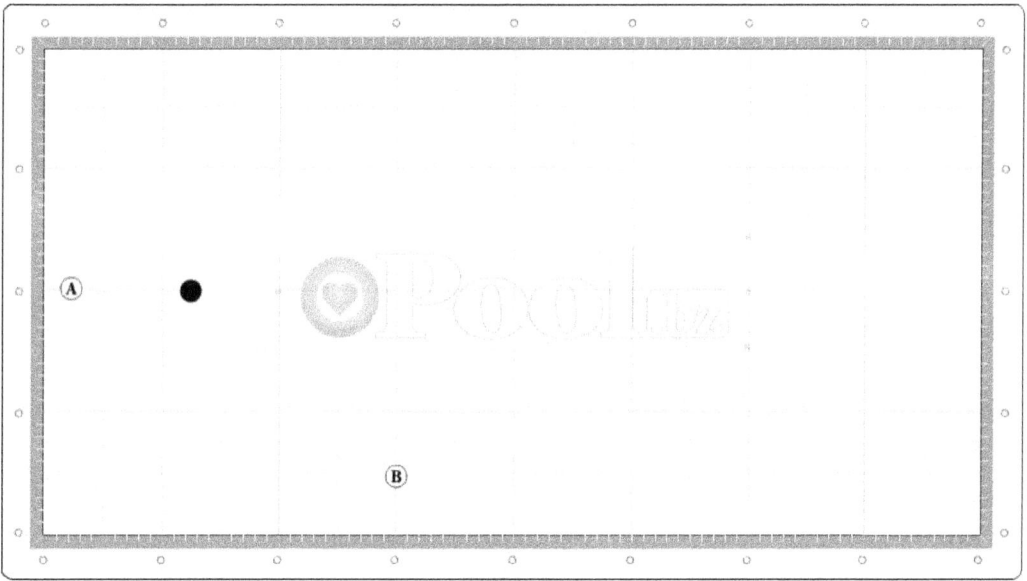

NOTIZEN UND IDEEN:

Gruppe 5, Satz 10

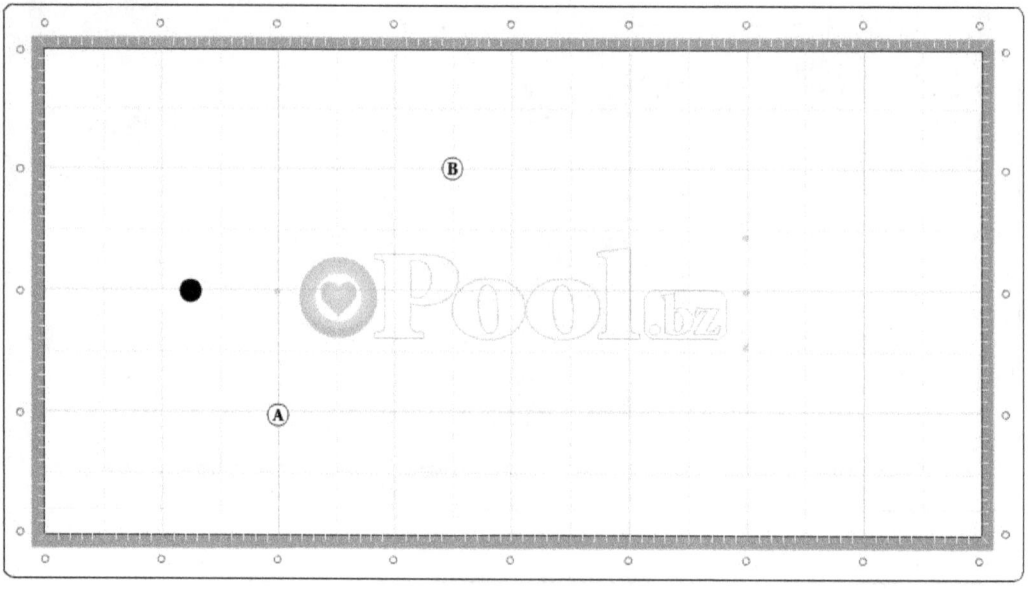

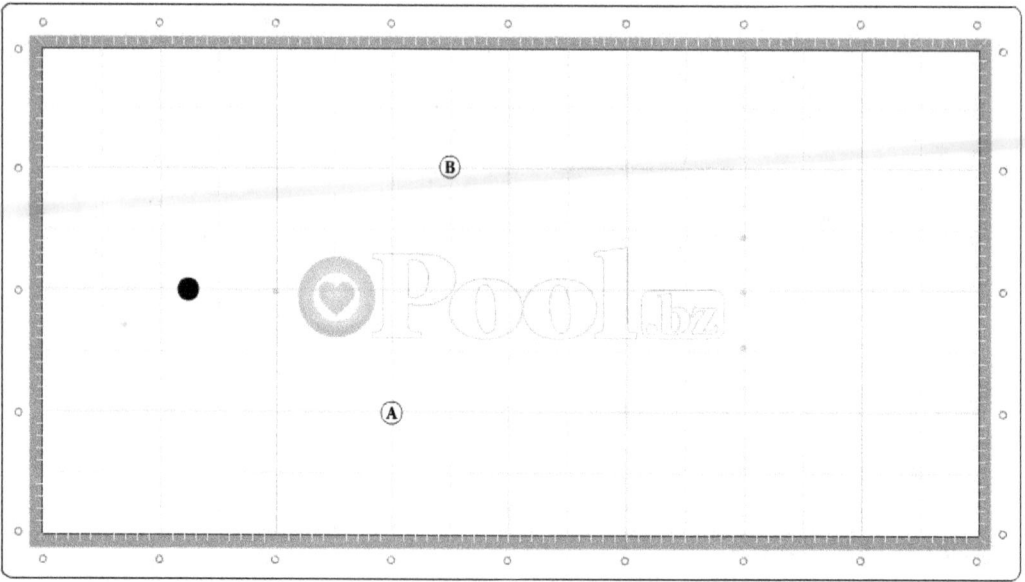

NOTIZEN UND IDEEN:

Karambolage billard: Einige Rätsel und Puzzles

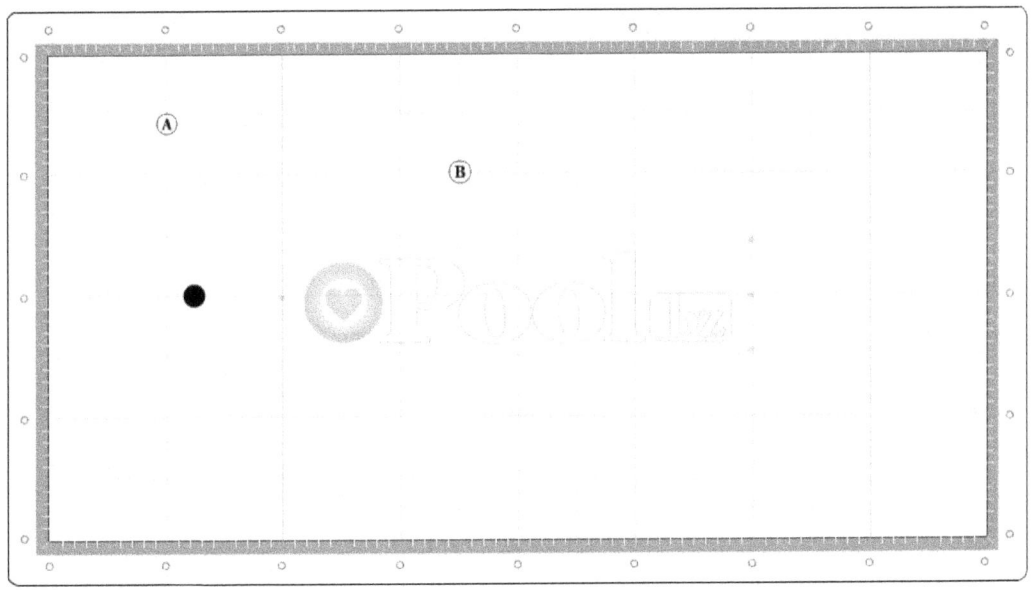

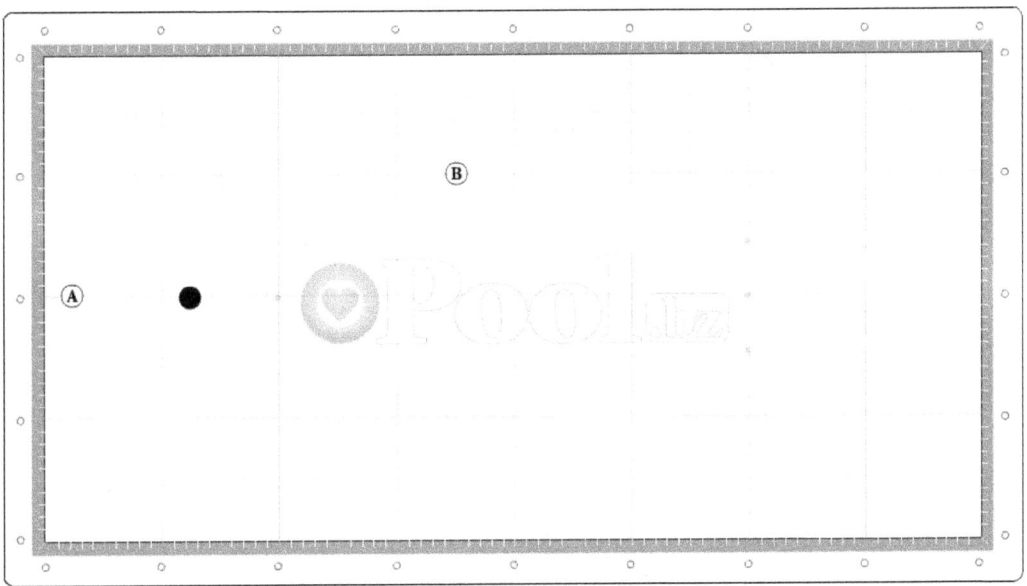

NOTIZEN UND IDEEN:

Gruppe 5, Satz 11

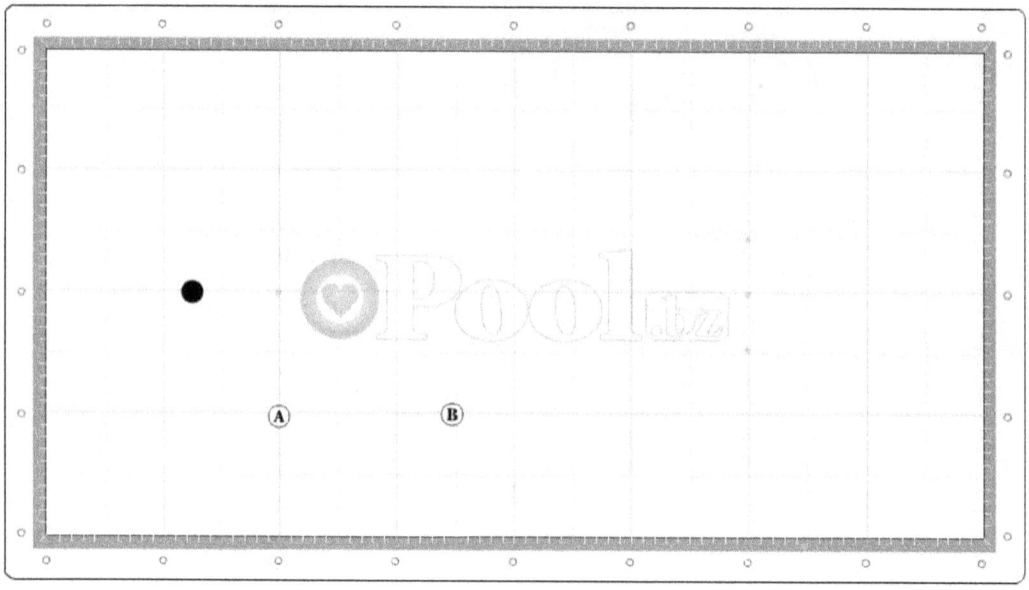

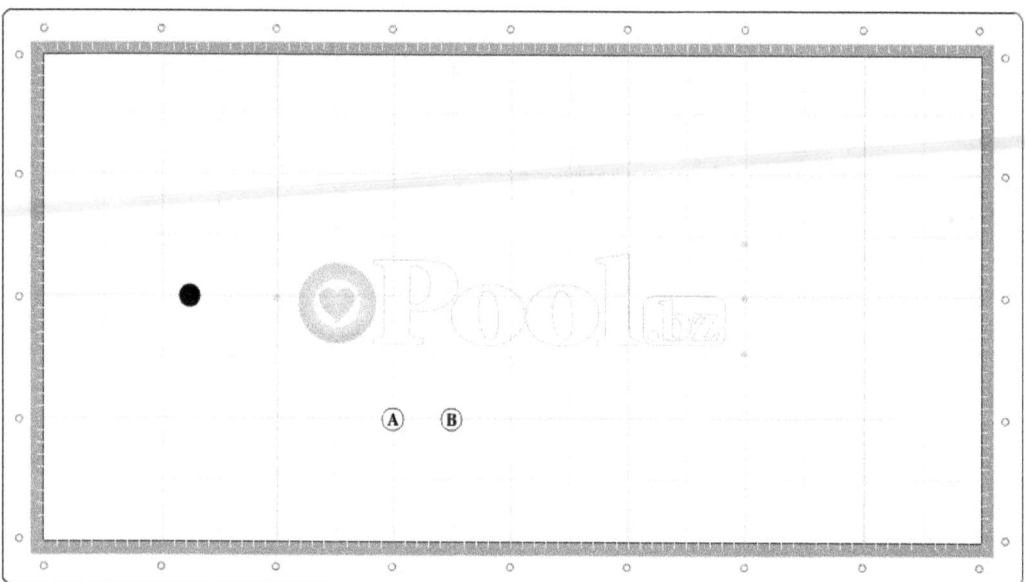

NOTIZEN UND IDEEN:

Karambolage billard: Einige Rätsel und Puzzles

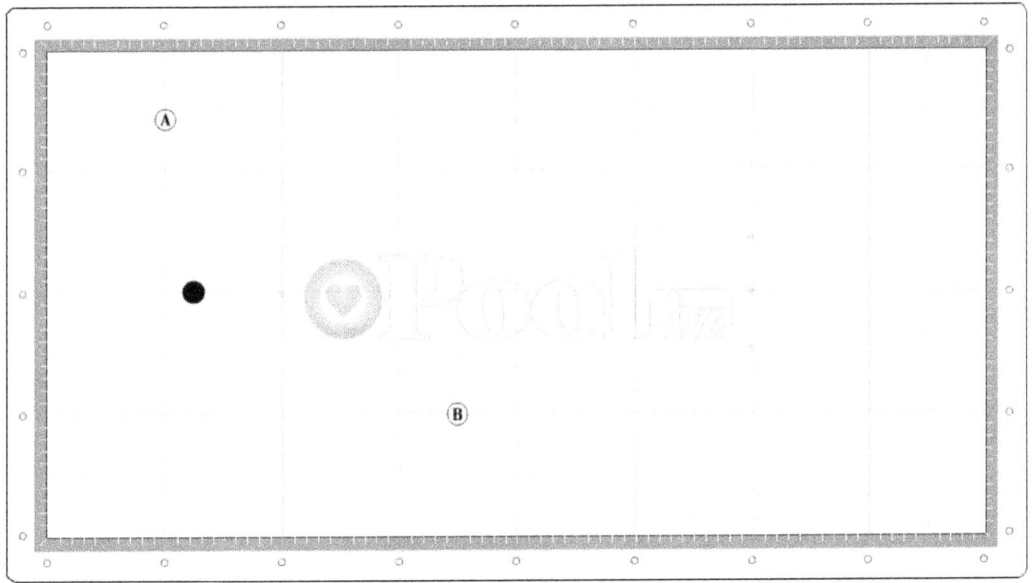

NOTIZEN UND IDEEN:

GRUPPE 6

Gruppe 6, Satz 1

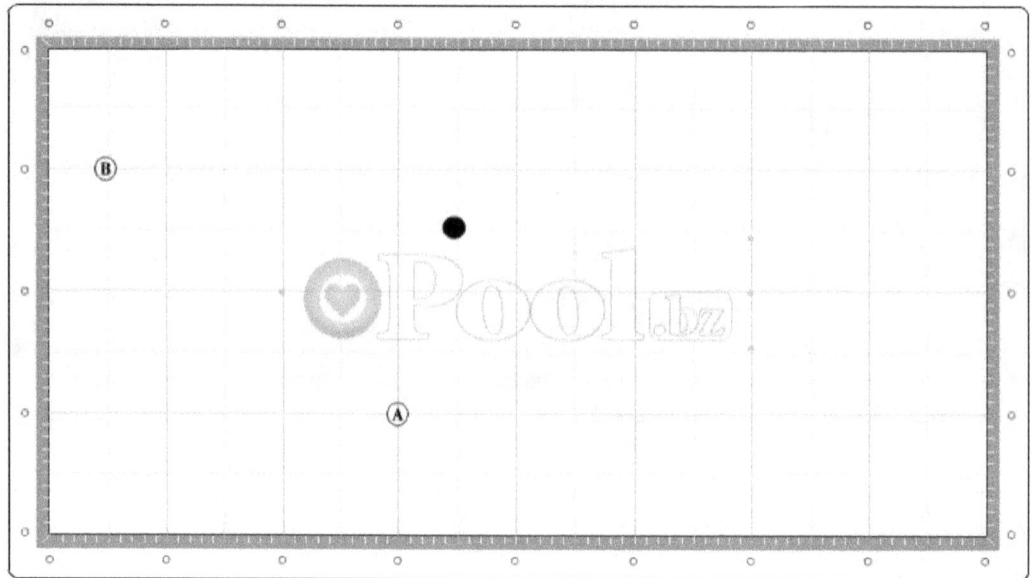

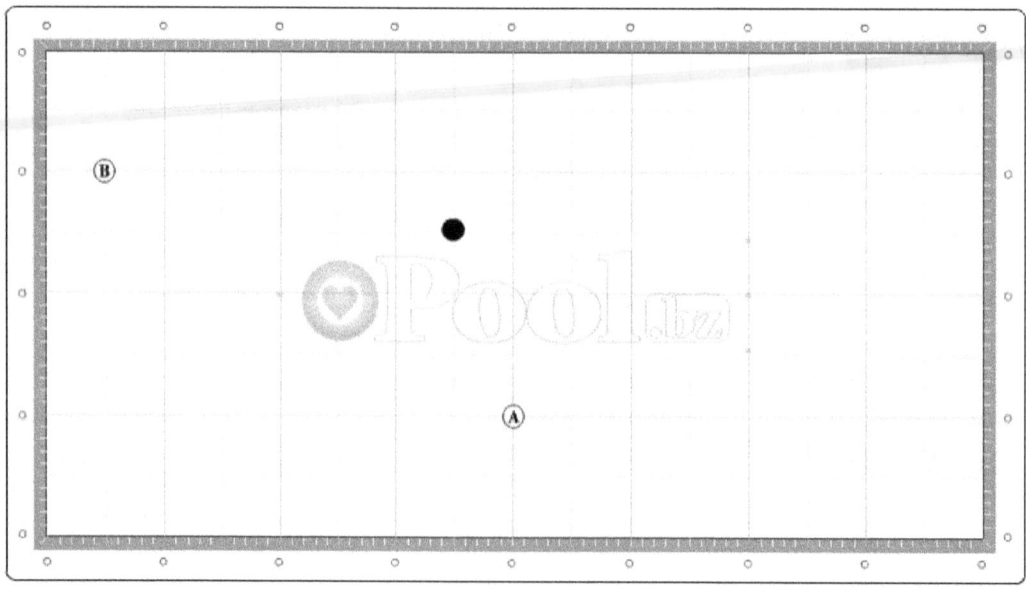

NOTIZEN UND IDEEN:

Karambolage billard: Einige Rätsel und Puzzles

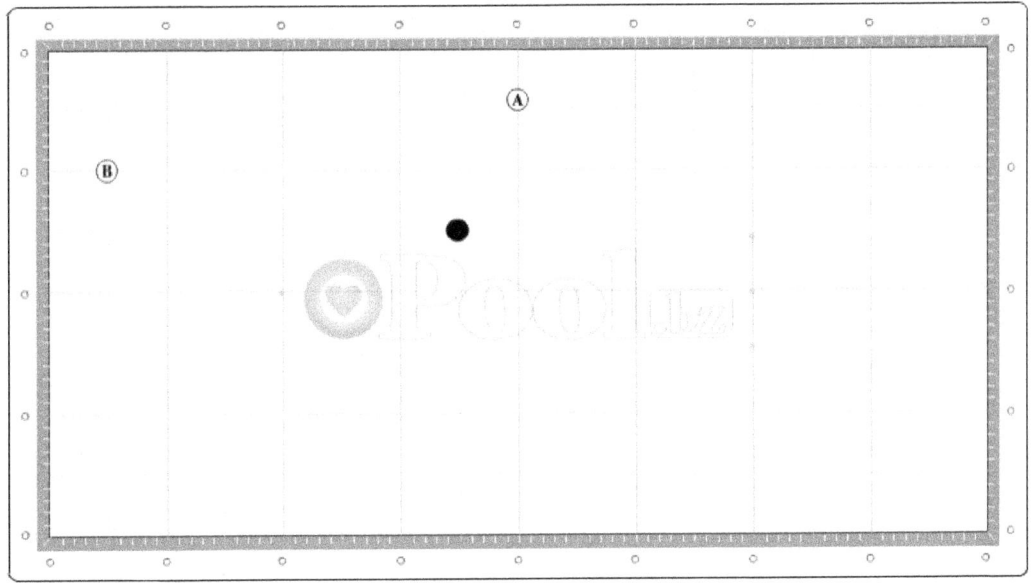

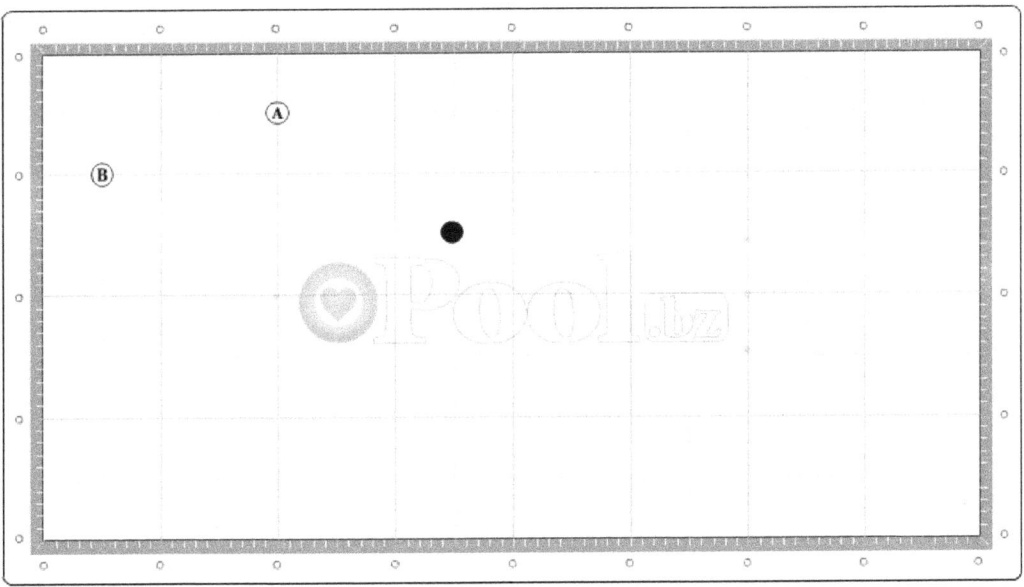

NOTIZEN UND IDEEN:

Gruppe 6, Satz 2

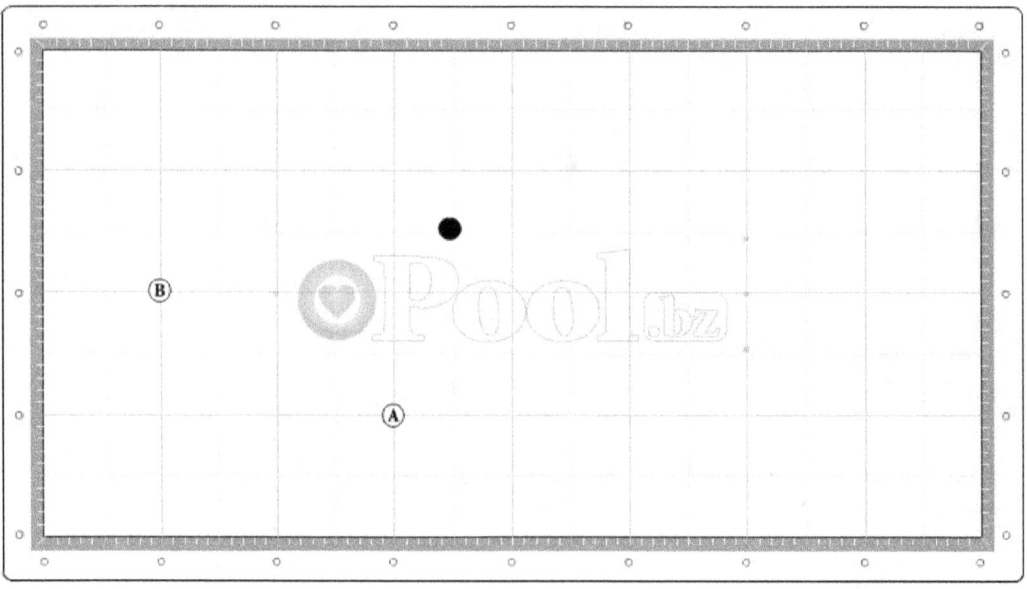

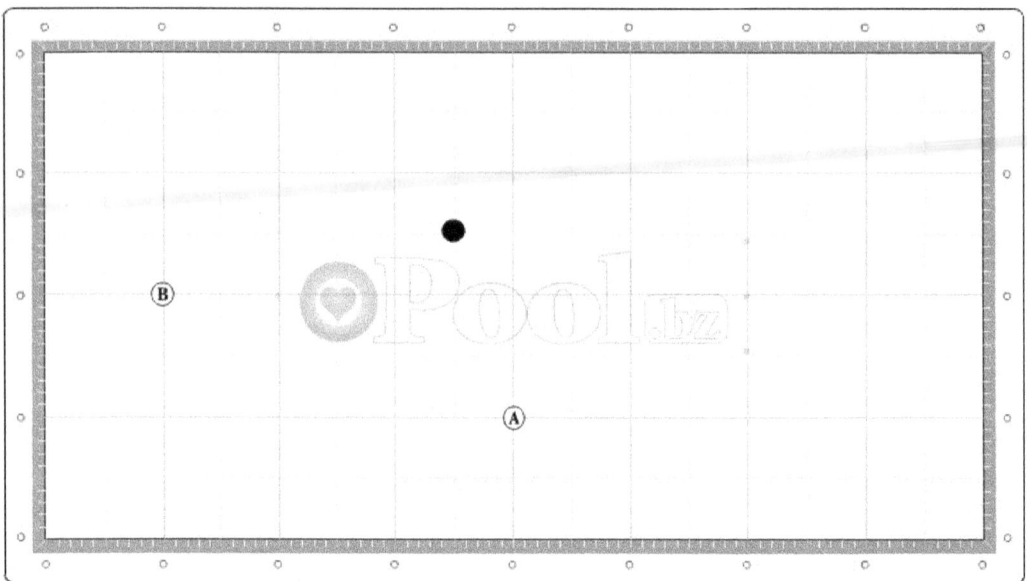

NOTIZEN UND IDEEN:

Karambolage billard: Einige Rätsel und Puzzles

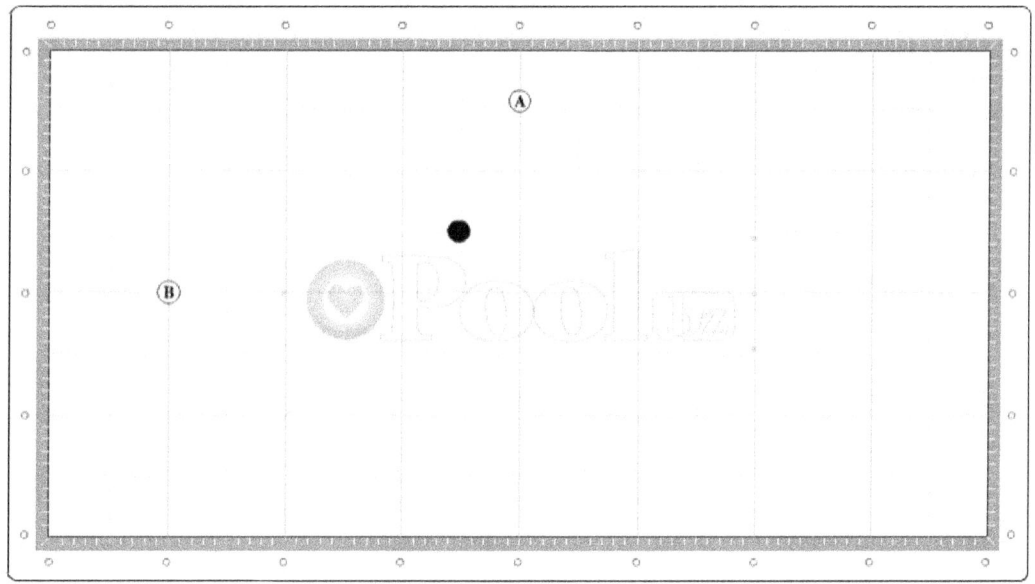

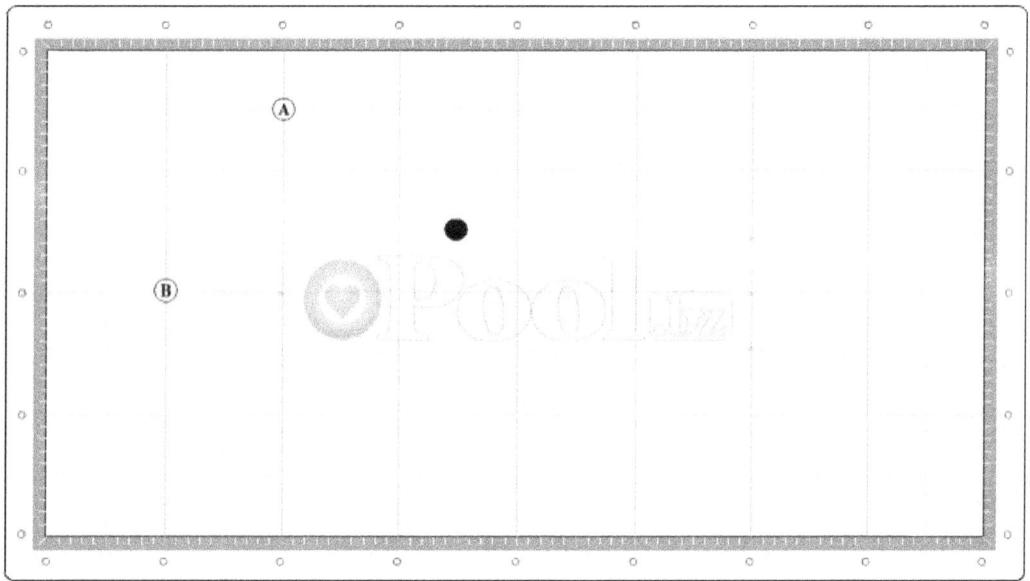

NOTIZEN UND IDEEN:

Gruppe 6, Satz 3

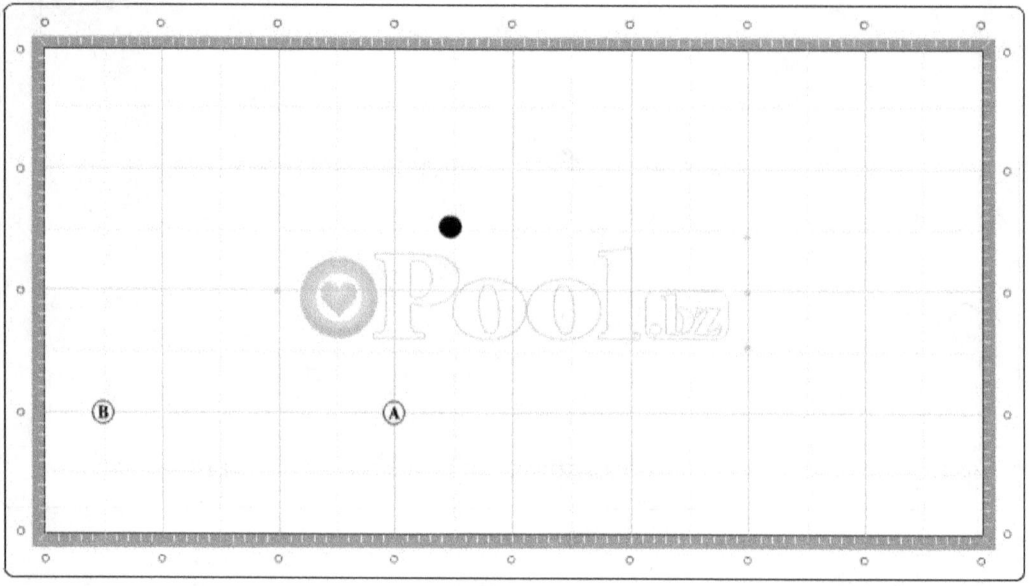

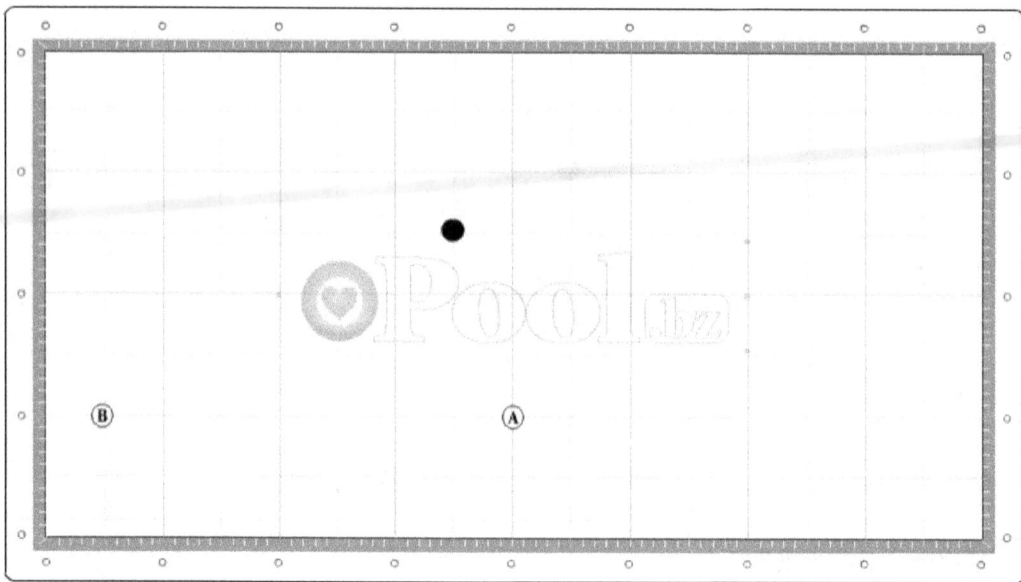

NOTIZEN UND IDEEN:

Karambolage billard: Einige Rätsel und Puzzles

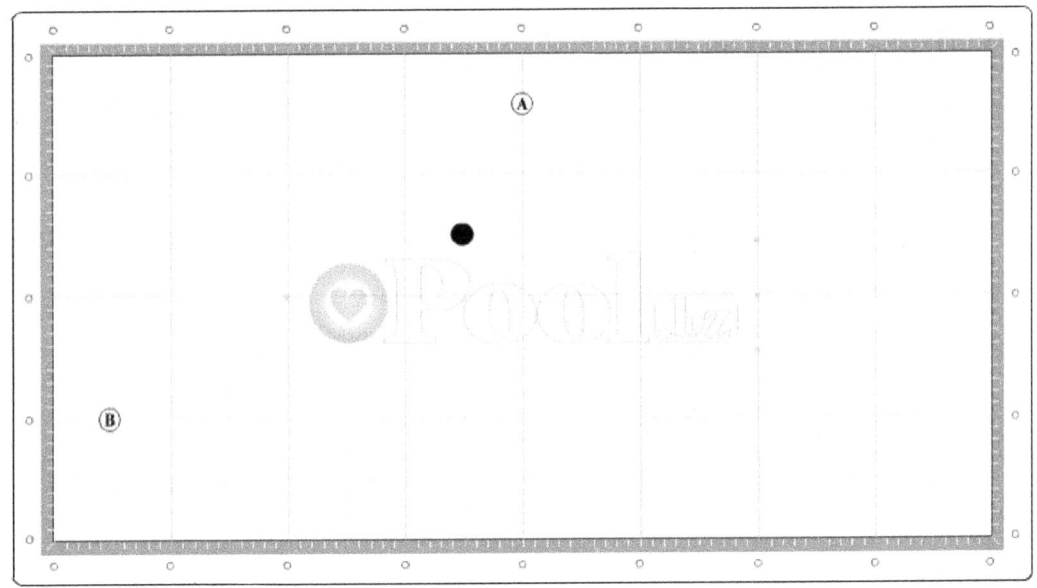

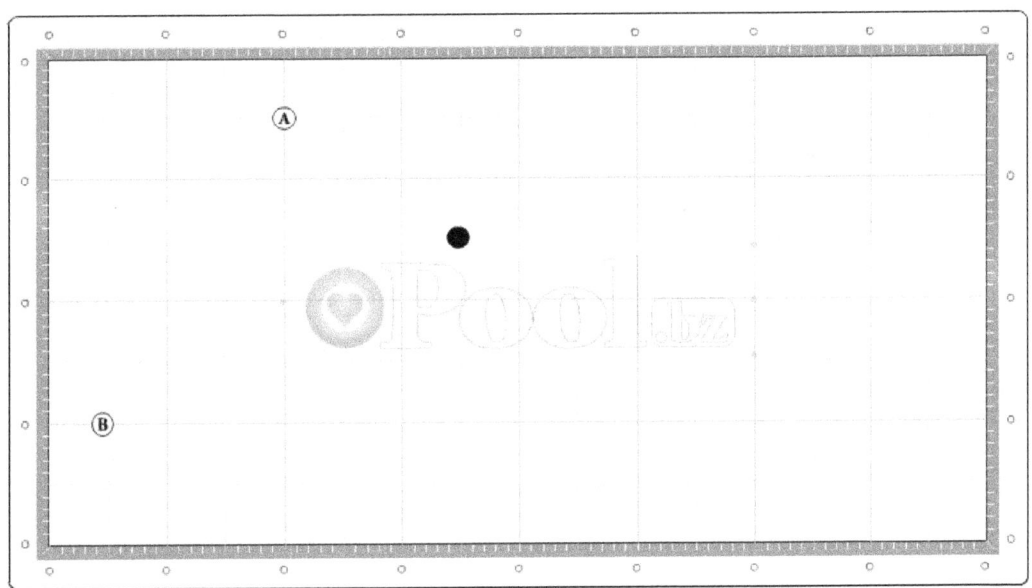

NOTIZEN UND IDEEN:

Gruppe 6, Satz 4

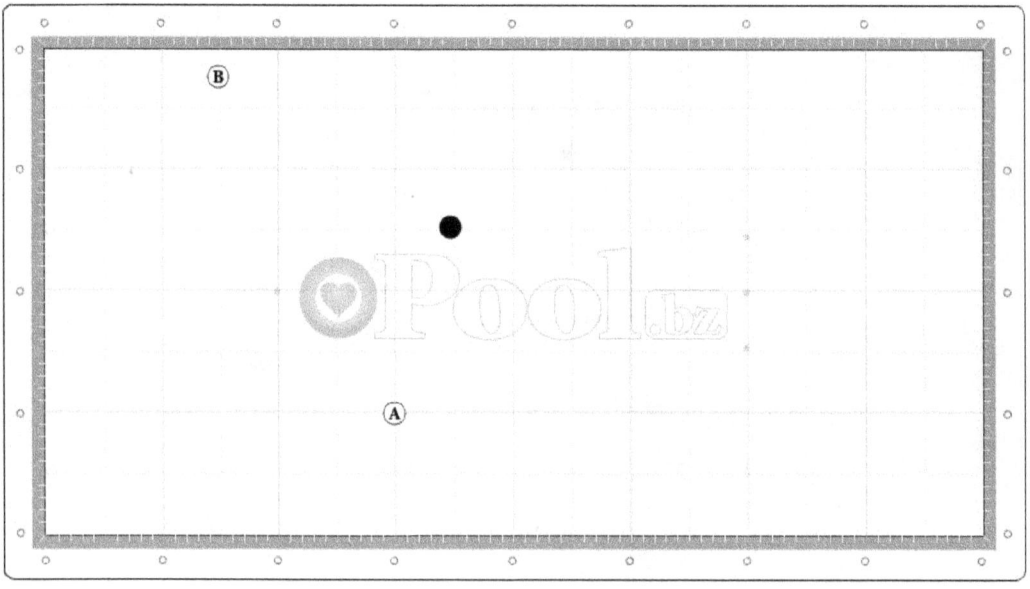

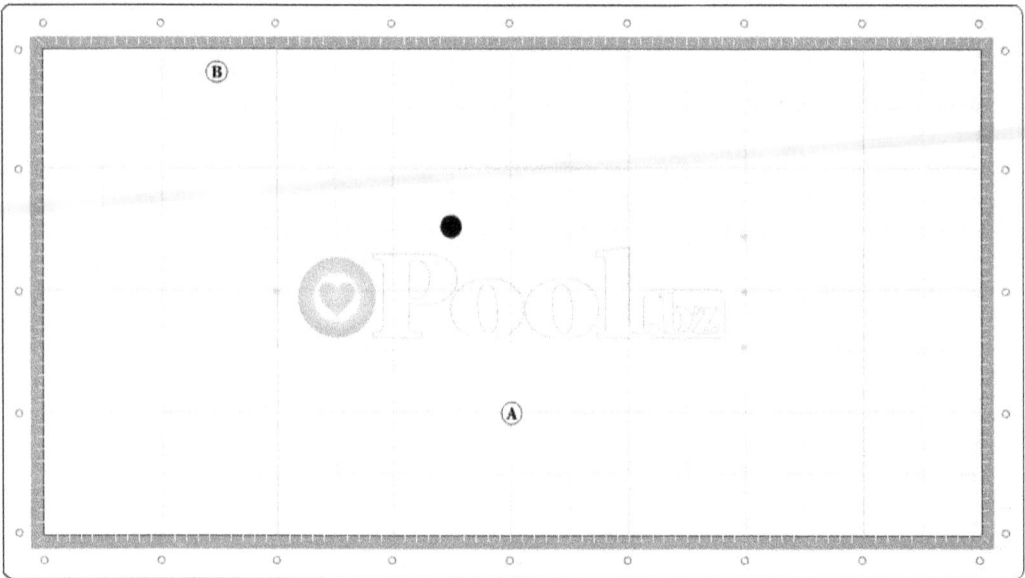

NOTIZEN UND IDEEN:

Karambolage billard: Einige Rätsel und Puzzles

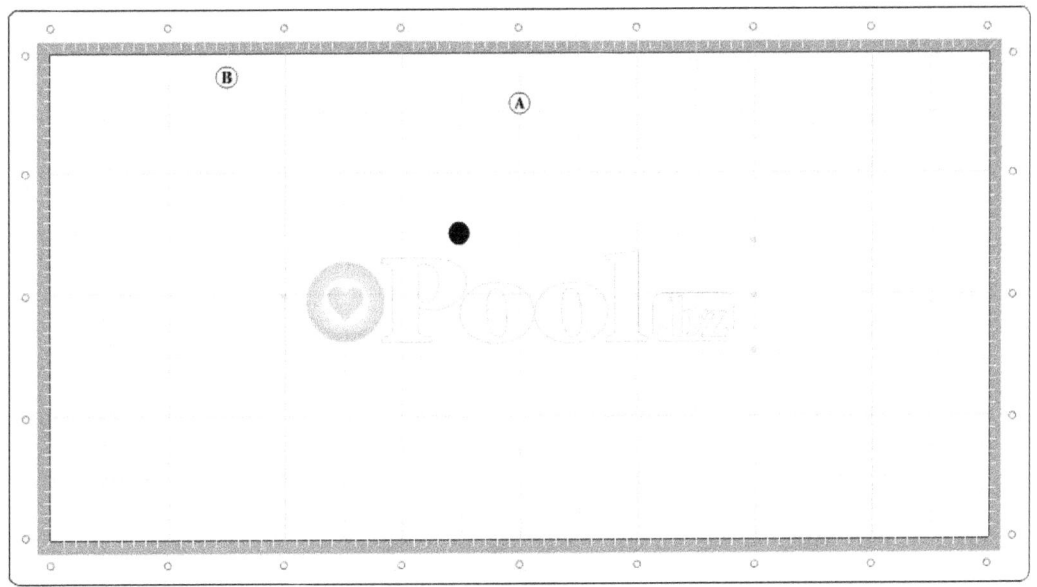

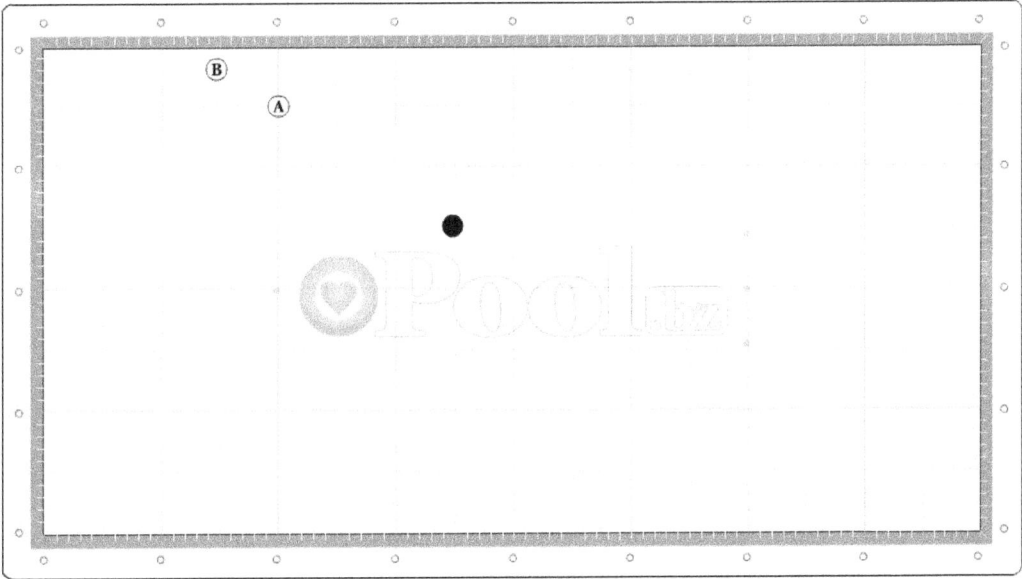

NOTIZEN UND IDEEN:

Gruppe 6, Satz 5

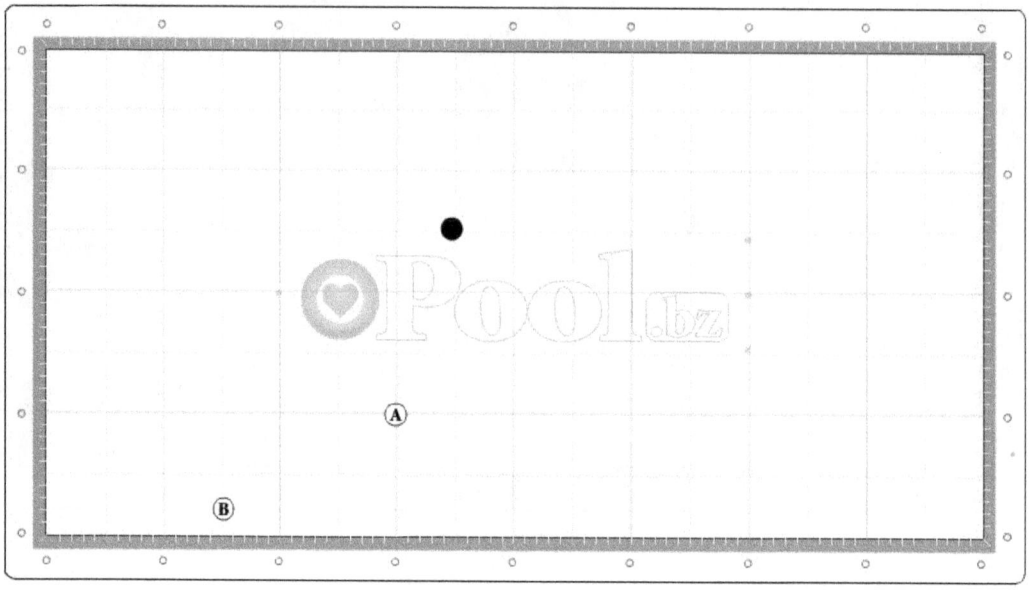

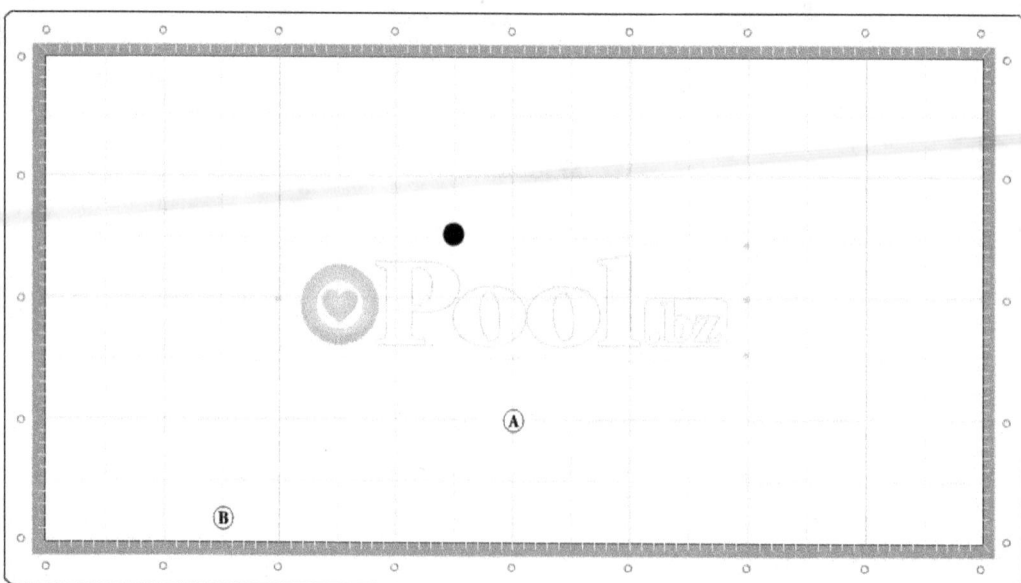

NOTIZEN UND IDEEN:

Karambolage billard: Einige Rätsel und Puzzles

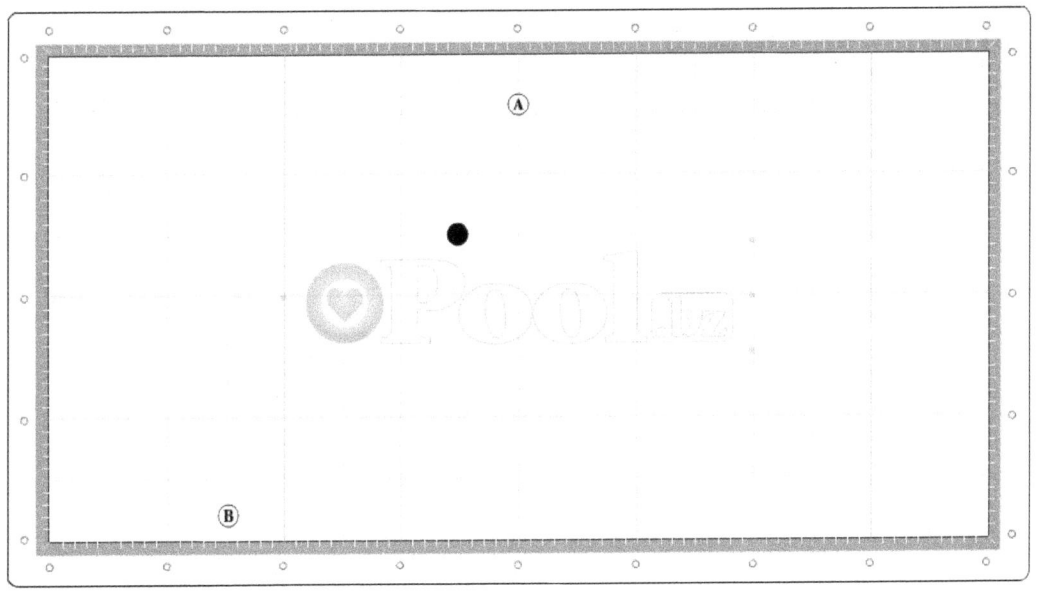

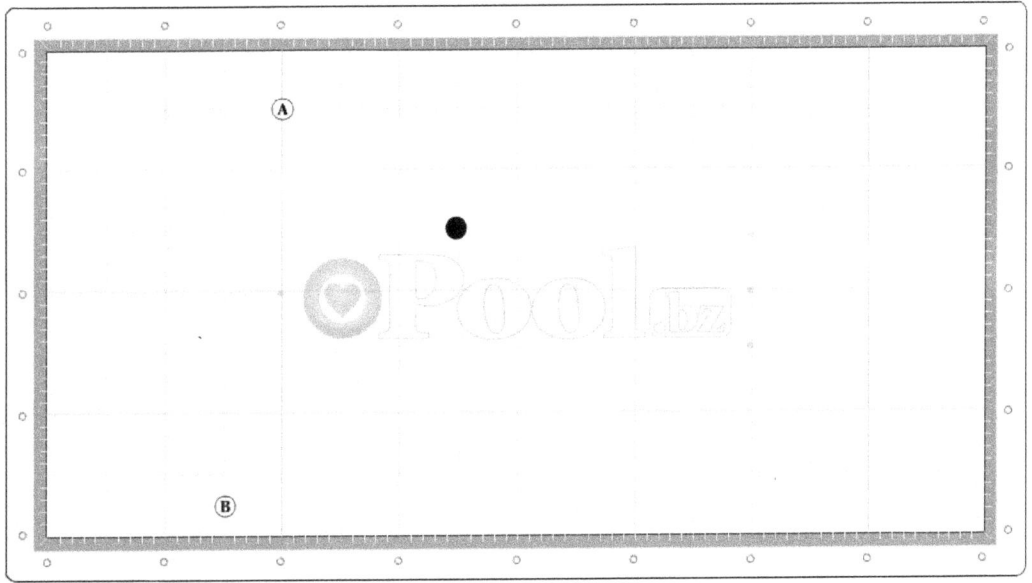

NOTIZEN UND IDEEN:

Gruppe 6, Satz 6

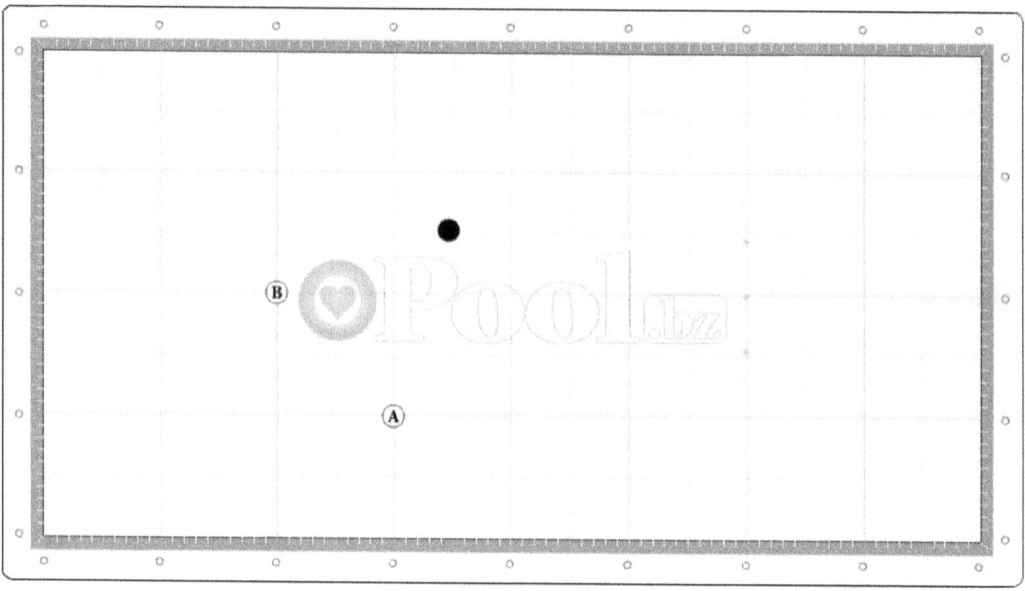

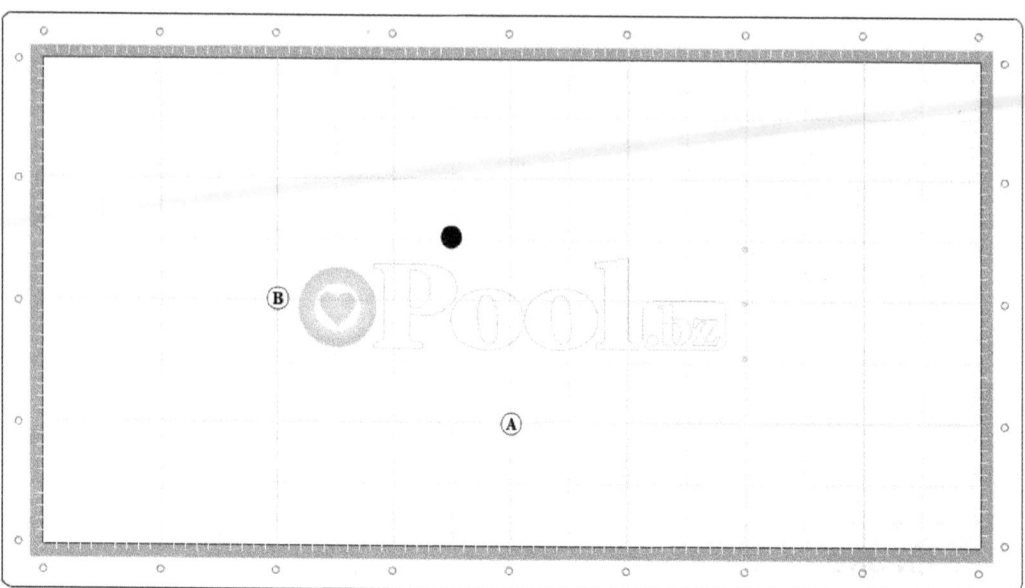

NOTIZEN UND IDEEN:

Karambolage billard: Einige Rätsel und Puzzles

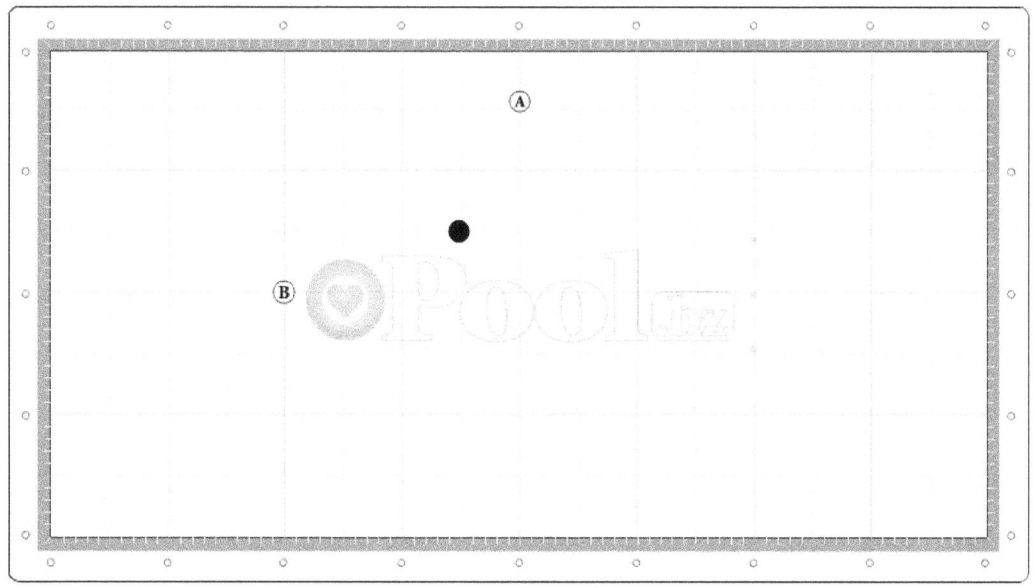

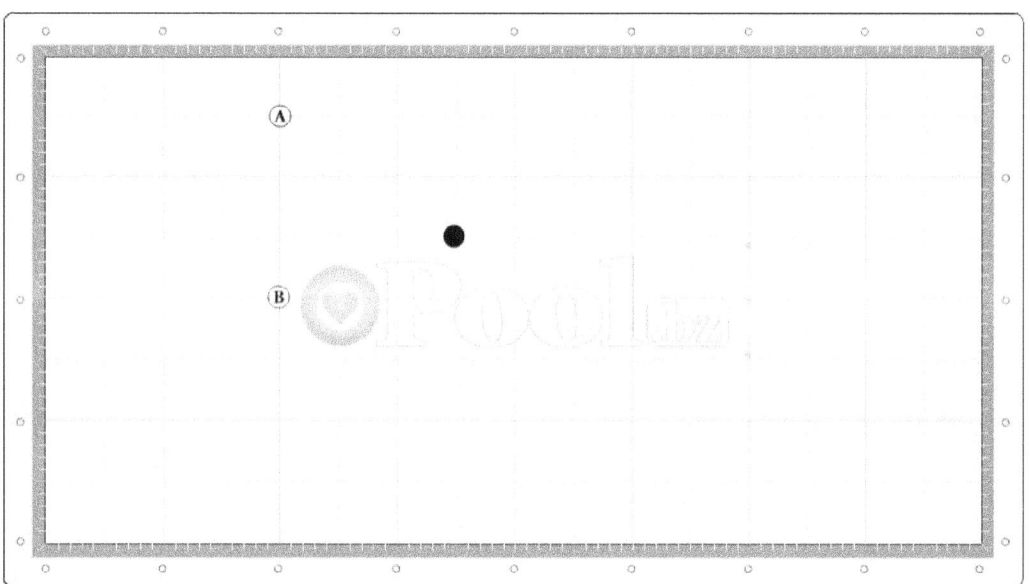

NOTIZEN UND IDEEN:

Gruppe 6, Satz 7

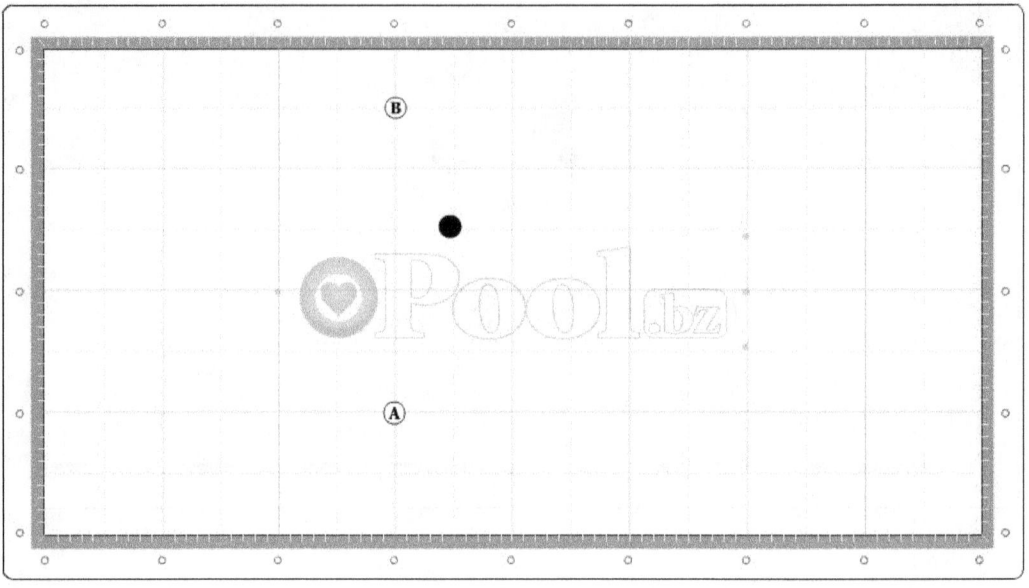

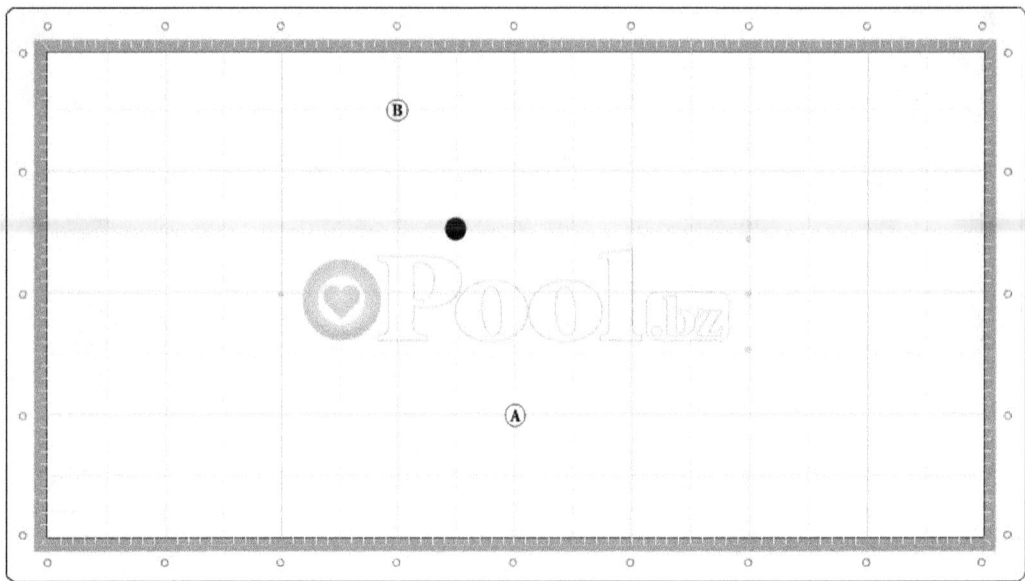

NOTIZEN UND IDEEN:

Karambolage billard: Einige Rätsel und Puzzles

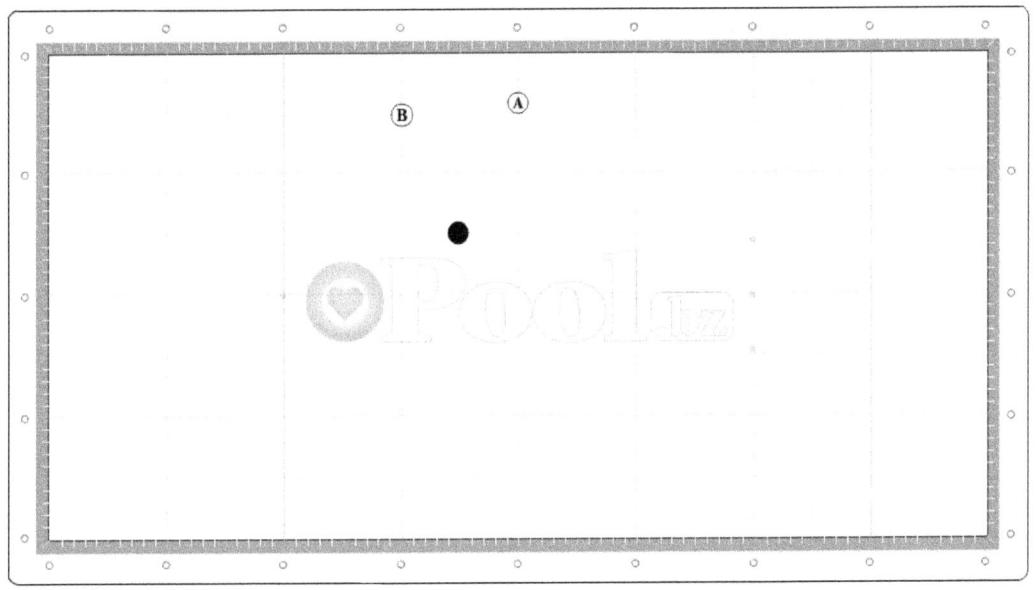

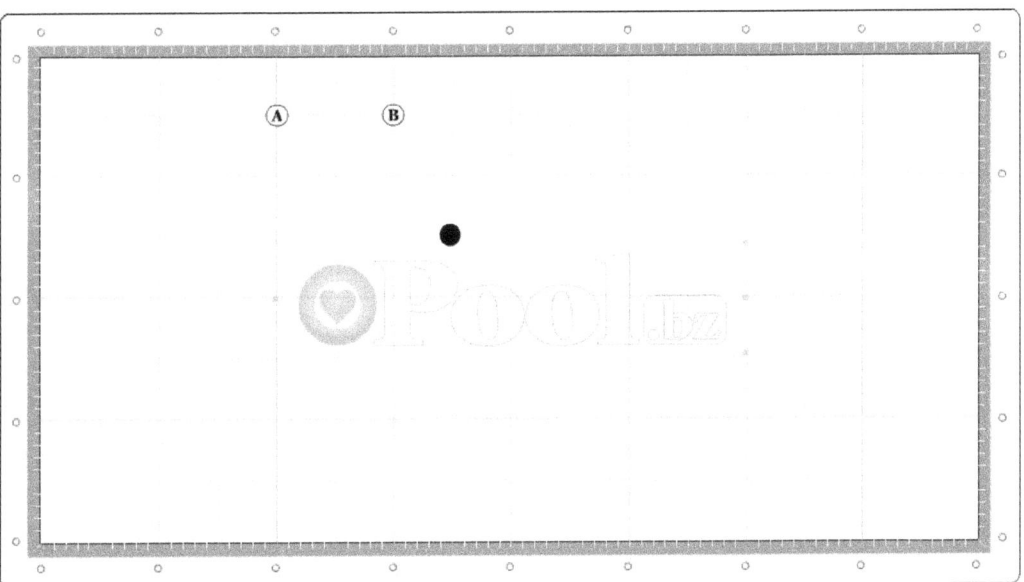

NOTIZEN UND IDEEN:

Gruppe 6, Satz 8

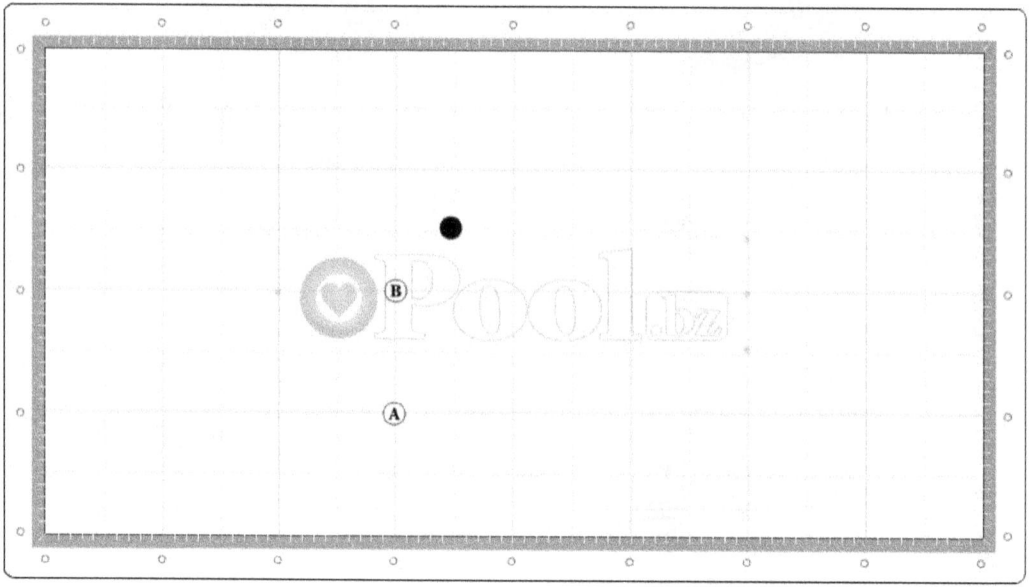

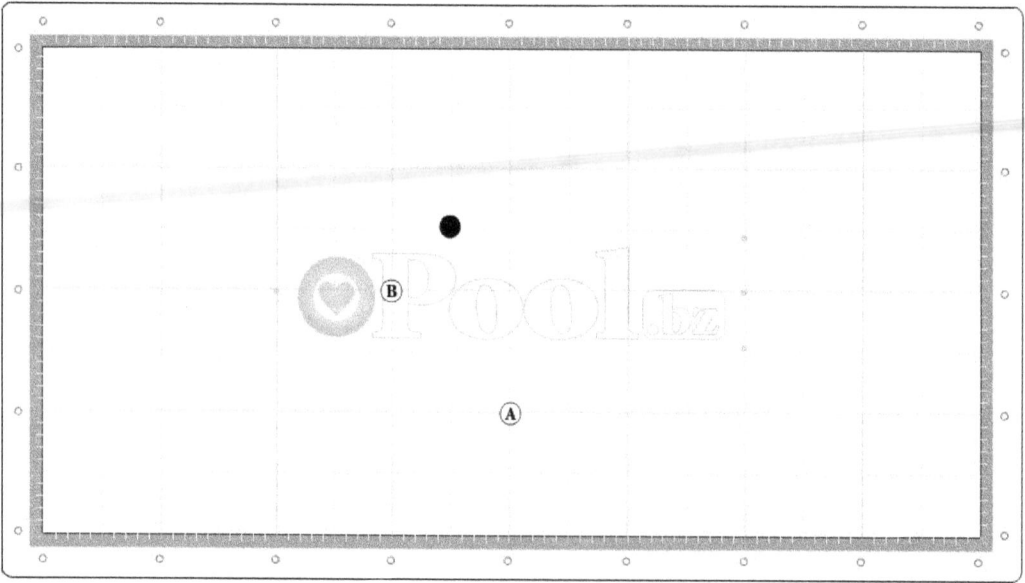

NOTIZEN UND IDEEN:

Karambolage billard: Einige Rätsel und Puzzles

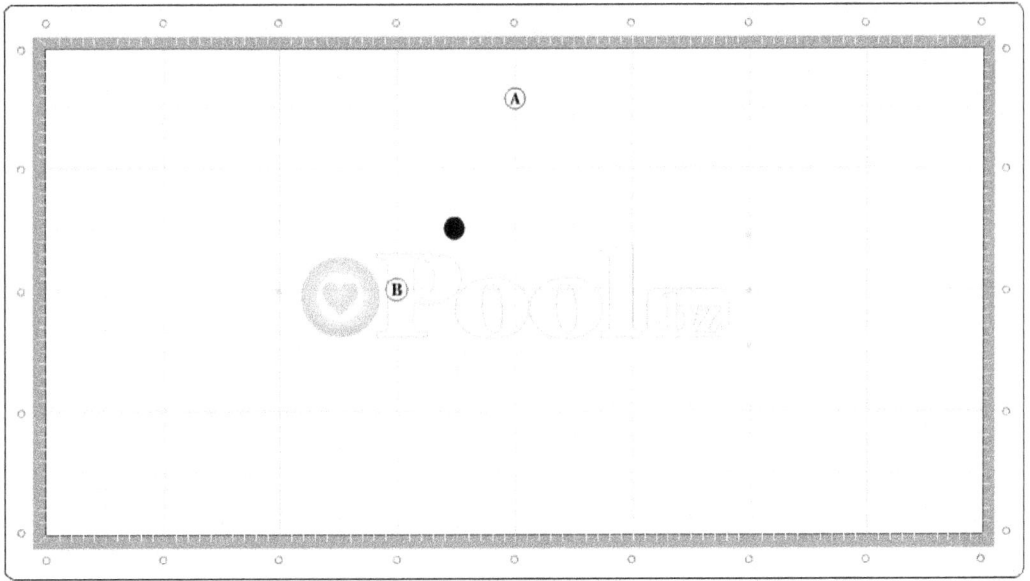

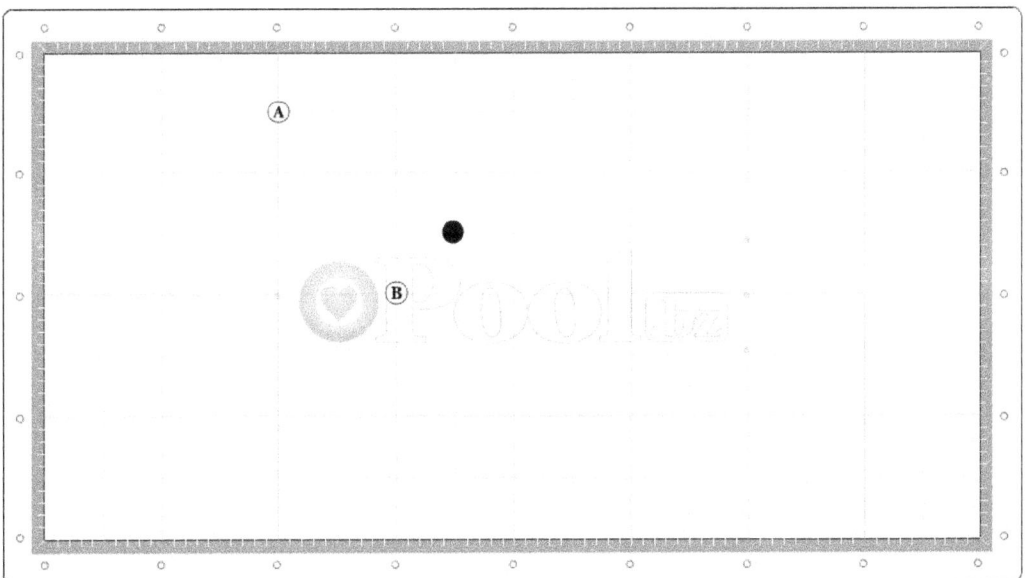

NOTIZEN UND IDEEN:

Gruppe 6, Satz 9

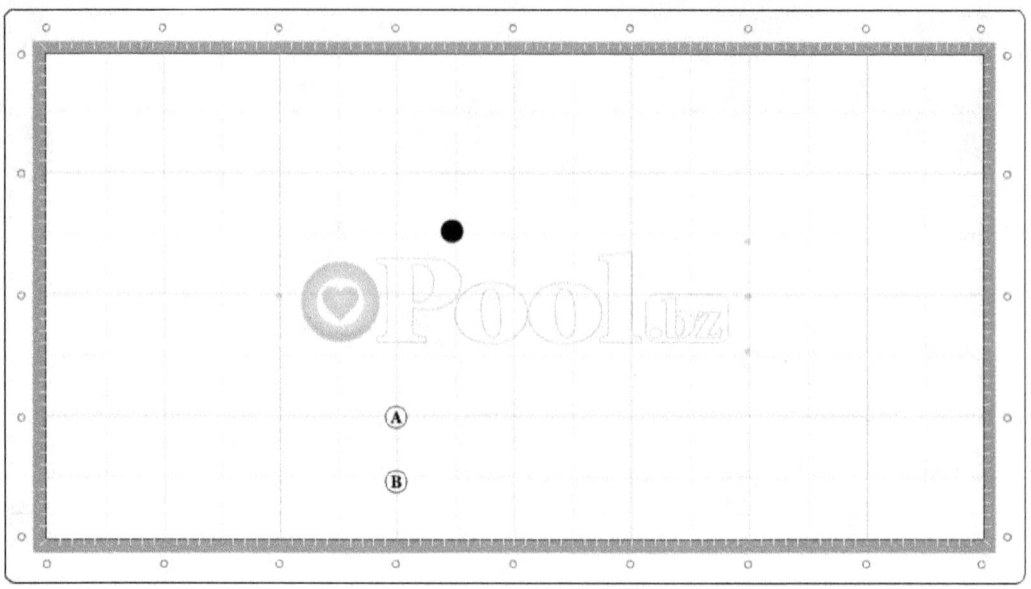

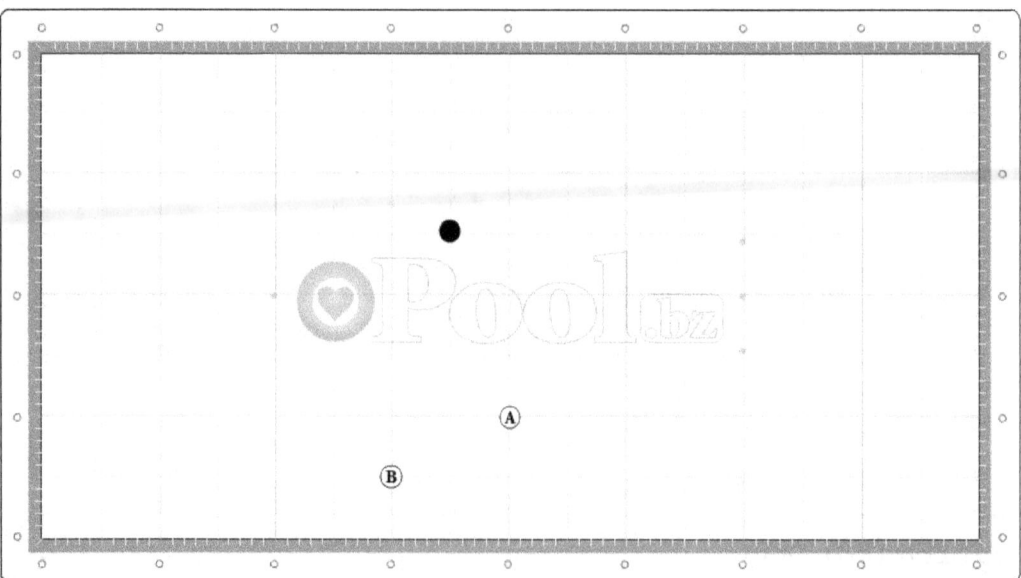

NOTIZEN UND IDEEN:

Karambolage billard: Einige Rätsel und Puzzles

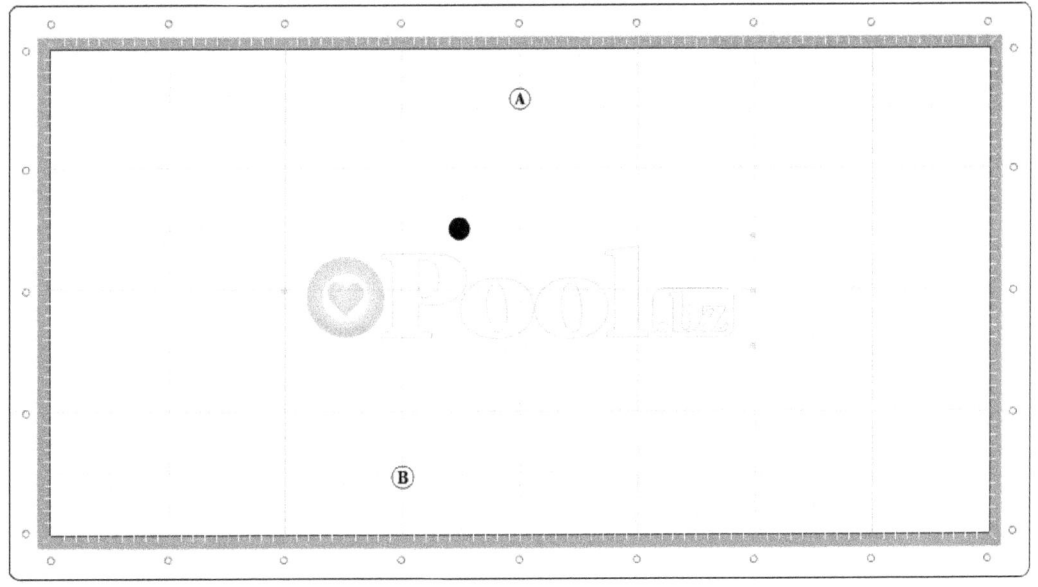

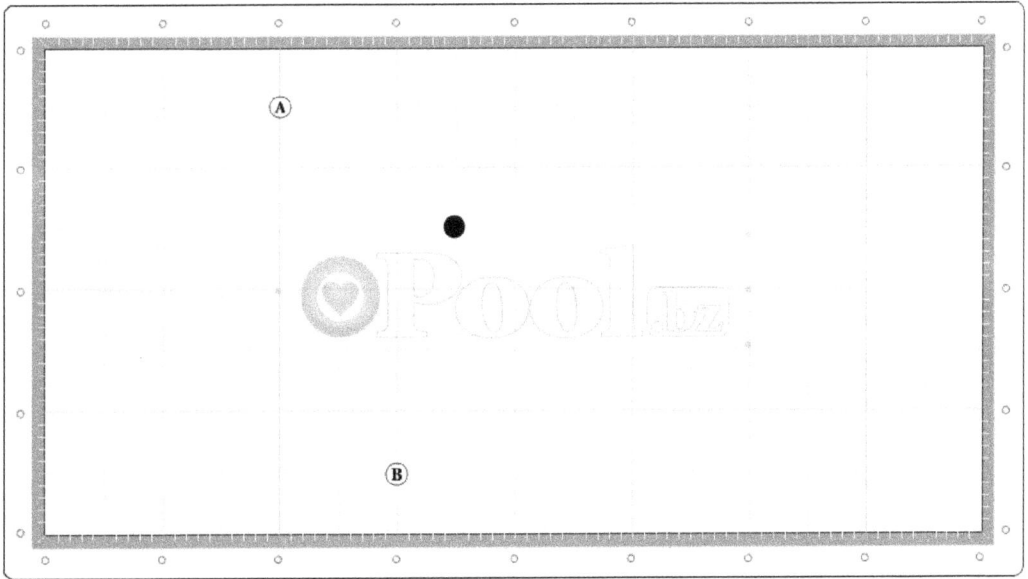

NOTIZEN UND IDEEN:

Gruppe 6, Satz 10

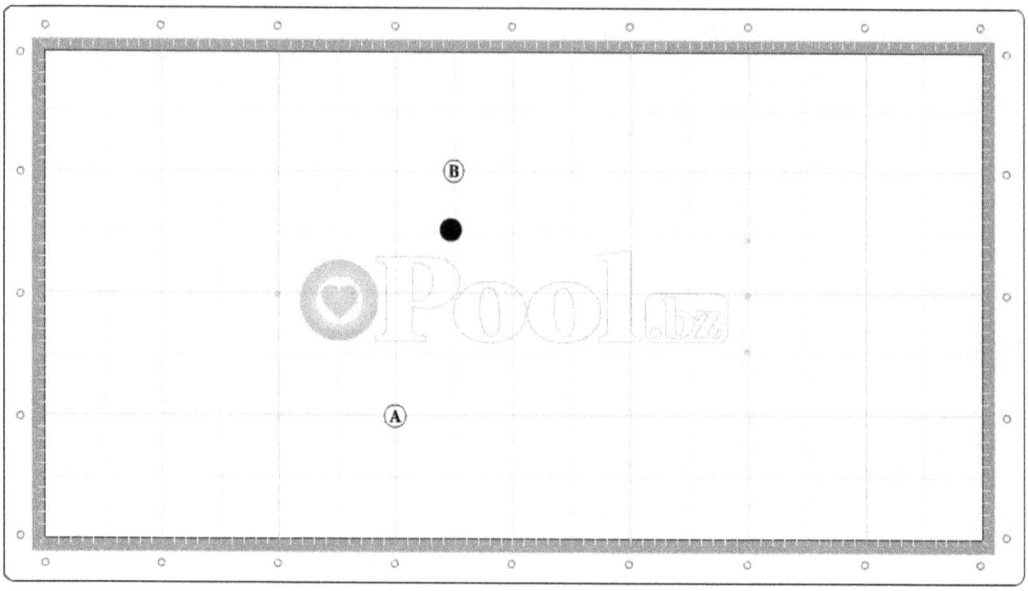

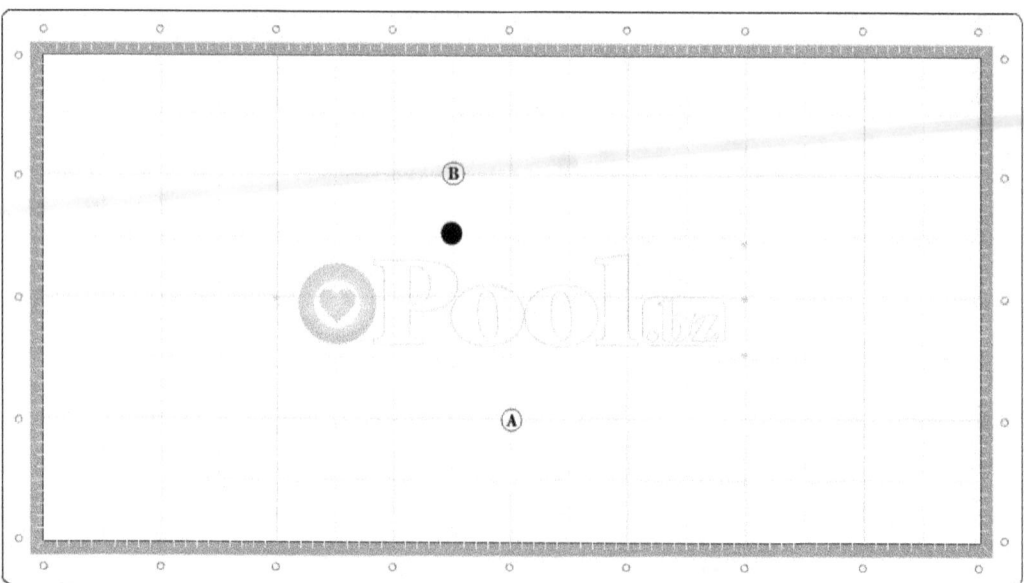

NOTIZEN UND IDEEN:

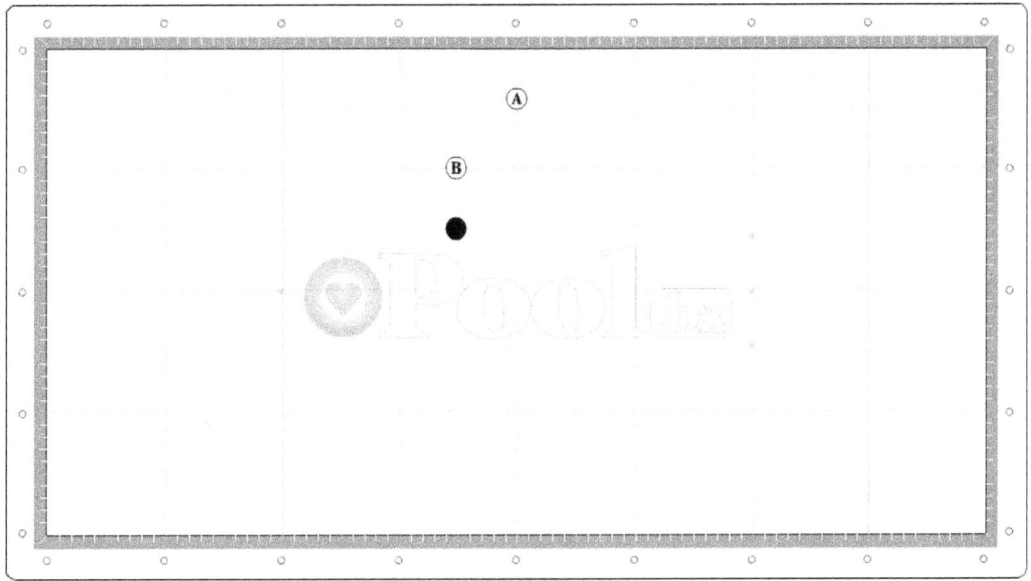

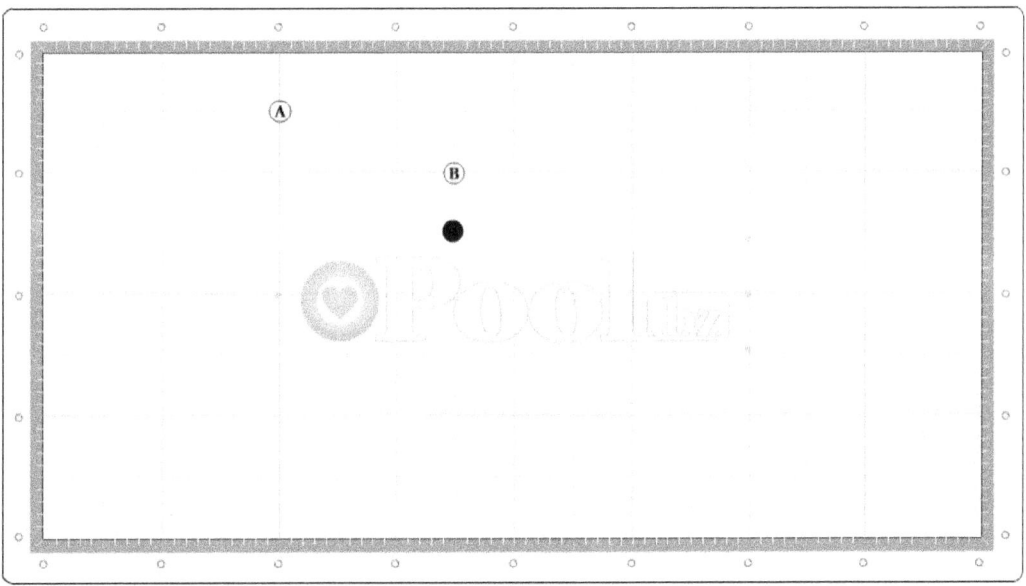

NOTIZEN UND IDEEN:

Gruppe 6, Satz 11

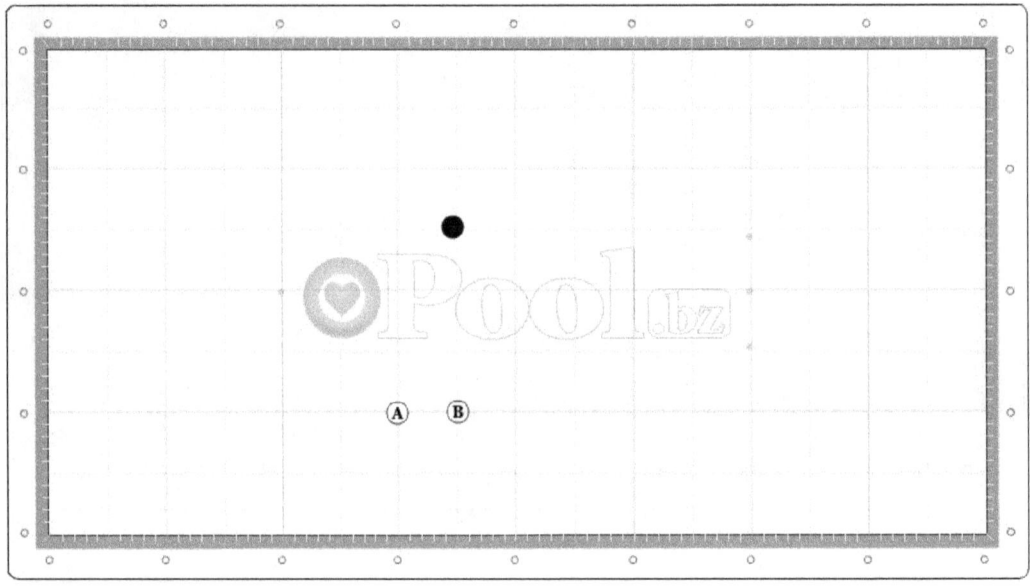

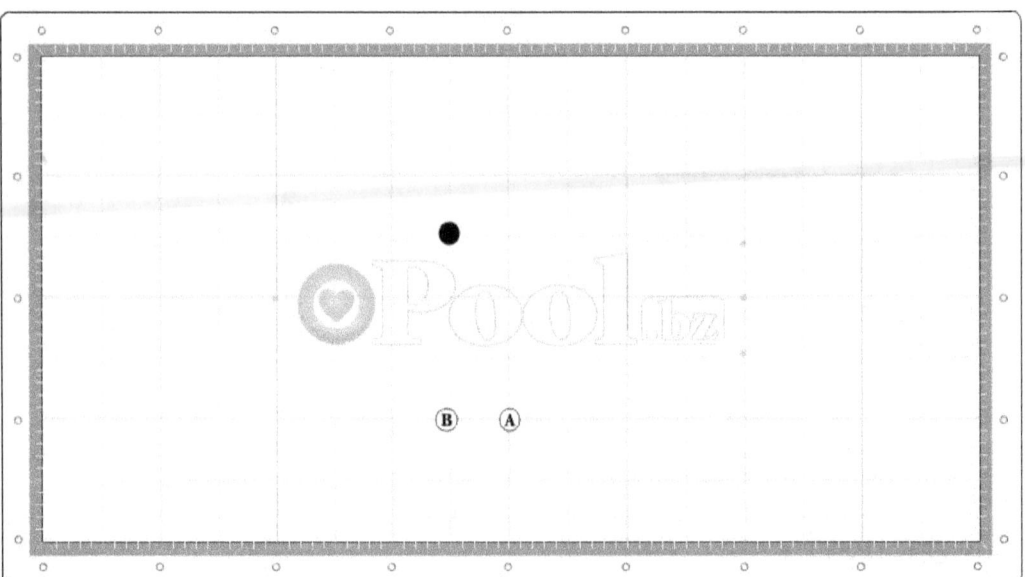

NOTIZEN UND IDEEN:

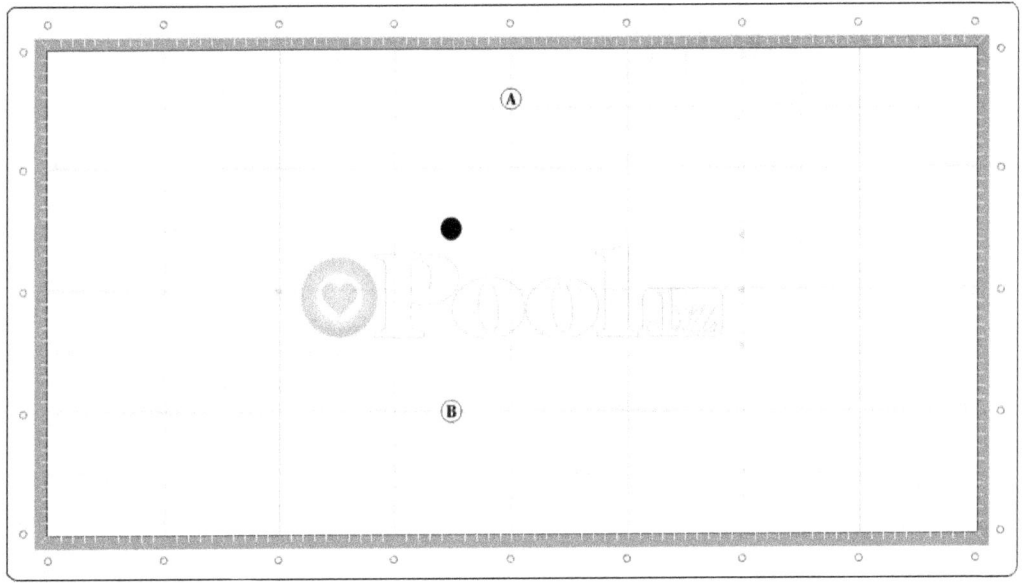

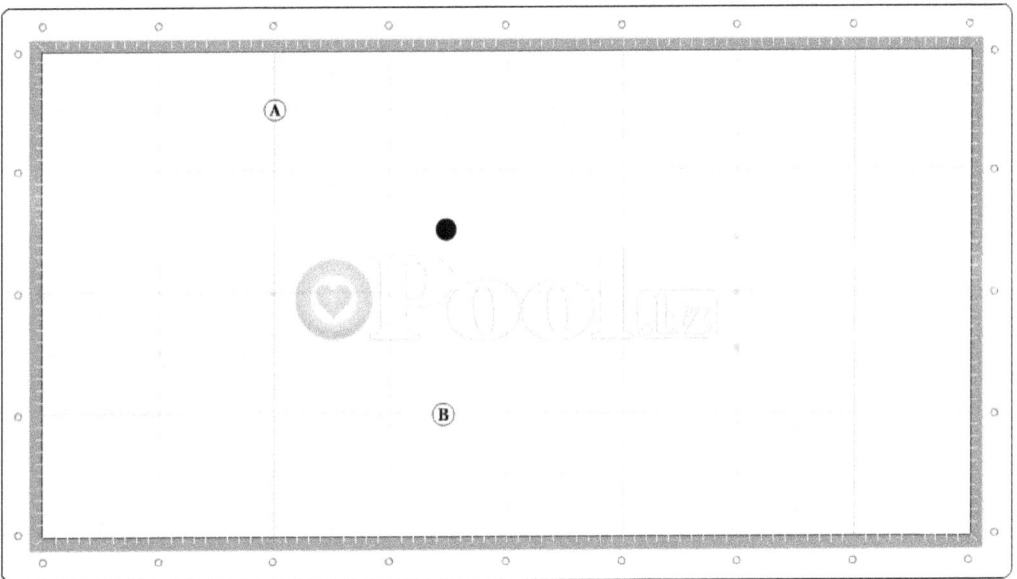

NOTIZEN UND IDEEN:

Blank Tables

(Print these to capture & practice interesting layouts.)

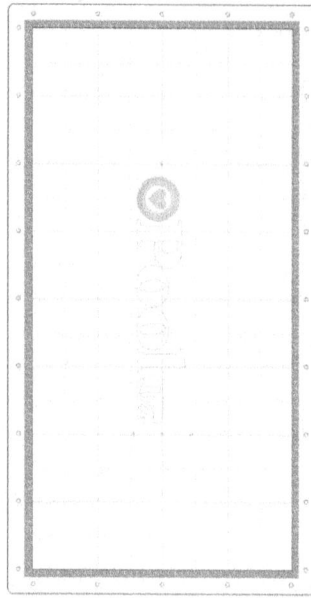 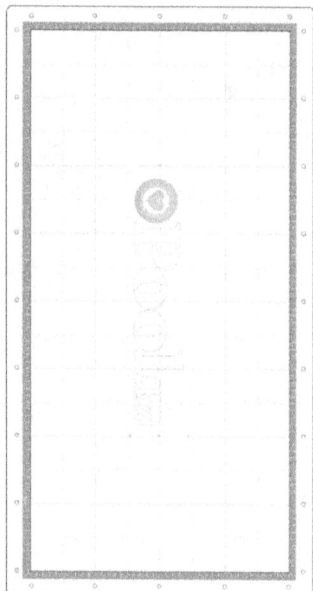 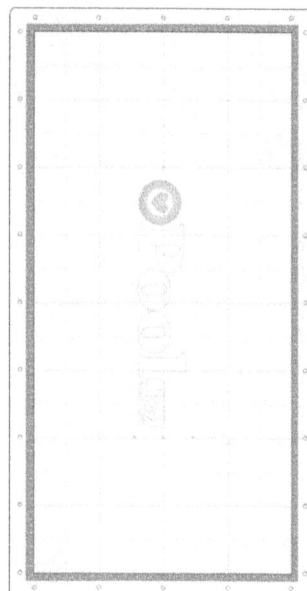

www.ingramcontent.com/pod-product-compliance
Lightning Source LLC
Chambersburg PA
CBHW081922170426
43200CB00014B/2811